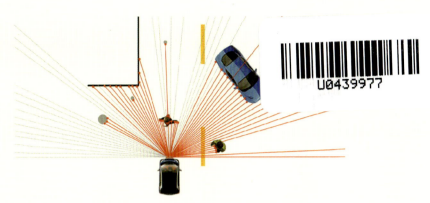

图2-25 激光雷达的工作原理

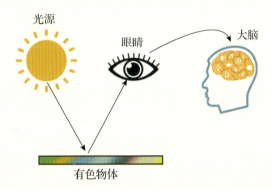

图2-48 视觉特征

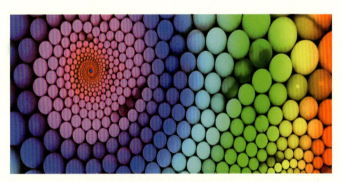

图2-53 彩色色调对效应

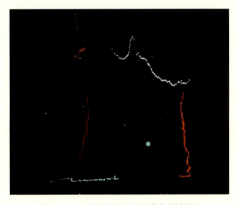

图4-11 激光雷达区域分割效果

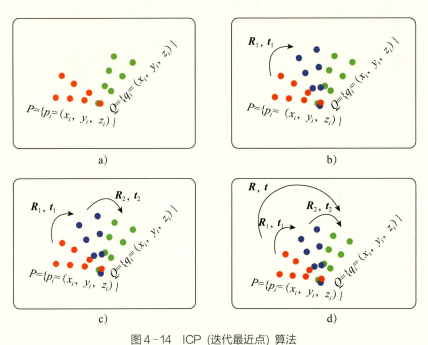

图4-14 ICP (迭代最近点) 算法

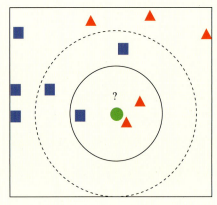

图4-45 KNN算法示例

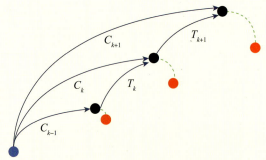

蓝点表示初始位置,红点表示真实位置,黑点表示测量位置

图4-46 漂移的产生

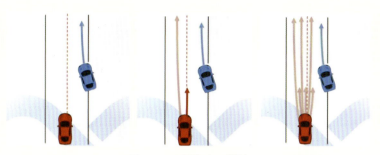

图 5-52 局部应用举例

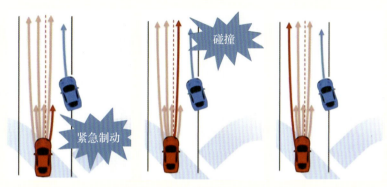

图 5-53 轨迹检测

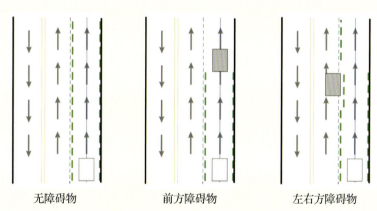

无障碍物　　　　　前方障碍物　　　　左右方障碍物

图 5-59 车道内路径边界分类

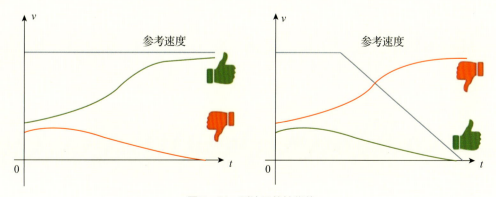

图 5-64 到达目的地代价

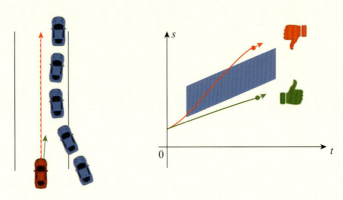

图 5-66　碰撞代价

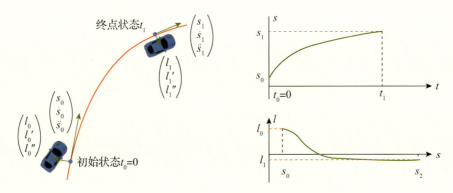

图 5-69　轨迹的生成

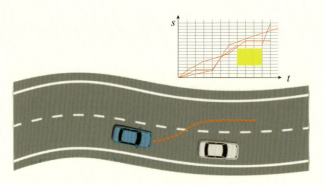

图 5-70　速度规划曲线

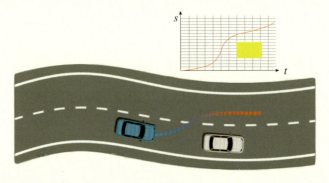

图 5-71　平滑后的速度规划曲线

高职高专智能网联汽车技术专业校企合作创新教材

智能网联汽车技术与应用

（配习题集）

主　编　李晶华　弋国鹏
副主编　曾　鑫　李　勇　高吕和
参　编　周定武　王　会　胡海玲
　　　　魏建平　刘凤良

机械工业出版社

本书结合智能网联教学小车的研发过程和专业、职业教育的特点，对智能网联汽车的结构和工作原理做了系统、详尽的介绍。

本书共分 6 章，分别是智能网联汽车发展概述、环境感知技术、车辆定位系统、SLAM 建图、智能车辆决策控制系统、智能车辆运动控制系统。

本书适用于对智能网联汽车感兴趣的各类人员，也可以作为高等院校、职业院校汽车相关专业的教材，同时还可以为广大从事汽车行业的工程技术人员提供参考。

图书在版编目（CIP）数据

智能网联汽车技术与应用：配习题集 / 李晶华，弋国鹏主编.
—北京：机械工业出版社，2021.5（2025.1 重印）
高职高专智能网联汽车技术专业校企合作创新教材
ISBN 978-7-111-68337-7

Ⅰ.①智… Ⅱ.①李… ②弋… Ⅲ.①汽车-智能通信网-电子技术-高等职业教育-教材 Ⅳ.①U463.67

中国版本图书馆 CIP 数据核字（2021）第 100480 号

机械工业出版社（北京市百万庄大街 22 号　邮政编码 100037）
策划编辑：李　军　　　责任编辑：李　军
责任校对：张　征　　　版式设计：马精明
责任印制：张　博
北京建宏印刷有限公司印刷
2025 年 1 月第 1 版·第 5 次印刷
184mm×260mm·17.75 印张·2 插页·432 千字
标准书号：ISBN 978-7-111-68337-7
定价：69.90 元

电话服务　　　　　　　　网络服务
客服电话：010-88361066　　机　工　官　网：www.cmpbook.com
　　　　　010-88379833　　机　工　官　博：weibo.com/cmp1952
　　　　　010-68326294　　金　书　网：www.golden-book.com
封底无防伪标均为盗版　　机工教育服务网：www.cmpedu.com

丛书编委会

主　任　弋国鹏（北京中汽恒泰教育科技有限公司）

副主任　敖克勇（遵义职业技术学院）
　　　　戚文革（吉林电子信息职业技术学院）
　　　　宋广辉（济南职业学院）
　　　　官海兵（江西交通职业技术学院）
　　　　李怀俊（广东交通职业技术学院）
　　　　罗国玺（青海交通职业技术学院）

委　员　艾　亮（四平职业大学）
　　　　蔡　彧（重庆三峡职业学院）
　　　　常　亮（兰州职业技术学院）
　　　　陈　标（湖南汽车工程职业学院）
　　　　陈剑伟（贵州食品工程职业学院）
　　　　邓彦波（永州职业技术学院）
　　　　丁新桥（武汉软件工程职业学院）
　　　　高恩娟（新乡职业技术学院）
　　　　高　欣（唐山学院）
　　　　何文峰（咸阳职业技术学院）
　　　　和树清（北京中汽恒泰教育科技有限公司）
　　　　侯存满（承德石油高等专科学校）
　　　　胡　勇（湖北三峡职业技术学院）
　　　　姜小东（武汉机电工程学校）
　　　　孔春花（吉林交通职业技术学院）
　　　　李　丹（湖北科技职业学院）
　　　　李　靖（丰都职业教育中心）
　　　　李建明（湖北交通职业技术学院）
　　　　李明全（赣州职业技术学院）
　　　　刘宝林（佳木斯市职业技术学校）
　　　　刘　超（北京中汽恒泰教育科技有限公司）
　　　　刘　钢（潍坊职业学院）
　　　　刘峻鹤（丰都职业教育中心）
　　　　刘艳宾（重庆三峡职业学院）
　　　　刘兆琪（唐山工业职业技术学院）
　　　　娄方义（遵义职业技术学院）
　　　　娄小会（贵州农业职业学院）
　　　　罗晓晔（杭州科技职业技术学院）
　　　　聂　进（娄底职业技术学院）
　　　　潘　达（长沙职业技术学院）

彭奇波（湖北科技职业学院）
乔明星（贵州工业职业技术学院）
权春峰（陕西国防工业职业技术学院）
冉明华（重庆青年职业技术学院）
沈海青（台州科技职业学院）
宋　刚（重庆三峡职业学院）
隋礼辉（内蒙古交通职业技术学院）
谭　晟（重庆市立信职业教育中心）
谭　欣（重庆安全职业技术学院）
王爱国（安徽机电职业技术学院）
王　昊（山东信息职业技术学院）
王密静（北京中汽恒泰教育科技有限公司）
王小飞（河南工业贸易职业学院）
王征义（遵义职业技术学院）
魏建平（北京中汽恒泰教育科技有限公司）
吴　刚（辽阳职业技术学院）
吴业强（贵州电子信息职业技术学院）
郗军红（烟台职业学院）
席　敏（长江职业学院）
谢　焕（重庆三峡职业学院）
熊少华（湖南生物机电职业技术学院）
徐霁堂（天津渤海职业技术学院）
徐彦生（佳木斯技师学院）
杨国俊（佳木斯技师学院）
杨运来（江西环境工程职业技术学院）
杨　峥（开封技师学院）
杨正荣（贵州装备制造职业学院）
叶美桃（山西交通职业技术学院）
银　峰（北京中汽恒泰教育科技有限公司）
尹宏观（重庆市立信职业教育中心）
雍　俊（北京中汽恒泰教育科技有限公司）
于晓英（山东交通职业学院）
余　洋（贵州建设职业技术学院）
袁　牧（湖北交通职业技术学院）
张　霞（长沙职业技术学院）
曾　虎（江西机电职业技术学院）
张得仓（湖北三峡职业技术学院）
张国新（河北机电职业技术学院）
张　峻（山东水利技师学院）
赵　龑（重庆三峡职业学院）
周学斌（武汉技师学院）
朱　岸（武汉机电工程学校）
邹　晔（无锡职业技术学院）

前言

智能网联汽车之所以能够提上各大汽车企业的研究与开发日程，被国内外相关机构作为研究重点，投入大量的人力和财力，不仅是因为智能网联汽车代表了高新科技水平，更是因为它满足了人类对汽车技术发展的迫切需求。从长远的角度来看，汽车发展的趋势是实现完全自主的无人驾驶。

本书以清华猛狮智能小车为基础，重点在以下几个方面做了系统的、适合教学的研发工作：一是激光雷达、摄像头、深度摄像头、惯性导航、里程计、超宽带（UWB）信标的定位和环境感知融合方面；二是利用深度摄像头完成的视觉同步定位与地图构建（SLAM）与导航方面；三是利用远程终端计算机对车辆控制模块的远程控制和信息回收方面；四是智能交通系统的搭建及其与车辆之间的网联协同控制方面；五是将每个传感器、执行器、控制过程可视化方面；六是相关试验台的开发；七是系统教材和学材的开发；八是教学资源的开发。所有这些开发的目的就是让学生明白自己的专业定位，知道应该学会哪些知识和技能，毕业后会面对什么样的岗位。

本书符合国家对技术技能型紧缺人才培养培训工作的要求，注重以就业为导向，以能力为本位，面向市场，面向社会，体现了专业和职业教育的特色，满足了高素质人才培养的需求。侧重于智能网联汽车的结构和工作原理，其中，第1章主要对智能网联汽车的发展做了概述性的介绍；第2章主要对环境感知技术做了详细的讲解，包括多种传感器及信号融合；第3章主要讲解了车辆定位系统，包括通信式定位和车辆自身定位等；第4章主要讲解了SLAM建图；第5章主要讲解了智能车辆的决策控制系统；第6章主要讲解了智能车辆运动控制系统。

在本书编写过程中，银峰、庞希甲、刘芮狄、刘超、和树青、杜红永、王密静等参与了资料收集、数据采集、文稿整理及其他相关工作，在此对他们表示衷心的感谢。

由于经验有限，本书所介绍的结构和工作原理等可能存在疏漏，请使用本书的相关人员提出宝贵的意见，以便在今后进行补充和改进。

编　者

目 录

前言

第1章 智能网联汽车发展概述

1.1 汽车发展趋势 // 001
1.1.1 汽车的演变过程 // 001
1.1.2 智能网联汽车的概念 // 002
1.1.3 智能网联汽车的分类 // 003

1.2 智能化汽车 // 004
1.2.1 智能化汽车的概念 // 004
1.2.2 智能化汽车的分类 // 004
1.2.3 智能化汽车的关键技术 // 006
1.2.4 智能化汽车的系统组成 // 008
1.2.5 智能化汽车的行业现状 // 008

1.3 网联化汽车 // 009
1.3.1 车联网的概念 // 009
1.3.2 车联网的功能 // 010
1.3.3 车联网的等级 // 011
1.3.4 车联网的典型场景 // 012
1.3.5 车联网的关键技术 // 013

1.4 智能网联汽车 // 016
1.4.1 智能网联汽车的分级 // 016
1.4.2 智能网联汽车的关键技术 // 017
1.4.3 智能网联汽车面临的挑战 // 019

第 2 章　环境感知技术

2.1　环境感知技术绪论 // 021

2.2　雷达 // 022

　2.2.1　雷达的概念 // 022

　2.2.2　雷达的工作原理 // 023

　2.2.3　雷达的分类 // 023

　2.2.4　车载雷达的应用概况 // 025

2.3　车载毫米波雷达 // 026

　2.3.1　车载毫米波雷达概述 // 026

　2.3.2　车载毫米波雷达的特点 // 026

　2.3.3　车载毫米波雷达的分类 // 026

　2.3.4　车载毫米波雷达的安装位置 // 028

　2.3.5　车载毫米波雷达的元件组成 // 028

　2.3.6　车载毫米波雷达的工作原理 // 030

　2.3.7　车载毫米波雷达的控制策略 // 032

　2.3.8　车载毫米波雷达的应用实例 // 033

2.4　车载激光雷达 // 033

　2.4.1　车载激光雷达概述 // 033

　2.4.2　车载激光雷达的特点 // 033

　2.4.3　车载激光雷达的分类 // 034

　2.4.4　车载激光雷达的安装位置 // 035

　2.4.5　车载激光雷达的元件组成 // 036

　2.4.6　车载激光雷达的工作过程 // 037

　2.4.7　车载激光雷达的测距原理 // 038

　2.4.8　车载激光雷达的测速原理 // 039

　2.4.9　车载激光雷达的控制策略 // 039

　2.4.10　车载激光雷达的应用实例 // 039

2.5　车载超声波雷达 // 040

　2.5.1　车载超声波雷达概述 // 040

　2.5.2　车载超声波雷达的特点 // 041

　2.5.3　车载超声波雷达的安装位置 // 041

　2.5.4　车载超声波雷达的工作原理 // 041

　2.5.5　车载超声波雷达的元件组成 // 042

2.5.6 车载超声波雷达的控制策略 // 043
2.5.7 车载超声波雷达的典型参数 // 043
2.5.8 车载超声波雷达的应用实例 // 043

2.6 车载视觉传感器 // 044
2.6.1 车载视觉技术 // 044
2.6.2 人类视觉技术 // 044
2.6.3 车载视觉技术的分类 // 049
2.6.4 CCD 技术 // 050
2.6.5 CMOS 技术 // 051
2.6.6 红外线感光技术 // 053

2.7 车载单目视觉系统 // 055
2.7.1 车载单目视觉系统概述 // 055
2.7.2 车载单目视觉系统的构成 // 055
2.7.3 车载单目视觉系统的性能参数 // 056
2.7.4 车载单目视觉系统的成像原理 // 056
2.7.5 车载单目视觉系统的工作过程 // 056
2.7.6 车载单目视觉系统的测距基本原理 // 061
2.7.7 车载单目视觉系统的感知任务 // 062

2.8 车载双目视觉系统 // 062
2.8.1 车载双目视觉系统概述 // 062
2.8.2 车载双目视觉系统的应用 // 063
2.8.3 车载双目视觉系统的组成 // 063
2.8.4 车载双目视觉系统的工作原理 // 063
2.8.5 车载双目视觉系统的工作过程 // 064
2.8.6 车载双目视觉系统的应用 // 066
2.8.7 车载双目视觉系统与车载单目视觉系统的差异 // 067

第 3 章 车辆定位系统

3.1 车辆定位系统绪论 // 068
3.1.1 车辆定位系统概述 // 068
3.1.2 车辆定位系统的基本功能 // 069
3.1.3 车辆定位系统的构成 // 071
3.1.4 车辆定位系统的定位方法 // 074
3.1.5 车辆定位系统的地图匹配 // 081
3.1.6 车辆定位系统的车辆导航 // 085

3.2 卫星定位系统 // 086
3.2.1 卫星定位系统概述 // 086
3.2.2 卫星定位系统的构成 // 086
3.2.3 卫星定位系统的工作原理 // 087
3.2.4 卫星定位系统的特点 // 098
3.2.5 卫星定位系统的应用 // 098
3.2.6 卫星定位系统的分类 // 099

3.3 室内定位系统 // 100
3.3.1 室内定位系统概述 // 100
3.3.2 室内定位系统的分类 // 100
3.3.3 超宽带（UWB）室内定位系统 // 103

3.4 惯性导航系统 // 105
3.4.1 惯性导航系统概述 // 105
3.4.2 惯性导航系统的原理及应用 // 105
3.4.3 惯性导航系统的组成 // 106
3.4.4 惯性导航系统的分类 // 106
3.4.5 加速度计 // 107
3.4.6 陀螺仪 // 112
3.4.7 平台式惯性导航系统 // 118
3.4.8 捷联式惯性导航系统 // 119
3.4.9 惯性导航系统的应用 // 120

3.5 定位融合 // 120
3.5.1 定位融合系统概述 // 120
3.5.2 定位融合系统的应用 // 125

第 4 章

SLAM 建图

4.1 SLAM 概述 // 127
4.1.1 SLAM 的定义 // 127
4.1.2 SLAM 的基本流程 // 127
4.1.3 SLAM 的技术分类 // 128
4.1.4 SLAM 的系统架构 // 128
4.1.5 SLAM 的地图种类 // 129
4.1.6 SLAM 的知识结构 // 129

4.2 激光 SLAM // 131
4.2.1 激光 SLAM 的分类 // 131
4.2.2 激光 SLAM 的控制架构 // 132

4.3 视觉 SLAM // 140
4.3.1 摄像头及摄像头模型 // 140
4.3.2 视觉 SLAM 的分类 // 141
4.3.3 视觉 SLAM 的结构流程 // 142
4.3.4 视觉里程计 // 142
4.3.5 后端优化 // 157
4.3.6 回环检测 // 160
4.3.7 建图 // 161

4.4 视觉 SLAM 与激光 SLAM 的区别 // 161
4.4.1 成本区别 // 161
4.4.2 应用场景区别 // 162
4.4.3 地图精度区别 // 162
4.4.4 易用性区别 // 162

4.5 基于 RGB-D 的 SLAM // 162
4.5.1 准备阶段 // 163
4.5.2 处理阶段 // 163
4.5.3 结束阶段 // 163

第 5 章
智能车辆决策控制系统

5.1 智能车辆决策控制系统概述 // 164
5.1.1 智能车辆决策控制系统的定义 // 164
5.1.2 智能车辆决策控制系统的关键技术 // 164

5.2 智能车辆决策控制系统的构成 // 166
5.2.1 智能车辆决策控制系统的功能架构 // 166
5.2.2 智能车辆决策控制系统的决策方法 // 167
5.2.3 有限状态机（FSM）// 168

5.3 信息融合 // 180
5.3.1 信息融合的特点 // 181
5.3.2 信息需求 // 181
5.3.3 信息来源 // 182
5.3.4 融合方式 // 182
5.3.5 融合的条件 // 184
5.3.6 融合的步骤 // 184
5.3.7 信标定位、惯性导航和里程计的融合 // 184
5.3.8 激光雷达和摄像头的融合 // 185
5.3.9 毫米波雷达与激光雷达的信号融合 // 186
5.3.10 毫米波雷达与单目摄像头的信号融合 // 187

5.4 目标运动预测 // 188
5.4.1 目标要求及预测方式 // 188
5.4.2 基于模型的预测 // 188
5.4.3 基于数据驱动的预测 // 189
5.4.4 基于车道系列的预测 // 189
5.4.5 障碍物状态分析 // 190
5.4.6 车道轨迹生成 // 190

5.5 路径规划 // 190
5.5.1 路径规划的分类 // 191
5.5.2 全局路径规划 // 191
5.5.3 局部路径规划 // 194
5.5.4 路径规划的未来发展 // 197

5.6 路径跟踪及异常处理 // 198
5.6.1 全局路径跟踪 // 198
5.6.2 局部路径跟踪 // 199
5.6.3 异常处理 // 199

5.7 Apollo 自动驾驶开放平台 // 199
5.7.1 Apollo 决策系统的构成 // 199
5.7.2 Apollo 决策系统的功能 // 200
5.7.3 Apollo 决策规划的过程 // 203

第 6 章 智能车辆运动控制系统

6.1 控制内容及控制方式分类 // 208
6.1.1 控制技术概述 // 208
6.1.2 控制内容 // 208
6.1.3 控制方式分类 // 209

6.2 控制技术 // 211
6.2.1 线控转向系统 // 211
6.2.2 线控动力系统 // 217
6.2.3 线控制动系统 // 217

6.3 线控关键技术 // 220
6.3.1 传感技术 // 220
6.3.2 总线技术 // 221
6.3.3 容错控制技术 // 222

6.4 车辆模型 // 222
6.4.1 运动学模型 // 222
6.4.2 动力学模型 // 226
6.4.3 轮胎模型 // 228
6.4.4 发动机模型 // 229
6.4.5 变速器模型 // 229
6.4.6 驱动电机模型 // 230

6.5 轨迹跟踪 // 230
6.5.1 控制模式 // 231
6.5.2 控制方法 // 233

Chapter One
第 1 章
智能网联汽车发展概述

1.1 汽车发展趋势

从工业 1.0 的机械化、2.0 的电气化到 3.0 的机电一体化，汽车工业每次都发生着重大变革。而以信息物理系统（Cyber-Physical Systems，CPS）为标志的工业 4.0，将使汽车在未来 10～20 年中发生革命性的变化，如图 1-1 所示。

图 1-1 汽车的发展过程

CPS 是一个综合计算、网络和物理环境的多维复杂系统。通过 3C（Computation，Communication，Control）技术的有机融合与深度协作，实现大型工程系统的实时感知、动态控制和信息服务。

1.1.1 汽车的演变过程

随着汽车保有量的不断增加，汽车作为一种常见的交通工具，会带来能源短缺、环境污染、交通拥堵和事故频发等一系列的社会问题，而智能网联汽车可有效解决这些矛盾。所谓智能网联汽车，实际上是汽车智能化和汽车网联化高度融合后的产物，如图 1-2 所示。所谓智能化，就是能利用自身的感知系统独自运行的能力，基本不需要外界信息的帮助；而所谓网联化，是一种能与周围车辆或交通基础设施进行通信的能力，网联化汽车未必具有智能化的成分，网联汽车的发展最终会促成完全意义上的高度智能化的汽车，从而代替驾驶人在节能、安全和舒适的前提下控制车辆的运行。

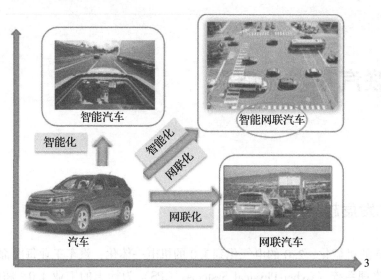

图1-2 汽车的演变过程

1.1.2 智能网联汽车的概念

智能网联汽车（Intelligent Connected Vehicle，ICV），是指车联网与智能汽车的有机联合，搭载先进的车载传感器、控制器、执行器等装置，并融合现代通信与网络技术，实现车与人、车、路、后台等智能信息交换共享，实现安全、舒适、节能、高效行驶，并最终替代人来操作的新一代汽车。如图1-3所示，汽车上安装的车载传感器包括雷达、摄像头、V2X（车辆对外界信息交换）通信模块、各种定位模块等装置，这些装置相当于驾驶人的眼睛，可以眼观六路，以便识别车辆周围的路况；安装了不用人就可以操作的制动、加速、转向和起动等控制系统，这相当于驾驶人的手脚；同时安装了一个控制模块，可以根据"眼睛"看到的路况控制"车辆手脚"的动作，进而控制车辆的运行。

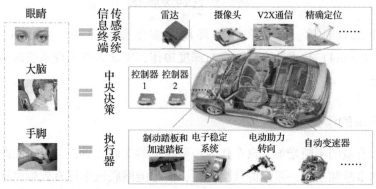

图1-3 智能网联汽车的构成

1.1.3 智能网联汽车的分类

现在关于智能网联汽车的分类方法有很多,一般从技术发展的阶段或应用的领域来进行分类。从技术发展的角度看,智能网联汽车大体经历了两个阶段:第一阶段是智能化汽车的初级发展阶段,主要以辅助驾驶(ADAS)为主,图1-4所示就是一种带有自适应定速巡航控制的汽车,可以在车流比较稳定的路面上设置定速巡航,并且可以根据前车速度自动调整自身车速,在保证安全的情况下控制车辆尽量按照设定的速度行驶;第二阶段是智能化汽车发展的终极阶段,即完全替代人的真正意义上的无人驾驶,如图1-5所示。

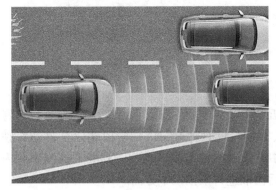

图1-4 自适应定速巡航汽车

图1-5 智能网联汽车

从应用领域的角度来分析,智能网联汽车有军用、民用两种类型,两者从外观和路线上有较大差别。谷歌的智能网联汽车很多技术来源于军用领域,其最大特点是以64线激光雷达装置为主,如图1-6所示,位于车辆上方很大、很沉的装置就是64线激光雷达,但是其价格昂贵。各大车辆生产厂家主要是在车身布上各种传感器,如图1-7所示,主要由激光雷达、毫米波雷达和摄像头对周围环境进行实时监测,并对道路上的交通信号、行人和车辆进行识别并做出反应。

图1-6 谷歌智能网联汽车

图1-7 雷克萨斯智能网联汽车

1.2 智能化汽车

1.2.1 智能化汽车的概念

智能化汽车是在普通汽车的基础上增加先进的传感器（雷达、摄像头等）、控制器、执行器等装置，通过车载传感系统的环境感知能力，能够自动地分析汽车行驶的安全及危险状态，按照人的意愿到达目的地，最终实现替代人来操作的新一代汽车。图1-8所示为某智能化汽车。

图1-8 某智能化汽车

1.2.2 智能化汽车的分类

业界一般把智能化汽车的发展过程划分为五个阶段：辅助驾驶（DA）阶段、部分自动驾驶（PA）阶段、有条件自动驾驶（CA）阶段、高度自动驾驶（HA）阶段和完全自动驾驶（FA）阶段。各阶段的主要区别在于运行过程中智能系统控制哪些内容、驾驶人控制哪些内容、车辆运行状态由谁进行监视、当系统失效后由谁进行干预四个方面。

1. 辅助驾驶（DA）阶段

在辅助驾驶阶段，车辆智能化系统主要根据环境信息执行车辆行驶方向（车道保持）或加减速（通常特指自适应定速巡航控制功能）中的某一项操作，其他操作都由驾驶人来完成，通俗讲就是在特定的路况下可以解放驾驶人的手或脚。这个阶段的主要特点是驾驶人和系统共同控制车辆运行，但驾驶人要负责监视车辆，当智能控制失效时，由驾驶人来做出应对，适用于车道内正常行驶、高速公路无车道干涉路段的行驶、无换道操作等工况，如图1-9所示。

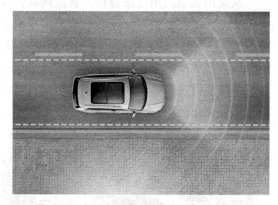

图1-9 自适应定速巡航与车道保持功能

2. 部分自动驾驶（PA）阶段

在部分自动驾驶阶段，车辆智能化系统根据环境信息对车辆的行驶方向和加减速中的多项操作同时提供支援，其他操作由驾驶人完成。这个阶段的主要特点是驾驶人和系统共同控制，驾驶人负责监视车辆，当智能控制失效时，由驾驶人来做出应对。这个阶段的主要功能有车道保持、自适应巡航、自动泊车等，适用于高速公路及市区无车道干涉路段进行换道、泊车、环岛绕行、拥堵跟车等操作，如图1-10所示。

3. 有条件自动驾驶（CA）阶段

在有条件自动驾驶阶段，所有驾驶操作由智能化系统完成，根据系统请求，驾驶人需要提供适当的干预，否则车辆将停留原地，直到环境改变允许车辆继续行驶。这个阶段的特点是车辆的运行由系统控制，同时系统负责监视车辆，当智能控制失效时，系统会请求驾驶人，由驾驶人做出应对。有条件自动驾驶适用于高速公路正常行驶工况，也适用于高速公路及市区无车道干涉路段进行换道、泊车、环岛绕行、拥堵跟车等操作，如图1-11所示。

图1-10 自动泊车功能

图1-11 有条件自动驾驶

4. 高度自动驾驶（HA）阶段

在高度自动驾驶阶段，驾驶人能够完成的所有驾驶操作均由车载智能化系统完成，特定环境下系统会向驾驶人提出响应请求，驾驶人可以对系统请求做出响应，也可以不进行响应。高度自动驾驶与有条件自动驾驶的区别在于高度自动驾驶车辆提出响应要求的可能性大大减小，即使提出，驾驶人也可以不做出响应，系统终究会自我做出决策。高度自动驾驶适用于有车道干扰路段（交叉路口、车流汇入、拥堵区域、人车混杂交通等市区复杂工况）进行的全部操作，如图1-12所示。

5. 完全自动驾驶（FA）阶段

在完全自动驾驶阶段，车载智能化系统可以完成驾驶人能够完成的所有道路环境下的操作，始终不需要驾驶人介入，完全自动驾驶适用于所有行驶工况下进行的全部操作。车辆的控制、监视及失效应对均由系统完成，如图1-13所示，驾驶人可以专心做自己的事情，无须留意车辆的运行。

图1-12 高度自动驾驶

图1-13 完全自动驾驶汽车

无论怎样分级，从驾驶人对车辆控制权的角度来看，可以分为驾驶人拥有车辆全部控制权（如辅助驾驶阶段和部分自动驾驶阶段）、驾驶人拥有部分车辆控制权（例如部分自动驾驶阶段和高度自动驾驶阶段）、驾驶人不拥有车辆控制权（例如完全自动驾驶阶段）三种形式。

1.2.3 智能化汽车的关键技术

智能化汽车是一个汇集了众多高新科技的综合系统，尤其是作为智能化汽车关键环节的环境信息获取与智能决策控制系统，更是依赖于高新技术的有力支撑。图1-14所示为智能化车辆的系统构成，从中可以看出其关键技术包括环境感知技术、智能决策技术、自动控制技术三个大的方面，具体来讲，包含以下几种。

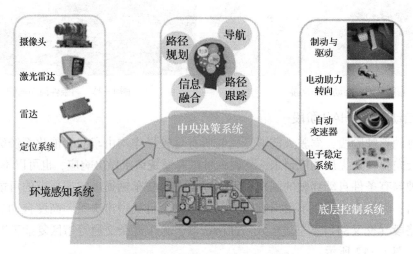

图1-14 智能化车辆的系统构成

1. 环境感知技术

在汽车智能化领域，环境感知包括车辆本身状态（位姿）感知和外部环境感知。在复杂的路况交通环境下，单一传感器无法完成环境感知的全部，必须整合各种类型的传感器，利用传感器融合技术，使其为智能化汽车提供更加真实、可靠的路况环境信息。环境感知过程如图1-15所示。

环境感知主要包括以下几方面：

1）车辆本身状态感知，包括行驶速度、行驶方向、行驶状态、车辆位置等。

图1-15 环境感知过程

2）道路感知，包括道路类型检测、道路标线识别、道路状况判断、是否偏离行驶轨迹等。

3）行人感知，主要判断车辆行驶前方是否有行人，包括白天行人识别、夜晚行人识别、被障碍物遮挡的行人识别等。

4）交通信号感知主要是自动识别交叉路口的信号灯、如何高效通过交叉路口等。

5）交通标志感知主要是识别道路两侧的各种交通标志，如限速标志、弯道标志等。

6）交通状况感知主要是检测道路交通拥堵情况、是否发生交通事故等，以便车辆选择通畅的路线行驶。

7）周围车辆感知主要检测车辆前方、后方、侧方的车辆情况，避免发生碰撞，也包括交叉路口被障碍物遮挡的车辆。

2. 智能决策技术

智能决策技术是智能网联汽车领域的重要技术分支，其应用领域较宽，如自适应巡航、车道偏离预警、防碰撞、路径规划、车道保持、导航等。它是在环境感知技术积累的基础上，利用后台丰富的大数据以及车辆监测的道路反馈信息形成合力、智能决策并做出控制执行。智能决策过程包括信息融合技术、危险态势分析（运动预测）技术、路径及轨迹规划技术、行为决策技术、危险预警技术等。如图1-16

图1-16 智能决策技术

所示，车辆感知到前面的三个行人后，系统需要计算以确定车辆下一步的行驶轨迹，避免对行人构成威胁。

3. 控制执行技术

图1-17所示为某品牌车辆的线控底盘。决策系统的结论无法直接控制车辆的运行，需要根据智能决策系统的指令对线控底盘进行控制，包括基于驱动、制动系统的车辆纵向运动控制，基于转向系统的横向运动控制，基于悬架系统的垂向运动控制，基于驱动、制动、转

图1-17 某品牌车辆的线控底盘

向、悬架的底盘一体化控制，以及利用通信及车载传感器的车队列协同和车路协同控制等。

4. V2X通信技术

所谓V2X（Vehicle to Everything），即车辆对外界的信息交换，如图1-18所示。车联网通过整合全球定位系统（GNSS，如GPS或北斗）的导航技术、车与车交流技术、无线通信及远程感应技术，奠定了新的汽车技术发展方向，实现了手动驾驶和自动驾驶的兼容。简单来说，搭配了该系统的车型，在自动驾驶模式下，能够通过对实时交通信息的分析，自动选择路况最佳的行驶路线，从而缓解交通堵塞。

5. 云平台和大数据技术

数据平台技术是智能网联汽车的基础支撑技术，包括云计算、大数据的关联分析和深度挖掘、数据高效存储和检索、数据交换共享等。数据平台技术主要应用于车联网系统、实时交通系统等。

6. 信息安全技术

信息安全是智能控制最基本的出发点，如果信息遭受破坏，那么车辆的性能根本无法得

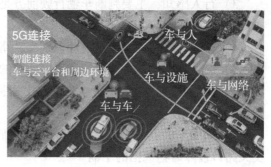

图1-18　V2X通信技术

到保障。信息安全技术是指信息系统（包括硬件、软件、数据、人、物理环境及其基础设施）受到保护的技术，使信息不因偶然的或者恶意的原因而遭到破坏、更改和泄露，系统能连续、可靠、正常地运行，信息服务不中断，最终实现业务的连续性，在智能化汽车领域，就是保证信息的准确性和连续性，从而保证交通的安全和可靠性。

7. 同步定位与地图构建技术

同步定位与地图构建（Simultaneous Localization and Mapping, SLAM）可以描述为将一个机器人放入未知环境中的未知位置，是否有办法让机器人一边移动一边逐步描绘出此环境完全的地图。所谓完全的地图是指不受障碍，可以行进到环境可达的每个角落。即时定位与地图构建是智能化汽车运行的基础，没有高精度地图，自动驾驶无法谈起。常用的即时定位与地图构建有激光SLAM和视觉SLAM。图1-19所示为用激光雷达构建的地图。

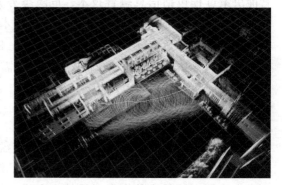

图1-19　用激光雷达构建的地图

1.2.4　智能化汽车的系统组成

与传统车辆相比，智能化汽车在构成上主要增加了环境感知和定位系统、智能决策系统、控制和执行系统。而智能化汽车如果需要发挥其最佳性能，还需要强大的网、智慧的路和共享的云，否则只有智能的车，其智能化的程度也会受到限制，甚至发生危险。智能化汽车工作过程是按照获取高清地图、实时定位、环境感知、运动预测、行动规划和车辆控制的线路进行。图1-20所示为智能化汽车的系统构成。

1.2.5　智能化汽车的行业现状

近年来，随着电子信息领域新技术的发展，物联网、云计算、大数据、移动互联等新技术正在向传统行业渗透。在汽车行业，与此相关的智能化汽车、车路协同、出行智能化、便捷服务、车联网等，都已成为目前的技术热点，并且正在引起行业的巨大变革。多方合作成

为这个阶段智能化汽车发展的一个主要的特征。

图1-20 智能化汽车的系统构成

1.3 网联化汽车

1.3.1 车联网的概念

车联网是以车内网、车载移动互联网和车际网为基础，按照约定的体系架构通信协议和数据交互标准，在车－X（X包括车、路、行人及互联网等）之间，进行通信和信息交换的信息物理系统。它能实现智能交通管理、智能动态信息服务和车辆智能化控制的一体化网络，它是物联网技术在交通系统领域的典型应用。

车联网相当于车内网、车载移动互联网和车际网三网融合而成的网，如图1－21所示。其中，车内网是指通过应用成熟的总线技术建立一个标准化的整车网络，包括CAN、LIN，各个

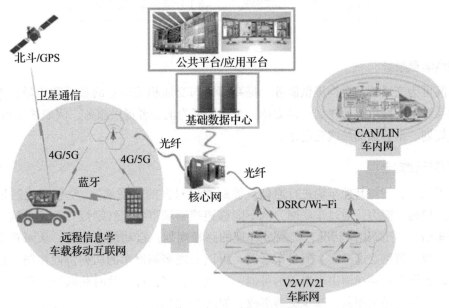

图1-21 三网融合而成的车联网

控制模块之间通过数据线进行数据共享；车载移动互联网是指车载终端通过 4G 或 5G 通信技术与互联网进行无线连接的网络，以便和云服务器之间进行大容量的数据交换；车际网是基于无线局域网络协议的动态网络，实现在一定范围内的车辆与车辆之间的数据交换，实现协同控制，如图 1-22 所示。

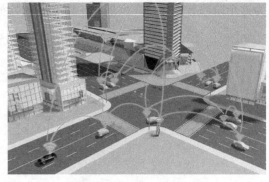

图 1-22　车-车互联

1.3.2　车联网的功能

车联网不仅可以应用于交通控制和车辆安全保障，同时在信息服务方面和智慧城市建设方面也有应用；车联网可以实现远程故障诊断，有利于实现汽车与手机互联映射，实现协同控制，有利于实现无人驾驶；车联网可以大大提高车辆的智能化程度，拥有车联网的城市将不再出现交通拥挤，并且驾驶也会变得更加安全。车联网的功能如图 1-23 所示。

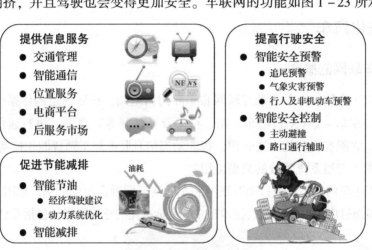

图 1-23　车联网的功能

1. 提供信息服务

车联网可为交通管理机构提供服务，提高车辆与交通相关信息的数量和质量，更高效地管理运输系统，为城市交通规划提供支持。车联网可为消费者提供服务，例如选择出行方式、提供路径规划、推荐加油站或充电站。

2. 提高行驶安全

通过车联网，能与其他车辆进行通信，彼此明确对方的"意愿"，便于高速通过交通路口，提高路口通行能力；通过车联网，汽车能够连接到城市各类红绿灯等交通设施，相当于拥有"千里眼"，明晰道路状况，实现最合理的路径规划，自动规避危险，从而有助于提高行驶安全，减少道路交通事故；通过车联网，可以实现多辆汽车的队列协同控制，提高道路利用率，减少因车辆穿插而出现事故的可能；通过车联网，可以及时获取行人和非机动车辆的预警信息，从而做出预判，减少交通事故，如图 1-24 所示。

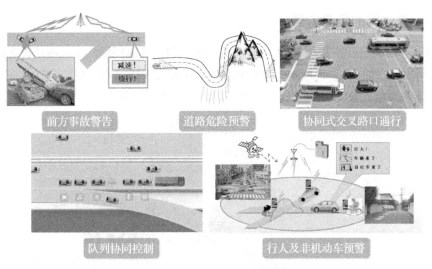

图 1-24 车联网减少交通事故的方式

3. 促进节能减排

车联网带来的智能交通将成为节能降耗的重要推手。一方面可以规划好的线路，实现最短的行驶里程和最佳的路面状况，减少无谓的能量消耗；另一方面也可以控制车辆在最经济的模式下运行，减少能耗。总之，就是利用人、车、路三者构成的流畅交通网络，来大幅减少额外的燃油消耗和污染。

1.3.3 车联网的等级

一般情况下，智能化汽车的等级可以按照驾驶人介入汽车行驶的程度进行定义，而车联网的等级则应当从乘客体验角度出发进行定义，一般分为网联辅助信息交互、网联协同感知、网联协同决策与控制三个等级。各个等级的定义、车辆控制、车辆要获取的典型信息、车辆对信息的要求参见表 1-1 所示的内容。

表 1-1 车联网的等级划分

网联化等级	等级名称	等级定义	控制	典型信息	信息传输需求
1	网联辅助信息交互	导航等辅助信息的获取及车辆行驶数据等上传	人	地图、交通流量、交通标志、油耗、里程等信息	传输实时性、可靠性要求较低
2	网联协同感知	实时获取周边交通环境信息，与车载传感器的感知信息融合	人与系统	周边车辆/行人/非机动车位置、信号灯相位、道路预警等信息	传输实时性、可靠性要求较高
3	网联协同决策与控制	与 V2V/V2I 等各交通参与者间信息交互融合，形成协同决策与控制	人与系统	车-车、车-路间的协同控制信息	传输实时性、可靠性要求最高

1.3.4 车联网的典型场景

车联网以"两端一云"为主体、路基设施为条件,包括智能网联汽车、移动智能终端、车联网服务平台等对象,如图1-25所示,涉及V2C(车-云)、V2V(车-车)、V2P(车-人)、V2I(车-路)、车内通信五个场景。车联网主要包括人、车、路、通信、服务平台五类要素。

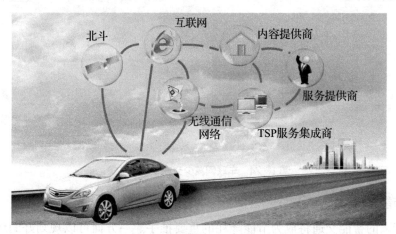

图1-25 "两端一云"的车辆场景

1. 基于V2C网联的自动驾驶场景

图1-26所示为基于V2C网联的自动驾驶场景。车与云平台间的通信是指车辆通过卫星或移动蜂窝等无线通信技术实现车辆与车联网服务平台的信息传输。一方面将自身的位置和状态信息上传给云服务器,供他人使用;另一方面接收平台下达的相关控制指令或其他相关

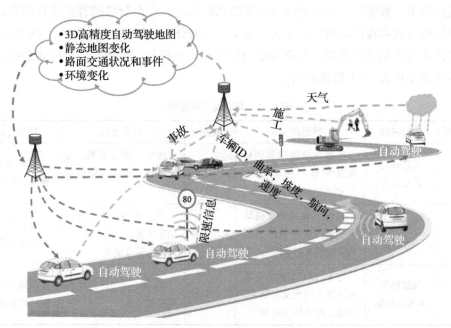

图1-26 基于V2C网联的自动驾驶场景

信息，控制车辆的运行。基于 V2C（车与云）网联的自动驾驶对网络的要求非常高，一方面要保证数据的传输速率，另一方面要保证及时性，否则车辆将无所适从。

2. 基于 V2V 协作/编队的自动驾驶场景

V2V（车与车）间的通信是指车辆与车辆之间实现信息交流与信息共享，包括车辆位置、行驶速度等车辆状态信息，可用于判断道路车流状况和形成编队行驶。以排头的车辆作为头车，跟随车们通过 V2V 车联网实时连接，根据头车的操作而变更驾驶策略，整个车队以极小的车距编队自动驾驶，把车辆开出"婚车仪仗队"的既视感，如图 1-27 所示。编队行驶状态可以在节省油耗的同时更高效地完成货物运输，减少驾驶人疲劳驾驶等情况带来的事故风险，也可释放更多车道，缓解交通压力。

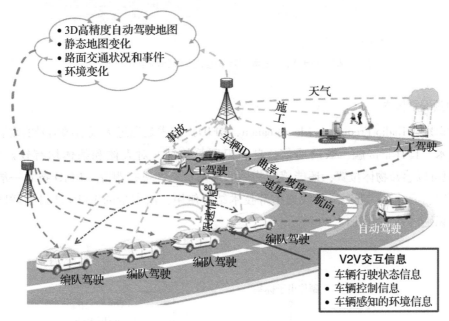

图 1-27　基于 V2V 协作/编队的自动驾驶场景

3. 基于 V2P 的远程自动驾驶汽车/远程自动泊车场景

车与人间的通信是指用户可以通过 Wi-Fi、蓝牙、蜂窝等无线通信手段与车辆进行信息沟通，使用户能通过对应的移动终端设备监测并控制车辆。例如利用远程通信设备通知车辆自主到达停车泊位，或者利用远程通信设备通知车辆自主到达上车地点，无须驾驶人或乘客在上、下车地点和停车泊位之间来回走动，如图 1-28 所示。

1.3.5　车联网的关键技术

车联网关键技术分布在"端-管-云"三个层面。在"端"层面，关键技术主要包括车辆和路侧设备的智能化、网联化进程加快，关键技术包括汽车电子、车载操作系统技术等；在"管"层面，关键技术主要包括 4G/5G 车载蜂窝通信技术、LTE-V2X 和 802.11p 无线直连通信技术等；在"云"层面，实现连接管理、能力开放、数据管理、多业务支持的车联网平台技术是核心。

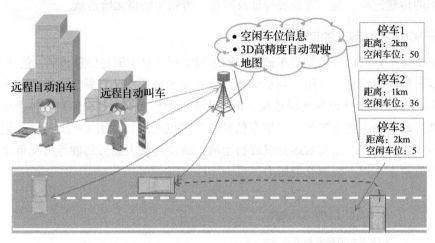

图1-28 基于V2P的远程自动驾驶汽车/远程自动泊车场景

1. 射频识别技术

射频识别（Radio Frequency Identification，RFID）技术是通过无线射频信号实现物体识别的一种技术，具有非接触、双向通信、自动识别等特征，对人体和物体均有较好的效果。RFID不但可以感知物体位置，还能感知物体的移动状态并进行跟踪。RFID技术一般与服务器、数据库、云计算、近距离无线通信等技术结合使用，由大量的RFID通过物联网组成庞大的物体识别体系，如图1-29所示。

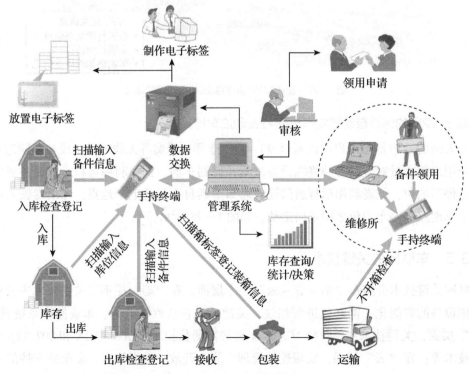

图1-29 射频识别技术的应用

2. 传感网络技术

车辆服务需要大量数据的支持，这些数据的原始来源正是依靠各类传感器进行采集。不同的传感器或大量的传感器组成一个庞大的数据采集系统，动态采集一切车联网服务所需要的原始数据，例如车辆位置、状态参数、交通信息等。当前的采集系统已由单个或几个传感器演化为由大量传感器组成的传感器网络，并且能够根据不同的业务进行个性化定制，向服务器提供数据源，经过分析处理后作为各项业务数据为车辆提供优质服务，如图1-30所示。

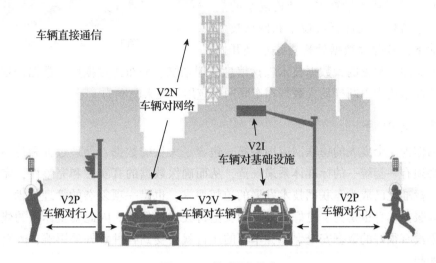

图1-30 传感网络技术

3. 卫星定位技术

卫星定位是指通过利用卫星和接收机的双向通信来确定接收机的位置，可以实现全球范围内实时为用户提供准确的位置坐标及相关的属性特征，如图1-31所示。如果采用差分技术，其精度甚至可以达到米级。定位是导航的基础，随着全球定位技术的发展，车联网的发展迎来了新的历史机遇，传统全球定位系统成为车联网技术的重要技术基础，为车辆的定位和导航提供了高精度的可靠位置服务，成为车联网的核心业务之一。随着我国北斗导航系统

图1-31 卫星定位技术

的日益完善并投入使用，车联网技术又有了新的发展方向，并逐步实现向国产化、自主知识产权的时期过渡。

4. 无线通信技术

传感网络采集的路况信息需要通过通信系统传输到云端，才能得到及时的处理和分析，分析后的数据也要经过通信网络的传输才能到达车辆终端设备。考虑到车辆的移动特性，车联网技术只能采用无线通信技术来进行数据传输，因此无线通信技术是车联网技术的核心组

成部分之一。在各种无线传输技术的支持下，数据可以在服务器的控制下进行交换，实现业务数据的实时传输，并通过指令的传输实现对网内车辆的实时监测和控制，如图1-32所示。

5. 大数据分析技术

大数据（Big Data）是指借助于计算机技术、互联网，捕捉到数量繁多、结构复杂的数据或信息的集合体。在计算机技术和网络技术的发展推动下，各种大数据处理方法已经开始

图1-32 无线通信技术

得到广泛的应用。常见的大数据技术包括信息管理系统、分布式数据库、数据挖掘、类聚分析等，这些技术成为不断推动大数据在车联网中应用的强大驱动力。

6. 标准及安全体系

车联网作为一个庞大的物联网应用系统，包含了大量的数据、处理过程和传输节点，其高效运行必须有一套统一的标准体系来规范，从而确保数据的真实性和完整性，完成各项业务的应用。标准化已成为车联网技术发展的迫切要求，也是一项复杂的管理技术。另外，车联网和获取服务本身也是为了更好地为车辆安全行驶提供保障，因此安全体系的建立也十分重要。如果没有很好的数据安全保障，车辆的运行就会受到各种意外的影响，人财物的安全都将无从谈起。

1.4 智能网联汽车

传统意义上的智能汽车不具有网联的功能，传统意义上的网联汽车不具有智能控制的成分，而智能网联汽车才真正同时具备了传统智能汽车和传统网联汽车的特质，其终极目标就是实现完全自主的无人驾驶功能，也就是说网联技术会让智能车辆的智能化水平大大提高。如图1-33所示，为智能网联汽车的运营场景。

图1-33 智能网联汽车的运营场景

1.4.1 智能网联汽车的分级

图1-34所示为常用的智能网联汽车的分级方法，横向为按照自主程度划分的智能化汽车的五个阶段，纵向为按照参与程度划分的网联汽车的三个阶段。如果同时考虑智能化和网联化的因素，智能网联汽车可以划分为四个阶段：

1）一级为自主驾驶辅助阶段，具有纵、横向控制中的一个或多个特殊控制功能，能为驾驶人提供预警或者驾驶辅助。

2）二级为网联驾驶辅助阶段，至少两个以上的原始功能融合在一起，驾驶人完全不用对这些功能进行操控。

3）三级为自主自动驾驶阶段，在某个特定的驾驶交通环境下，让驾驶人完全不用控制汽车。

4）四级为网联自动驾驶阶段，全程监测交通环境，能够实现所有的驾驶目标，在任何时候驾驶人都不需要对车辆进行控制。

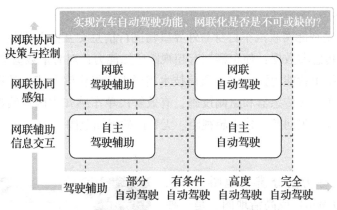

图1-34 常用的智能网联汽车的分级方法

1.4.2 智能网联汽车的关键技术

依据人驾驶车辆过程的不同阶段可以将驾驶人行为特性分为三个部分：感知行为特性、决策行为特性和操作行为特性。智能网联汽车是一个复杂的跨界交叉系统，其核心关键技术涉及汽车、芯片、人工智能和信息通信等领域，主要包括车辆关键技术（包括环境感知技术、决策与控制技术）、信息交互关键技术（包括V2X通信技术、云平台与大数据技术、信息安全技术）、基础支撑技术（高精度地图、高精度定位技术、标准法规与测试评价）等。

1. 环境感知技术

环境感知技术就是将复杂未知的现实世界描述转变成有限的语义推理。用于环境感知的传感技术主要包括利用机器视觉、雷达（激光、毫米波）和惯导单元（Inertial Measurement Unit，IMU）进行检测、对各传感器的数据进行融合，以及对目标进行分类和运动预测。确定周围环境中有哪些障碍物，以及障碍物的位置、特征、速度、在一定时间内的运动趋势。其主要功能是对车辆自身属性和车辆外在属性（如道路、车辆和行人等）静态、动态信息进行提取和收集，并向智能决策层输送信息。

2. 智能决策技术

智能决策包括基于复杂环境感知及通信的路径规划和轨迹跟踪、基于机器视觉技术的纵横向控制、利用毫米波雷达测量车间距离的纵向控制、利用车间通信及车间距离雷达的车队列行驶控制。其主要功能是接收环境感知层的信息并进行融合，对道路、车辆、行人、交通标志和交通信号等进行识别、决策分析和判断车辆驾驶模式和将要执行的操作，并向控制及执行层输送指令。

3. 控制与执行技术

控制和执行技术的主要功能是根据功能决策层的指令对车辆进行操作和协调，为联网汽车提供道路交通信息、安全信息、娱乐信息、救援信息、商务办公、在线消费等，以保证汽车安全、舒适地驾驶。系统工作过程中，控制模块根据决策系统规划出的目标轨迹和车辆的实时状态控制转向盘、加速踏板和制动踏板等，实现对车辆运行轨迹的控制。

4. V2X 通信技术

V2X 通信技术是智能网联汽车自身与外界事物进行信息交互的关键核心技术，具有以下优势：易获得路侧传感器数据；使车辆拥有超视距感知能力；对海量数据进行综合评估分析；不易受环境影响，抗干扰能力强。V2X 通信技术相当于智能化汽车感知的第三只眼睛或者耳朵，它可以融合多车、多传感器和路侧设施，有效解决单车感知中因视线遮挡、视野有限产生的检测失效和目标丢失问题，建立超视距、无盲区的感知范围。

5. 高精度地图

高精度地图也称为高分辨率地图（High Definition Map，HD Map）或高清地图，是一种高精度、精细化定义的地图，专门为无人驾驶服务的地图。与传统导航地图不同的是，高精度地图除了能提供道路（Road）级别的导航信息外，还能够提供车道（Lane）级别的导航信息，其精度能达到厘米级，并且用格式化存储交通场景中的各种交通要素，包括传统地图的道路网数据、车道网络数据、车道线以及交通标志等数据，如图 1-35 所示。

图 1-35 高精度地图

高精度地图的作用主要包含以下几点。

1）不同于导航地图，其最大的特点是高纬度和高精度。
2）可以实现对道路网的精确表征，如交叉路口布局和路标位置。
3）可以提供地图语义信息，如道路上的速度限制、左转车道开始的位置。
4）导航地图只能达到米级精度，而高精度地图可以达到厘米级精度。
5）可以提供很多准确的静态物体的信息。
6）可以用于精确计算物体的相对位置。
7）可以帮助传感器缩小检测范围。
8）可以精确计算出道路导航信息。
9）帮助车辆识别车道的精确中心线。

6. 高精度定位

所谓定位精度，是指空间实体位置信息（通常为坐标）与其真实位置之间的接近程度。定位精度越高，其接近程度越高。当无人驾驶汽车拥有高精度的位置信息之后，就可以与高精度地图进行匹配,从而形成了良好的导航功能。无线定位技术领域分为广域定位和短距离无线定位,广域定位可分为卫星定位和移动定位,短距离定位主要包括 WLAN、RFID、UWB、蓝牙、超声波等。图 1-36 所示为利用卫星实现定位的技术。

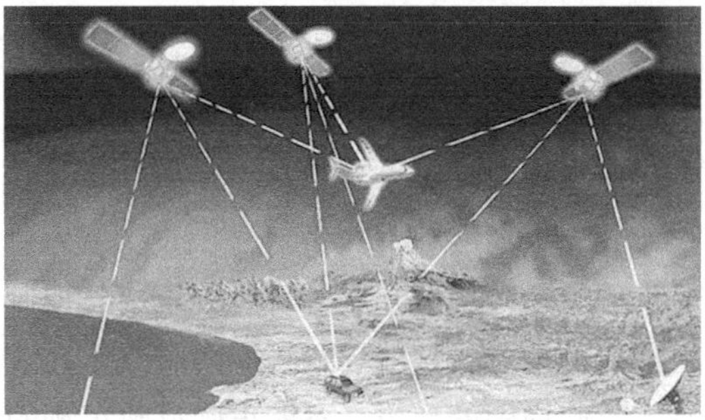

图 1-36 利用卫星实现定位的技术

1.4.3 智能网联汽车面临的挑战

在汽车工业 4.0 时代已经有共识,智能网联汽车是汽车产业发展的战略方向。国际上的发达国家通过国家战略协同和各方面的推进,已经形成了智能网联汽车发展的先发优势。面对国际上智能网联汽车产业的竞争,在我国智能网联汽车发展过程中,特别是产业化发展过程当中,还存在着一系列挑战。

1. 安全性

信息安全技术包括汽车信息安全建模技术,数据存储、传输与应用三维度安全体系,汽车信息安全测试方法,信息安全漏洞应急响应机制等。智能网联汽车运行过程中会依托大量数据,这些数据对行车方向、车速,特别是高精度地图的生成具有关键作用。如果这些数据或与之紧密关联的配套设施发生问题,就可能使数据传输延迟,从而造成交通事故。

2. 控制及稳定性

控制执行技术主要包括:面向驱动和制动的纵向运动控制、面向转向的横向运动控制;基于驱动、制动、转向、悬架的底盘一体化控制;融合车联网(V2X)通信及车载传感器的多车队列协同和车路协同控制等。如果线控底盘无法精确执行决策层的指令,就会造成车辆的运动无法高精度控制,从而影响交通安全。

3. 交通设施

传统的交通设施往往是非智能的,甚至很多只是一个标志牌,在光线满足视觉要求的情况下可以看到,其他状况下就很难看到。需要探究实现商业化运营所需解决的技术、经济和法律等方面的问题,促进智能网联汽车商业运营所涉及的技术、法规和标准体系的建立与完善,推动开放城镇、乡村、高速路场景,在限定区域内率先实现真实应用环境下半自动驾驶及自动驾驶车辆等车辆在出行服务、智能物流和政府监管等运输服务上的创新应用。

4. 复杂路况的适应

普通道路和高速公路都是有潜在的风险的,高速公路的互联互通造成特别繁杂的桥梁设计,如图 1-37 所示,但高速公路没有行人和非机

图 1-37 复杂路况场景

动车的干扰，而普通道路受到的不仅仅是行人和非机动车的干扰，干扰因素极其复杂和多变，因此普通道路更具有复杂性和不可预见性。智能网联汽车能否准确识别道路状态的变化，直接决定了其适用性。

5. 软硬件的技术成熟

不管是环境感知层、智能决策层、控制和执行层，还是软件或硬件，普遍存在着技术不太成熟的地方，这就导致智能网联汽车在实际使用过程中，不能客观反映自己的位置，不能真实反映周围的环境，不能正确反映车辆的行驶状态，不能对环境感知做出恰如其分的决策，不能控制车辆的正确运行，导致人们对于该技术的信任度还不是很高。

6. 非常规情况下的识别

任何系统，不管是硬件还是软件，都可能会出现故障，例如"信号突然失效时怎么办""比如堵车时交警与信号灯指示相冲突的指挥，汽车是否依然遵循信号灯指示，什么时候不遵循"，还有更加复杂的"碰瓷"、插队等突发情况，如图1-38所示。这都要求系统必须有足够的冗余，以保证车辆的正常运营。

图1-38 交通中的突发状况

7. 道路交通公约

我国自动驾驶相关标准的制定权分属政府的不同部门，《公路法》《保险法》等并未包含自动驾驶的相关内容，《网络安全法》《测绘法》等也存在与自动驾驶发展所不适用的规定，这些方面都亟待完善和改革。

8. 事故责任界定

智能网联汽车一旦发生交通事故，服务软件和智能驾驶系统出事的概率比较大，责任或主要责任很大可能在相关服务软件提供商（网络提供商、内容提供商、车载信息服务提供商）及驾驶技术提供方（设备提供商、整车厂商）身上，车主或车辆乘员在更多情况下并非事故责任者。

9. 驾驶人

智能网联汽车是"驾驶人员和机器共同驾驶"模式，存在驾驶人员与智能驾驶的相互交接问题，若驾驶人员对智能辅助功能生疏，相关操作缺乏配合，在人机切换时就可能发生交通事故。另外，智能网联汽车的各种便捷功能较多，尤其通信、娱乐等功能可能会吸引驾驶人员的注意力，导致因注意力分散而造成事故。

10. 社会心理

当人类把自己的生命以新的形式完全交给机器时，人类与这个社会的连接越来越软件化的时候，社会心理的巨大惯性将成为最大的阻力。

Chapter Two
第 2 章 环境感知技术

2.1 环境感知技术绪论

环境感知包括外界感知和自身感知。

1）外界感知的主要目的是感知外在环境，包括静态环境感知和动态环境感知，静态环境感知主要是感知周围位置相对固定不变的物体，而动态环境感知主要是感知周围移动的物体。外界感知常用的传感器有单目摄像头、双目摄像头、激光雷达、毫米波雷达、超声波雷达。

2）自身感知的主要目的是感知自身的运动状态，包括位置、朝向、速度等，常用的有GPS、IMU、HD Map、SLAM。

单目摄像头输出的是图片信息，双目摄像头输出的是深度图或者稠密点云信息，激光雷达输出的是稀疏点云信息，以上信息都需要传感器外部算法及进行分类、分割、检测、跟踪处理后才能得到环境信息；而毫米波雷达、超声波雷达在传感器内部就携带处理算法，因此可以直接输出环境信息。常用感知传感器的性能比较见表 2-1。

表 2-1 常用感知传感器的性能比较

功能	摄像头	激光雷达	毫米波雷达
物体识别	中	好	中
物体分类	好	中	差
探测距离	中	中	好
车道线跟踪	好	差	差
应对天气	差	中	好
应对光线	中	好	好

2.2 雷达

2.2.1 雷达的概念

雷达的概念形成于 20 世纪初,是英文"Radar"的音译,源于"Radio Detection and Ranging"的缩写,意思为"无线电探测和测距",是利用微波波段电磁波散射来发现、探测、识别各种目标,测定目标坐标和其他情报的装置,其测试原理如图 2-1 所示。

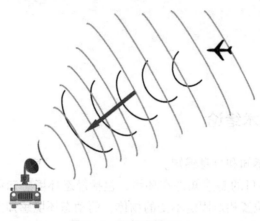

图 2-1 雷达测试原理

微波是指频率为 300~3000GHz 的电磁波,是无线电波中一个有限频带的简称,即波长在 0.1mm~1m 之间的电磁波。如图 2-2 所示,微波频率比一般的无线电波频率高,通常也称为"超高频电磁波"。微波的基本性质通常呈现为穿透、反射、吸收三个特性。对于玻璃、塑料和瓷器,微波几乎是穿越而不被吸收。对于水和食物等,微波就会被吸收而使它们自身发热。而对于金属类,微波则会被反射。

频率	Hz			kHz			MHz			GHz			THz			PHz		
	3	30	300	3	30	300	3	30	300	3	30	300	3	30	300	3	30	300
频段	极低频	超低频	特低频	甚低频	低频	中频	高频	甚高频	特高频	超高频	极高频	至高频						
											红外线			紫外线		X射线		
	无线电波											可见光					γ射线	
							微波											
波段	极长波	超长波	特长波	甚长波	长波	中波	短波	米波	分米波	厘米波	毫米波	丝米波						
波长	10	1		100	10	1	100	10	1	100	10	1	100	10	1	100	10	1
	Mm			km			m			mm			μm			nm		

图 2-2 电磁波频率及其特性(一)

电磁波是由同相且互相垂直的电场与磁场在空间中衍生发射的振荡粒子波,是以波动的形式传播的电磁场。从科学的角度来说,电磁波是能量的一种,凡是高于绝对零度的物体,都会释出电磁波,且温度越高,放出的电磁波波长就越短,如图2-3所示。正像人们一直生活在空气中而眼睛却看不见空气一样,除光波外,人们也看不见无处不在的电磁波。

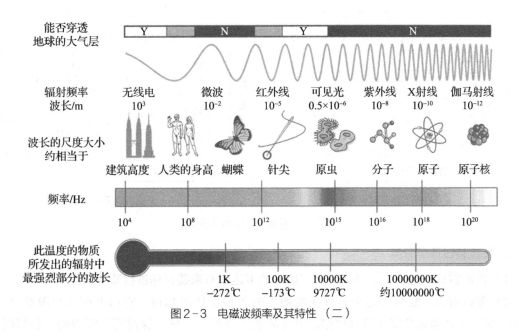

图2-3 电磁波频率及其特性(二)

2.2.2 雷达的工作原理

雷达主要由天线、发射机、接收机、信号处理机和终端设备等组成。如图2-4所示,雷达设备的发射机通过天线把电磁波能量射向空间的某一方向,处在此方向上的物体反射碰到的电磁波;雷达天线接收此反射波,送至接收设备进行处理,提取有关该物体的某些信息(目标物体与雷达之间的距离,距离变化率或径向速度、方位、高度等)。

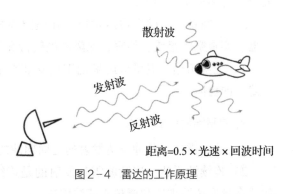

距离=0.5×光速×回波时间

图2-4 雷达的工作原理

2.2.3 雷达的分类

现如今,雷达技术已经日趋成熟且种类繁多、功能各异。随着新技术的发展和应用,雷达衍生出了各种形式。由于雷达种类增多,分类方法逐渐变得复杂,通常按照定位方法、装设地点、辐射种类、工作频段和用途使用等进行分类。

1. 按照定位方法分类

1)有源雷达。有源雷达的每个辐射器都配装有一个发射/接收组件,每一个组件都能自己产生和接收电磁波。

2）无源相控阵雷达。无源雷达是使用统一的发射机和接收机，外加具有相位控制能力的相控阵天线而成，天线本身不能产生雷达波。

图2-5所示为有源雷达和无源雷达。

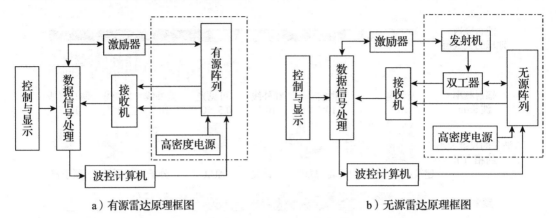

图2-5　有源雷达和无源雷达

2. 按照装设地点分类

1）地面雷达。地面雷达是指部署在地面的雷达，对来袭目标进行监视、跟踪和识别。

2）舰载雷达。舰载雷达是装备在船舶上的各种雷达的总称，它们可探测和跟踪海面、空中目标，为武器系统提供目标数据，引导舰载机飞行和着舰，躲避海上障碍物，保障舰艇安全航行和战术机动等。

3）航空雷达。航空雷达是指装在航空飞机上的各种雷达的总称，主要用于控制和制导武器，实施空中警戒、侦察，保障准确航行和飞行安全。

4）卫星雷达。卫星雷达是把雷达安装在卫星上，通常用来探测云雾笼罩着的目标和雪下隐藏的物体。

3. 按照辐射种类分类

1）脉冲雷达。脉冲雷达发射的是周期性的高频脉冲。

2）连续波雷达。连续波雷达发射的是连续波信号，按发射信号的形式分，有非调制单频或多频连续波雷达和调频连续波雷达。

3）脉部压缩雷达。脉部压缩雷达是指发射宽脉冲信号，接收和处理回波后输出窄脉冲的雷达。为获得脉冲压缩的效果，发射的宽脉冲采取编码形式，并在接收机中经过匹配滤波器内的处理，其工作原理如图2-6所示。

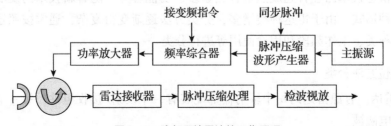

图2-6　脉部压缩雷达的工作原理

4）频率捷变雷达。频率捷变雷达是指发射的相邻脉冲的载频在一定频带内随机快速改变的脉冲雷达。

4. 按照工作频段进行分类

1）米波雷达。频段为 30～300MHz，波长为 1～10m 的雷达，属于长波雷达，它带有自己的发射机，主要用于长距离探测。

2）分米波雷达。分米波雷达是指工作波长为 10cm～1m、频段为 300～3000MHz 的雷达。

3）厘米波雷达。厘米波雷达是指工作在厘米波频段探测的雷达。通常厘米波是指频段为 3～30GHz、波长为 1～10cm 的电磁波。

4）毫米波雷达。毫米波雷达是指工作在毫米波波段探测的雷达。通常毫米波是指频段为 30～300GHz、波长为 1～10mm 的电磁波。

5. 按照用途使用分类

1）空中监视雷达，如远程预警、地面控制的拦截等。

2）空间和导航监视雷达，如弹道导弹告警、卫星监视等。

3）表面搜索和战场监视雷达，如地面测绘、港口和航道控制。

4）跟踪和制导雷达，如表面火控、弹道制导等。

5）气象雷达，如图 2-7 所示，可以用于降雨和风的观测和预测等。

6）天文和大地测量雷达，如行星观测等。

图 2-7 气象雷达

2.2.4 车载雷达的应用概况

目前车载雷达主要包括超声波雷达、激光雷达和毫米波雷达，都属于主动雷达，如图 2-8 所示，安装在不同的位置，发挥着不同的作用。

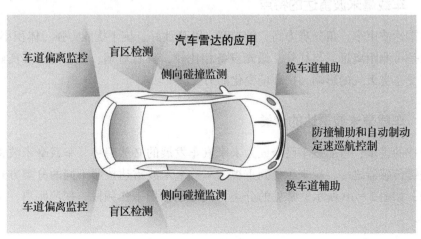

图 2-8 车载雷达的应用

1）超声波雷达（倒车雷达）主要用作停车或者倒车时的安全辅助装置。

2）激光雷达在汽车领域的应用，主要是用于测距及识别，但识别质量的高低取决于激光束的数量和发射频率。

3）毫米波雷达更有利于对金属物体的识别，对非金属物体失误较多，侧重于距离和速度的识别，在汽车领域的一个主要应用方向是自适应定速巡航技术。

2.3 车载毫米波雷达

2.3.1 车载毫米波雷达概述

毫米波雷达是工作在毫米波波段探测的雷达。如图2-9所示，毫米波的波长介于微波和厘米波之间，因此毫米波雷达兼有微波雷达和厘米波雷达的一些优点。

参数	参考值
频率范围/GHz	77~81
测距范围/m	0.5~150
测速范围/（m/s）	±70
FOV/（°）	45
工作温度/℃	-40~125
数据刷新率/ms	50
尺寸/mm	80×75×20
质量/g	≤200
功耗/W	≤3
接口类型	CAN
芯片方案	AWR1642
监测目标/个	32

图2-9 毫米波雷达及其特性

2.3.2 车载毫米波雷达的特点

毫米波雷达波束窄、角分辨力高、频带宽、隐蔽性好、抗干扰能力强、体积小、重量轻，其最大优点是可测距离远。与红外、激光设备相比较，具有对烟、尘、雨、雾良好的穿透传播特性，不受恶劣天气的影响，抗环境变化能力强。

2.3.3 车载毫米波雷达的分类

随着科技的进步，智能汽车已经成为未来汽车发展的必然趋势。车载毫米波雷达作为智能汽车的关键传感器之一，越来越得到重视。车载毫米波雷达按照不同的分类方式有着不同的划分方法，如图2-10所示。常见的分类方式可以按照工作频段、探测距离、工作方式三种进行划分。

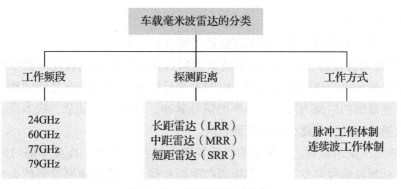

图2-10 毫米波雷达的分类

1. 按照工作频段划分

毫米波雷达可用频段有24GHz、60GHz、77GHz、79GHz。目前,主流车的工作频率是在24GHz、77GHz频率段附近。频率越高,其波长越短,天线尺寸和体积也就越小。因此,高频段的毫米波雷达具备更高的性能、更宽的带宽、更好的分辨率优势。例如:24GHz的雷达测量距离较短,主要应用于汽车后方;77GHz的雷达测量距离较长,主要应用于汽车前方和两侧,如图2-11所示。

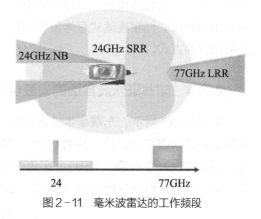

图2-11 毫米波雷达的工作频段

2. 按照探测距离划分

如图2-12所示,根据车载毫米波雷达的有效探测距离,可以将车载毫米波雷达分为:

1)长距雷达(LRR)。长距雷达的最远探测距离为250m,探测角度为18°,应用于自适应控制、紧急制动和碰撞避免等控制功能。

2)中距雷达(MRR)。中距雷达的最远探测距离为120m,探测角度为90°,主要用于盲点检测、变道辅助等控制功能。

3)短距雷达(SRR)。短距雷达的最远探测距离为40m,探测角度为110°,主要用于泊车辅助、碰撞预警等控制功能。

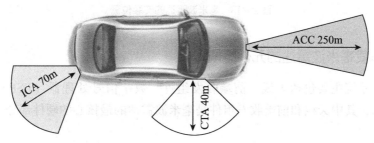

图2-12 毫米波雷达的探测距离

3. 按照工作方式划分

根据辐射电磁波方式的不同，毫米波雷达主要有：

1) 脉冲式毫米波雷达。脉冲式毫米波雷达向目标发射单一或者连续的窄脉冲信号，通过计算发出电磁波到接收到电磁波之间的时间差来计算本车与目标车之间的距离。脉冲式毫米波雷达需要在极短的时间内发射大功率的信号脉冲，硬件结构复杂、成本高，同时脉冲雷达的收发天线是共用的，因此会存在探测盲区。

2) 调频连续式毫米波雷达。常用的线性调频连续波雷达的工作频率随时间作周期性的线性变化。目标回波信号与发射信号混频而产生频差信号，测量频率差值的大小确定目标的距离，并根据回波的多普勒频率测定其速度。调频连续式毫米波雷达不需要较高的峰值功率，从而使得整个系统结构简单、体积较小、成本较低；雷达发射机和接收机可以同时工作，不存在距离盲区。调频连续式毫米波雷达适用于汽车的探测需求，因此大部分的车载毫米波雷达采用这种方式。

2.3.4 车载毫米波雷达的安装位置

如图 2-13 所示，车载毫米波雷达的安装位置大体可分为三类：安装在汽车正前方的长距离前向毫米波雷达，用于控制车辆的加减速和制动操作；安装在车辆后保险杠内的后角雷达，可以实现盲点检测（BSD）、车道变换辅助（LCA）、后向目标横穿警告（RCTA）等功能；安装在前保险杠内的前向角雷达，可以配合前向长距离雷达实现报警和控制功能。

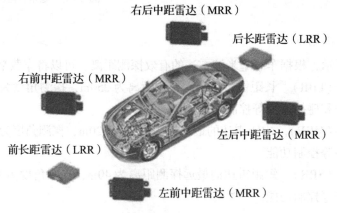

图 2-13 毫米波雷达的安装位置

2.3.5 车载毫米波雷达的元件组成

毫米波雷达系统主要包括天线、前端收发组件、数字信号处理器（DSP）和控制电路，如图 2-14 所示，其中天线和前端收发组件是毫米波雷达的最核心的硬件部分。

1. 天线

天线是用来发射雷达信号和接收来自目标的雷达回波信号，是毫米波雷达有效工作的关键部件之一。天线的设计要便于安装在车的头部,同时天线必须集成在车内而不能影响汽车的外观。

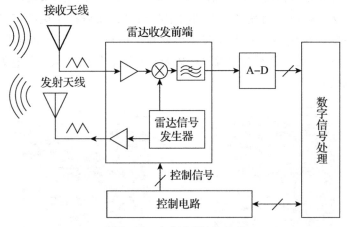

图2-14 毫米波雷达的组成

由于毫米波的波长只有几个毫米,所以其天线可以做得很小,同时还可以使用多根天线来构成阵列天线,达到窄波束的目的。目前主流方案是微带阵列,最常见的一种是设计成可集成在印制电路板(PCB)板上的"微带贴片天线",如图2-15所示。

2. 前端收发组件

前端收发组件是毫米波雷达的核心射频部分,负责毫米波信号调制、发射、接收以及回波信号的解调。车载雷达要求前端收发组件具有体积小、成本低、稳定性好等特点,最可行的方法就是将前端收发组件集成化。目前前端收发组件集成的方法主要有混合微波集成电路和单片微波集成电路两种形式,如图2-16所示。

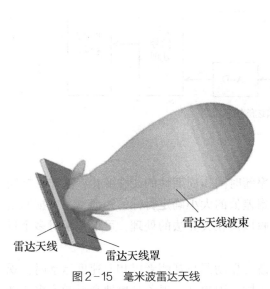

图2-15 毫米波雷达天线　　　　图2-16 毫米波雷达的前端收发组件

3. 数字信号处理器

图 2-17 所示为毫米波雷达的数字信号处理器,它也是雷达重要的组成部分,通过嵌入不同的信号处理算法,提取从前端采集得到的中频信号,获得特定类型的目标信息。毫米波雷达的数字处理主要算法包括阵列天线波速形成和扫描算法、信号预调理、杂波处理算法、目标检测/测量的算法、目标分类与跟踪算法以及信息融合算法。数字信息处理是毫米波雷达稳定性、可靠性的核心。

图 2-17 毫米波雷达的数字信号处理器

4. 控制电路

如图 2-18 所示,控制电路是车载毫米波雷达系统实现汽车主动安全控制执行的最后一环,根据信号处理器获得的目标信息,结合车身动态信息进行数据融合,最终通过主处理器进行智能处理,对车辆前方出现的障碍物进行分析判断,并迅速做出处理和发出指令,及时传输给报警显示系统、制动执行和转向系统。

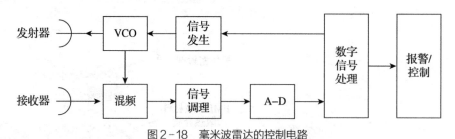

图 2-18 毫米波雷达的控制电路

2.3.6 车载毫米波雷达的工作原理

对于常用的线性调频连续波雷达,其工作频率随时间作周期性的线性变化,这样目标回波信号与发射信号混频而产生频差信号,测量频率差值的大小确定目标的距离,并根据回波的多普勒频率测定其速度。通过多天线、多发多收以及相关算法的处理,可以实现对多个目标的距离、速度、角度的跟踪,如图 2-19 所示。

所谓多普勒效应,就是当声音、光和无线电波等振动源与观测者以相对速度运动时,观测者所收到的振动频率与振动源所发出的频率有不同。因为这一现象是奥地利科学家多普勒最早发现的,所以称为多普勒效应,如图 2-20 所示。

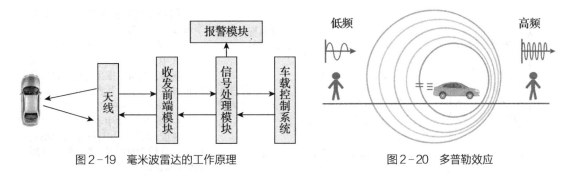

图 2-19 毫米波雷达的工作原理　　　　图 2-20 多普勒效应

1. 测距原理

调频连续式毫米波雷达测距原理相对复杂,通过采集发射与接收变化频率相同的三角波之间的微小时间差序列,再经过雷达混频器计算输出目标的相对距离和速度信息。调频连续式雷达的测距原理是根据计算连续发射的毫米波进行三角变换得到结果,如图 2-21 所示。

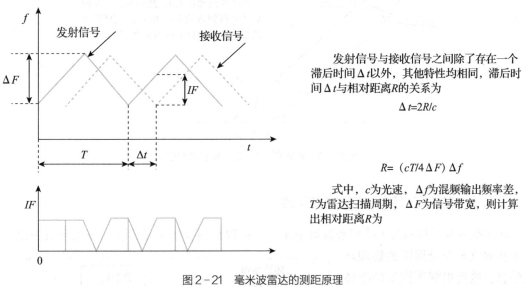

发射信号与接收信号之间除了存在一个滞后时间 Δt 以外,其他特性均相同,滞后时间 Δt 与相对距离 R 的关系为

$$\Delta t = 2R/c$$

$$R = (cT/4\Delta F)\Delta f$$

式中,c 为光速,Δf 为混频输出频率差,T 为雷达扫描周期,ΔF 为信号带宽,则计算出相对距离 R 为

图 2-21 毫米波雷达的测距原理

2. 测速原理

毫米波雷达测速是基于多普勒效应原理。当发射的电磁波和被探测目标有相对移动时,回波的频率会和发射波的频率有所不同。当目标向雷达天线靠近时,反射信号频率将高于发射信号频率;反之,当目标远离天线而去时,反射信号频率将低于发射信号频率。这种由多普勒效应所形成的频率变化称为多普勒频移,它与相对速度成正比,与振动的频率成反比。因此,通过检测这个频率差可以测得目标相对于雷达的移动速度,如图 2-22 所示。

3. 方位角测试原理

通过毫米波雷达的发射天线发射出毫米波后,遇到被监测物体反射回来,再通过毫米波雷达内部并列安装的多个接收天线,接收到同一监测目标反射回来的若干毫米波的相位差,最后通过相位差就可以计算出被监测目标的方位角了，如图 2-23 所示。

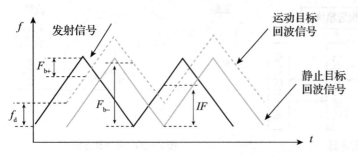

信号波发射和反射三角波中频频率可分别表示为：

$$F_{b+} = \Delta f - f_d;\ F_{b-} = \Delta f + f_d$$

式中，Δf 代表中频频率；f_d 表示多谱勒频移，则可以推出雷达与目标之间的相对运动速度，其表达式如下：

$$V = \lambda (F_{b-} - F_{b+})、\lambda = c/4f_0$$

f_0 代表发射波中心频率，λ 代表波长。速度 V 的符号与目标相对运动趋势相关：目标接近时 V 为取正值，目标远离时 V 取负值。

图 2-22　毫米波雷达的测速原理

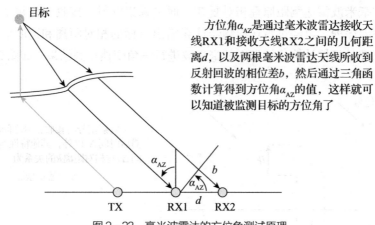

方位角 α_{AZ} 是通过毫米波雷达接收天线 RX1 和接收天线 RX2 之间的几何距离 d，以及两根毫米波雷达天线所收到反射回波的相位差 b，然后通过三角函数计算得到方位角 α_{AZ} 的值，这样就可以知道被监测目标的方位角了

图 2-23　毫米波雷达的方位角测试原理

2.3.7　车载毫米波雷达的控制策略

车载毫米波雷达通过天线向外发射毫米波，接收目标反射信号，经后方处理后快速、准确地获取汽车车身周围的物理环境信息，然后根据所探知的物体信息进行目标追踪和识别分类，进而结合车身动态信息进行数据融合，最终通过中央处理单元（ECU）进行智能处理，如图 2-24 所示。经合理决策后，以声、光及触觉等多种方式告知或警告驾驶人，同时可能对汽车转向和制动系统做出主动干预，从而保证驾驶过程的安全性和舒适性，减少事故发生概率。

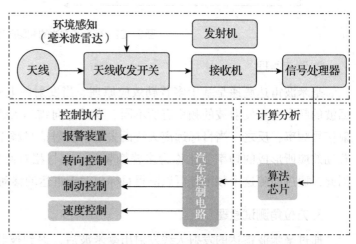

图 2-24　毫米波雷达的控制策略

2.3.8 车载毫米波雷达的应用实例

近年来随着元器件水平的不断提升,电路设计、天线设计等相关技术日益成熟,毫米波雷达在军事、安防、汽车等多个领域得到了广泛运用。在汽车领域,毫米波雷达被广泛地应用在自适应巡航(ACC)、自动紧急制动(AEB)、前/后方碰撞预警(FCW/BCW)、变道辅助(LCA)、盲点检测(BSD)、倒车辅助(BPA)、泊车辅助(PA)等多种 ADAS 功能。

2.4 车载激光雷达

2.4.1 车载激光雷达概述

激光雷达是以发射激光束来探测目标的位置、速度等特征量的雷达系统,它向目标发射探测信号(激光束),然后将接收到的从目标反射回来的信号(目标回波)与发射信号进行比较,做适当处理后,就可获得目标的有关信息,如目标距离、方位、高度、速度、姿态、甚至形状等参数。相比普通雷达,激光雷达具有分辨率高、隐蔽性好、抗干扰能力更强等优势。

图 2-25 所示为激光雷达的工作原理,图中激光以红色实线表示,红色圆点表示发射的激光束遇到障碍物之后形成的测量点,超出测量范围以灰色虚线表示。

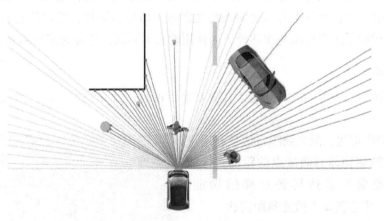

图 2-25 激光雷达的工作原理(见彩插)

2.4.2 车载激光雷达的特点

激光雷达的优点是:激光束发散角小,能量集中;有更好的分辨率和灵敏度,可以获得幅度、频率和相位等信息;多普勒频移大,可以探测从低速到高速的目标;抗干扰能力强,隐蔽性好;激光雷达的波长短,可以在分子量级上对目标进行探测,且探测系统的结构尺寸可做得很小;可以检测到道路边缘,侧向检测效果好。其缺点是:易受天气影响,例如遇到空气中的雾霾后会形成反射,误判断为遇到了障碍物,将导致错误的驾驶行为;扫描频率低,成本高，激光束窄，难以搜索和捕获目标；不能准确识别物体的颜色和种类；不能识别文字等信息。图 2-26 所示为各种类型的雷达特点对比图。

类型	超声波雷达	摄像头	红外线	激光雷达	毫米波雷达
成本	很低	适中	适中	目前很高	适中
探测角度	120°	30°	30°	15°~360°	10°~70°
远距离探测	弱	弱	一般	强	弱
夜间环境	强	弱	强	强	强
全天候	弱	弱	弱	弱	强
不良天气环境	一般	弱	弱	弱	强
温度稳定性	弱	强	一般	强	强
车速测量能力	一般	弱	一般	弱	强
路标识别	×	√	×	×	×

图 2-26 各种类型的雷达特点对比图

2.4.3 车载激光雷达的分类

目前激光雷达广泛应用在测绘、气象监测、安防、自动驾驶等领域。激光雷达是实现汽车自动驾驶不可或缺的关键传感器。目前市面上可见的车载激光雷达基本都是机械式的，其典型特征就是会旋转，当然也有混合固态激光雷达，即外面不转，里面仍有激光发射器进行旋转的种类。但除了这两种激光雷达外，因使用的技术不同，还分为多种激光雷达。

1. 按照功能划分

激光雷达按功能的不同进行分类，有激光测距雷达、激光测速雷达、激光成像雷达和激光跟踪雷达等。

1）激光测距雷达。激光测距雷达是利用飞行时间来确定被测物体与测试点的距离，智能网联汽车需要激光雷达具备这样的功能。图 2-27 所示的雷达就属于激光测距雷达。

2）激光测速雷达。激光测速雷达是通过对被测物体进行两次有特定时间间隔的激光测距，从而得到该被测物体的移动速度，智能网联汽车需要激光雷达具备这样的功能。

3）激光成像雷达。激光成像雷达是利用雷达不间断扫描的功能勾画出物体的轮廓形状，智能网联汽车需要激光雷达具备这样的功能。

图 2-27 激光测距雷达

4）激光跟踪雷达。激光跟踪雷达是利用雷达技术连续确定目标的位置变化，从而实现跟踪，智能网联汽车需要激光雷达具备这样的功能。

2. 按照介质划分

激光雷达按激光介质的不同进行分类,有气体激光雷达、半导体激光雷达和固体激光雷达等。

1)气体激光雷达。气体激光雷达以 CO_2 激光雷达为代表,工作在红外波段,大气传输衰减小,探测距离远。

2)半导体激光雷达。半导体激光雷达能以高重复频率方式连续工作,具有长寿命、小体积、低成本和对人眼伤害小的优点,中汽恒泰智能网联汽车上就采用这种类型的激光雷达。

3)固体激光雷达。固体激光雷达的峰值功率高,输出波长范围与现有的光学元器件以及大气传输特性相匹配,效率高、体积小、重量轻、可靠性高和稳定性好。图 2-28 所示为固体激光雷达。

图 2-28 固体激光雷达

3. 按照线数划分

激光雷达按线数的不同进行分类,有单线激光雷达和多线激光雷达。

1)单线激光雷达。单线激光雷达主要用于规避障碍物,扫描速度快、分辨率强、可靠性高。其缺点是只能平面式扫描,不能测量物体高度,有一定的局限性。

2)多线激光雷达。多线激光雷达主要应用于汽车的雷达成像,相比单线激光雷达在维度提升和场景还原上有了质的改变,可以识别物体的高度信息。多线激光雷达常规是 2.5D,有的也可以做到 3D。图 2-29 所示为多线激光雷达。

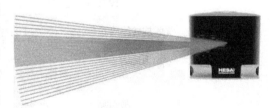

图 2-29 多线激光雷达

2.4.4 车载激光雷达的安装位置

如图 2-30 所示,激光雷达安装位置分为两大类:一类安装在智能网联汽车的四周,另一类安装在智能网联汽车的车顶。对于装在智能网联汽车四周的激光雷达,其激光线束一般小于 8,常见的有单线激光雷达和 4 线激光雷达。对于安装在智能网联汽车车顶的激光雷达,其激光线束一般不小于 16,常见的有 16、32、64 线激光雷达。不管安装在什么位置,均需要满足以下要求。

1)首先根据雷达抗振动和冲击能力,确定是否需要减振支架。

2)如果不需要减振支架,可以使用安装吊耳固定或者雷达上面的其他固定螺钉孔。

3)避障雷达要求水平朝上倾斜 5°左右,以解决高反射物体的探测。

4)测量雷达要求安装平面尽可能与地面平行,用于提高普通定位精度。这是因为如果有倾斜角度的话,雷达在不同位置探测出来的轮廓会有较大误差,最终影响定位精度。

5）激光头安装的位置最好低于 200mm，约 170mm 的高度安装位置最佳（即可做安全避障，又可以做测量用）。根据车身结构去选择雷达正向安装或倒置安装都可以。

6）在雷达布置上面，可以选择车头中间位置或者车的四个对角点。如果布置两个雷达在车对角，就可以实现车身 360°都被激光雷达探测到，从而避障无死角。

7）不同车体，雷达的安装 x、y 方向和旋转姿态会有误差，最终导致理论相同的定位点，车体却有不同的位置和姿态。系统需要设置这三个误差的补偿值，从而保证其一致性。

图 2-30　激光雷达安装位置

2.4.5　车载激光雷达的元件组成

激光雷达主要构成要素包括发射系统、接收系统和信号处理系统，如图 2-31 所示。

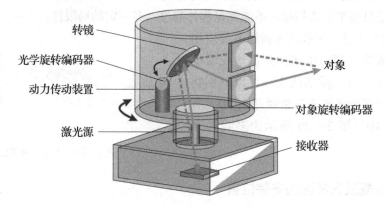

图 2-31　激光雷达的构成

1）发射系统：由激光光源周期性发射激光脉冲，光电旋转编码器控制发射激光的方向和线束，最后通过转镜将激光发射至目标物体。

2）接收系统：接收器接收被测物体反射回来的激光，产生接收信号。

3）信号处理系统：接收信号经过放大处理和数模转换，经由信息处理模块计算，获取目标表面形态、物理属性等特性，最终建立物体模型。

1. 发射系统

发射系统是激光雷达中用于发射出激光的部件，是激光雷达的重要组成部分。发射系统发射的激光是不连续的，是以脉冲形式发送，发射系统在 1s 内产生的脉冲个数称为发射器的重频（全称为脉冲重复频率，英文简称 PRF，即 Pulse Repetition Frequency）。发射器的重频越高，单位时间内呈现在激光雷达上的点数就越多，因此也称为激光雷达的发射点频。激光雷达每秒发射的点数一般从几万点至几十万点左右，点数越多，越容易识别物体的特性。激光雷达发射系统的工作原理如图 2-32 所示。

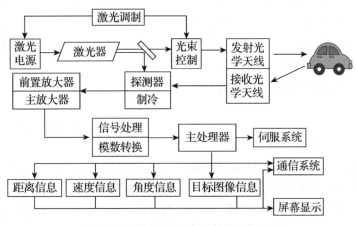

图 2-32 激光雷达发射系统的工作原理

2. 接收系统

激光雷达的接收单元由接收光学系统、光电探测器和回波检测处理电路等组成，激光器发射的激光照射到障碍物以后，通过障碍物的反射会经由镜头组汇聚到接收器上。其功能是完成信号能量汇聚、滤波、光电转变、放大和检测等。

3. 信号处理系统

信号处理系统的任务是既要完成对各传动机构、激光器、扫描机构及各信号处理电路的同步协调与控制，又要对接收机送出的信号进行处理，根据这些信息计算出目标物体的距离信息。对于成像激光雷达来说还要完成系统三维图像数据的录取、产生、处理、重构等任务。

2.4.6 车载激光雷达的工作过程

激光雷达向目标发射（激光束）探测信号，然后将接收到的从目标反射回来的信号（目标回波）与发射信号进行比较，做适当处理后，就可获得目标的有关信息，如目标距离、方位、高度、速度、姿态、甚至形状等参数，从而对汽车周围环境等目标进行探测、跟踪和识别，如图 2-33 所示。

图 2-33 激光雷达的工作过程

单线激光雷达和多线激光雷达的工作过程：

1. 单线激光雷达的工作过程

单线激光雷达是指激光源发出的线束是单线的雷达。其特点是只有一路发射和一路接收。单束激光发射器在激光雷达内部进行匀速的旋转,每旋转一个小角度即发射一次激光,旋转一定的角度后,就生成了一帧完整的数据。单线激光雷达的数据缺少一个维度,只能描述线状信息,无法描述面,如图2-34所示。

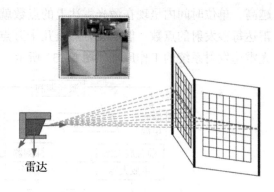

图2-34 单线激光雷达的接收画面

2. 多线激光雷达的工作过程

图2-35所示为多线激光雷达的光束分布,它能同时发射及接收多束激光的激光旋转雷达,多线激光雷达可以识别物体的高度信息并获取周围环境的3D扫描图。多线激光雷达通过多个激光发射器和接收器,在一个维度上高度旋转,但垂直方向的视场角很小,只有20°左右,且垂直方向的点分辨率也比较稀疏。主要应用在无人驾驶等实时性要求高、精度要求不高的领域。

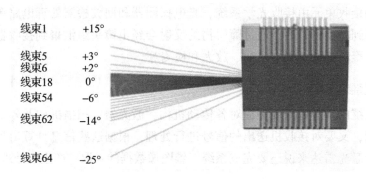

图2-35 多线激光雷达的光束分布

2.4.7 车载激光雷达的测距原理

激光雷达工作时,发射机向空间发射一串重复性的、周期一定的高频窄脉冲。如果在电磁波传播的途径上有目标存在,那么激光雷达就可接收到由目标反射回来的回波。由于回波信号往返于雷达与目标之间,所以它将滞后于发射脉冲一个时间。由此可知,激光雷达从发射信号开始到接收目标反射回波的时间乘以光速就是激光雷达到目标物体的往返距离,这就是飞行时间测距法(TOF,Time of Flight),如图2-36所示。

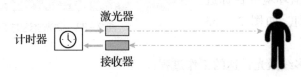

图2-36 飞行时间测距法

2.4.8 车载激光雷达的测速原理

激光雷达测速的方法主要有两大类：一类是基于激光雷达的测距原理，以一定的时间间隔连续测量目标距离，用两次目标距离的差值除以时间间隔就可得知目标的速度值，速度的方向根据距离差值的正负就可以确定；另一类测速方法是利用多普勒频移，当目标与激光雷达之间存在相对速度时，接收回波信号的频率与发射信号的频率之间会产生一个频率差，相对速度越高，频率差越大。

多普勒频移是指当目标与激光雷达之间存在相对速度时，接收回波信号的频率与发射信号的频率之间会产生一个频率差，这个频率差就是多普勒频移。其数值为 $df = 2v/\lambda$。式中，df 为多普勒频移，单位为 Hz；v 为激光雷达与目标间的径向相对速度，单位为 m/s；λ 为发射激光的波长，单位为 m。

激光雷达发出一个频率为 1,000MHz 的脉冲微波，如果微波射在静止不动的物体上，被反射回来，其反射波频率不会改变，仍然是 1000MHz。反之，如果物体在行驶，而且速度很快，那么根据多普勒效应，反射波频率与发射波的频率就不相同。通过对这种微波频率微细变化的精确测定，求出频率的差异，通过计算机就可以换算出汽车的速度了，如图 2-37 所示。

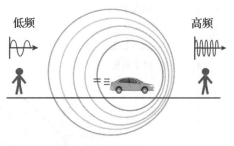

图 2-37 多普勒效应

当目标向着激光雷达运动时，回波信号频率提高，表示激光雷达与被测目标的距离在减小；反之，回波信号的频率降低，则说明激光雷达与被测目标距离在增大。因此，只要能够测量出多普勒频移 df，就可以确定目标与激光雷达的相对速度。对于车载激光雷达，就可以根据自身车速推算出被测目标的速度。

2.4.9 车载激光雷达的控制策略

车载激光雷达是一种移动型三维激光扫描系统，可以通过发射和接收激光束，分析激光遇到目标对象后的折返时间，计算出目标对象与车的相对距离，并利用收集的目标对象表面大量的密集点的三维坐标、反射率等信息，快速复建出目标的三维模型及各种图件数据，建立三维点云图，绘制出环境地图，以达到环境感知的目的。激光雷达采集到的物体信息呈现出一系列分散的、具有准确角度和距离信息的点，被称为点云，如图 2-38 所示。

2.4.10 车载激光雷达的应用实例

激光雷达应用于车载，最初主要应用在辅助驾驶方面，用来辅助保障行车安全，与汽车

图 2-38 激光雷达点云图

主动避障技术有关联，并且还应用在一些对路面状况的扫描，主要针对视野盲区进行扫描并呈现在电子屏幕，引起驾驶人注意。现在逐渐用在路面状况扫描、无人驾驶、点云图成像等方面。激光雷达应用在汽车上的相关技术有自动泊车技术、主动巡航技术、自动制动技术、无人驾驶技术等。

未来车载激光雷达的技术发展趋势主要表现在以下几个方面：首先，技术指标提升；其次，全固态是车载激光雷达的技术发展趋势；第三，未来的车载激光雷达须具备小型化和轻量化的特点；第四，环境适应和抗干扰能力是未来激光雷达技术发展需要克服的瓶颈。图 2-39 所示为激光雷达的发展趋势。

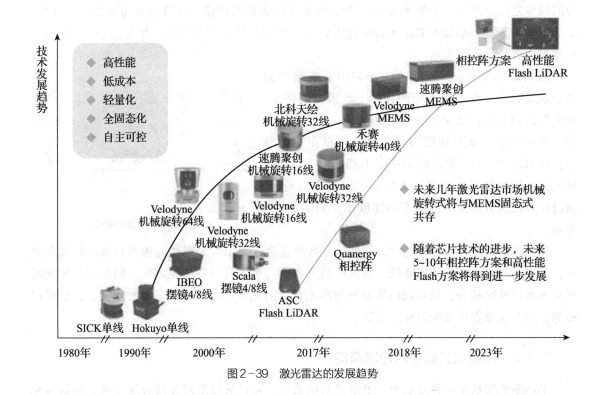

图 2-39　激光雷达的发展趋势

2.5　车载超声波雷达

2.5.1　车载超声波雷达概述

超声波雷达早期搭载在高端车上，辅助驾驶人泊车以及实现汽车盲区碰撞预警功能。后期随着技术的发展，超声波雷达逐渐出现在自动泊车的应用中，一般涵盖水平、垂直、斜向三个场景。这主要是源于超声波雷达的特性，在新的智能驾驶背景下，超声波雷达会同摄像头等其他传感器配合，实现更丰富的功能。图 2-40 所示为汽车常用的超声

图 2-40　汽车常用的超声波雷达

雷达。

超声波是一种频率高于20kHz的声波，其方向性好，反射能力强，易于获得较集中的声能，在水中传播距离远，可用于测距、测速、清洗、焊接、碎石、杀菌消毒等。在医学、军事、工业、农业上有很多的应用。超声波因其频率下限大于人的听觉上限而得名，人类耳朵能听到的声波频率为20~20000Hz。因此，把频率高于20kHz的声波称为"超声波"。

2.5.2 车载超声波雷达的特点

无论是传统的预警、有限的自动泊车功能，还是融合的方式，超声波雷达在现有的技术条件下，都有着成本和技术的优势，一时难以被其他传感器取代。但超声波雷达的波速跟温度有关，相同位置的障碍物，在不同温度的情况下，测量的距离不同，同时无法精确描述障碍物的位置。

1）优势：超声波的能量消耗较缓慢，在介质中传播距离比较远，穿透性强，测距方法简单。

2）劣势：超声波的传输速度很容易受天气情况的影响，在不同的天气情况下，超声波的传输速度不同，而且传播速度较慢，因此当汽车高速行驶时，使用超声波测距无法跟上汽车的车距实时变化，误差较大。另一方面，超声波散射角大，方向性较差，在测量较远距离的目标时，其回波信号会比较弱，影响测量精度。但是，在短距离测量中，超声波测距传感器具有非常大的优势。

2.5.3 车载超声波雷达的安装位置

常见的车载超声波雷达安装位置有两种：第一种是安装在汽车前、后保险杠上的，也就是用于测量汽车前、后障碍物的倒车雷达，业内称为UPA（一种短程超声波雷达，检测范围为25cm~2.5m）；第二种是安装在汽车侧面的，用于测量侧方障碍物距离的超声波雷达，业内称为APA（一种远程超声波雷达，检测范围为35cm~5m），可应用于泊车库位检测和高速横向辅助。图2-41所示圆圈处为安装在汽车上的超声波传感器。

图2-41 超声波雷达的安装位置

2.5.4 车载超声波雷达的工作原理

车载超声波雷达的工作原理如图2-42所示，它是由传感器发出的高频超声波脉冲遇到障碍物时被反射回来，部分反射回波被同一换能器接收，转换成电信号。超声波脉冲以声波速度传播，从发射到接收到超声波脉冲所需时间间隔与传感器到障碍物表面的距离成正比，通常用公式 $L=CT/2$ 表示。式中，L 为测量的距离长度；C 为超声波在空气中的传播速度；T 为测量距离传播的时间差（T 为从发射到接收的时间）。

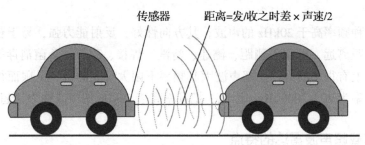

图2-42 车载超声波雷达的工作原理

2.5.5 车载超声波雷达的元件组成

超声波雷达采用超声波测距原理探测障碍物的距离,一般由超声波传感器(俗称探头)、超声波发射电路、超声波接收电路、中央处理器(包括控制电路、计数电路、标准振荡电路)等部分组成,如图2-43所示,超声波传感器是整个倒车系统最核心的部件。

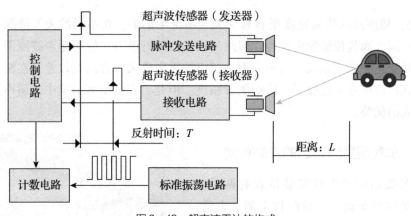

图2-43 超声波雷达的构成

1. 发射器

超声波雷达的发射器包括超声波产生电路、超声波发射电路、超声波探头(又称为超声波换能器)三部分组成。单片机输出的波形经过放大电路将输出功率放大,为超声波换能器提供超声波频率信号,超声波换能器把放大后的电能转变为超声波能量后,以超声波输出。

2. 接收器

超声波雷达的接收器包括超声波接收探头、信号放大电路及波形变换电路三部分。超声波探头必须采用与发射探头对应的型号,关键是频率要一致,否则将因无法产生共振而影响接收效果,甚至无法接收。

3. 中央处理器

中央处理器包括信号接收、处理、输出功能。车载超声波雷达以中央处理器为核心,当超声波探头发出信号后,信号遇到障碍物后信号返回,中央处理器接收返回信号,通过处理将信号输出以显示与障碍物的距离。

2.5.6 车载超声波雷达的控制策略

车载超声波雷达是汽车安全辅助装置,在汽车工作时,将汽车周围的信息及时反馈给驾驶人,能以声音或者更为直观地显示告知驾驶人周围障碍物的情况,解除了驾驶人在泊车、倒车或起动车辆时前后左右探视所引起的困扰,并帮助驾驶人扫除视野死角和视线模糊的缺陷,提高安全性。

图2-44所示为侧向泊车时的应用场景。工作时,首先接通车载超声波雷达系统电源,系统上电复位,进入工作状态。单片机编程产生一串40kHz的矩形脉冲电压,经模拟开关加到超声波发射与回波接收电路,经放大驱动超声波传感器发射出超声波,同时单片机开始计时;发射出的超声波碰到障碍物后形成反射波,部分反射波返回作用于超声波传感器,经超声波传感器的声-电转换,变成微弱的电信号;

图2-44 超声波雷达的应用场景

该微弱的电信号经放大、整形产生负跳变电压,向单片机发出中断申请;单片机收到中断申请的信号后,立即响应中断,执行外部中断服务程序,停止计时,得到超声波发送和返回的时间T,计算出发射点距离障碍物的距离S,即$S = CT/2$。其中,C是超声波在空气中的传播速度,在常温为25℃时,C约为346m/s。若发射出的超声波在测距范围内未遇到障碍物,直到单片机定时中断产生,执行定时中断服务程序。

在多路超声波传感器工作电路中,依次按顺序继续发射和接收超声波,并经过计算处理。多路探测处理完毕,选择多路中测出的最小距离值作为探测值,当最小距离值小于预先设定的报警距离时,系统就会触发保护功能。

2.5.7 车载超声波雷达的典型参数

通常衡量车载超声波雷达性能的指标有以下几个方面:一是衡量精度,不仅要求车载超声波雷达具有高的分辨率,而且还要有低的衡量误差;二是探测范围,好的车载超声波雷达探测盲区少,探测范围宽;三是响应时间,这要求车载超声波雷达能够快速地测量出障碍物的距离,及时地提醒驾驶人障碍物的方位和距离。

2.5.8 车载超声波雷达的应用实例

目前超声波雷达的应用场景,基本有三种:一是实现简单的倒车辅助、警告障碍物的预警功能,配置的超声波雷达数量一般是4个;二是增加了汽车在前进过程中的预警,配置数量在8个;三是配置12个,实现水平、垂直、斜向全自动泊车的功能。

2.6 车载视觉传感器

2.6.1 车载视觉技术

车载视觉技术是模拟人类视觉技术发展而来的一种应用技术。它基于车载机器（又名图像传感器）获取车辆周边环境的二维或三维图像信息，通过图像分析识别技术对行驶环境进行感知，如图 2-45 所示。通过图像传感器识别道路环境参数并判别行车的安全性，主要包括车道检测、车辆检测、行人检测、道路标志检测等。在即时定位与建图、定位与导航时作为车辆的"眼睛"。

图 2-45 车载视觉感知技术

2.6.2 人类视觉技术

人类视觉系统，如图 2-46 所示，即 Human Visual System，拥有视锥细胞和视杆细胞。视锥细胞在中央凹处分布密集，而在视网膜周边区相对较少；视杆细胞在中央凹处无分布，主要分布在视网膜的周边部。两种细胞都能接受光刺激并将光能转化为神经冲动，故也称为光感受器。视杆细胞所含的感光物质为视紫红质，对光线的强弱反应非常敏感，对不同颜色的光波反应不敏感，它是一种感受弱光刺激的细胞，分辨能力差。猫头鹰等动物视网膜中的视杆细胞较多，故夜间活动视觉灵敏。视锥细胞的空间分辨率高，对强光和颜色具有高度的分辨能力。人类肉眼有三种视锥细胞，因此可以看到缤纷的世界，当然也有一些色盲，常常对一些色彩"视而不见"。而鸟类拥有四种视锥细胞，能辨别出更多的色彩，看见的世界也更加绚丽多彩，远远超越了人类。

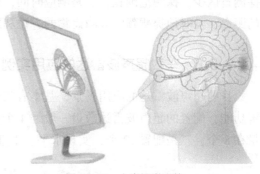

图 2-46 人类视觉系统

1. 光的基本概念

1) 在几何光学中,光以直线传播。

2) 在波动光学中,光以波的形式传播,不同波长的光呈现不同的颜色。

3) 光速极快,在真空中约为 $3\times10^8 \text{m/s}$,在空气中的速度相对要慢些。

4) 在量子光学中,光的能量是量子化的,一般称其为"光量子",简称"光子",它能引起胶片感光乳剂等物质的化学变化。

5) 光度学:用来表示光的强弱。

2. 器官结构

眼睛为人体的视觉器官,用来接收外来的光信号,然后借助视神经的传导,将光(实际是电磁波)的波粒二象性传送到脑中枢而引起视觉。视觉器官主要有人眼、视路、眼附属器。

3. 视觉过程

视觉过程如图 2-47 所示,它先从光源发光开始,光通过场景中的物体反射进入左右眼睛,并同时作用在视网膜上引起视感觉。视网膜是含有光感受器和神经组织网络的薄膜,光刺激在视网膜上经神经处理产生的神经冲动沿视神经纤维传出眼睛,通过视觉通道传到大脑皮层进行处理并最终引起视知觉,或者说在大脑中对光刺激产生响应,形成关于场景的表象。

4. 视觉特征

如图 2-48 所示,当人从远处辨识前方的不同颜色时,其易辨识的顺序是红、绿、黄、白,即红色最先被看到。因此,停车、危险等信号标志等都采用红色。当两种颜色相配在一起时,则易辨识的顺序是黄底黑字、黑底白字、蓝底白字、白底黑字等,类似这些都称为视觉特征。人类的视觉特征分为视觉范围和视觉效应。

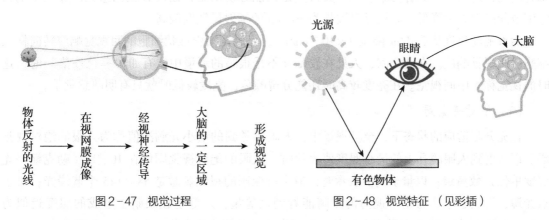

图 2-47 视觉过程　　图 2-48 视觉特征 (见彩插)

(1) 视觉范围

如图 2-49 所示,视觉范围是指人眼所能感觉到的亮度的范围。通常,在适当的平均亮度下,能分辨的亮度上、下限之比为 1000∶1;当平均亮度很低时,这一比值只有 10∶1。另外,在不同的环境亮度下,对同一亮度的主观感觉也并不相同。

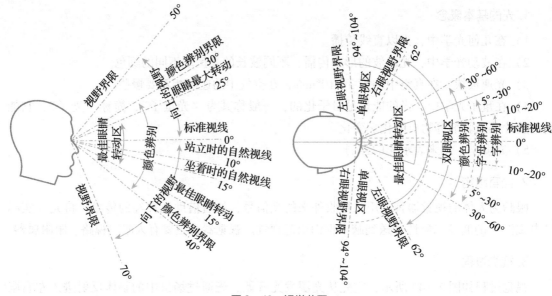

图 2-49 视觉范围

(2) 视觉适应性

眼睛的感光作用有随外界光的强弱而自动调节的能力,这种调节能力称为眼睛的适应性。它包括瞳孔的调节作用和视觉细胞本身的调整作用。随着外界视场亮度的变化,人类的视觉响应可分为明亮视觉响应、暗视觉响应和中间视觉响应三类。

当人眼适应大于或等于 $3cd/m^2$ 的视场亮度后,视觉由锥状细胞起作用,杆状细胞失去活性,这时的视觉称为明亮视觉。

当人眼适应于小于或等于 $3 \times 10^{-5}cd/m^2$ 的视场亮度后,锥状细胞失去活性,杆状细胞起感光功能,这时的视觉称为暗视觉。其特点是只能分辨明暗,而没有颜色感觉,并且辨别物体细节的能力大大降低。暗视觉对波长为 507nm 的辐射灵敏度最高。

随着视场角度从 $3cd/m^2$ 降至 $3 \times 10^{-5}cd/m^2$,人眼逐渐由锥状细胞的明视觉响应转向杆状细胞的暗视觉响应。在此之间,人处在较暗又不是很暗的环境中,有如"暮色苍茫"时,这时的视觉称为中间视觉。在亮度较高时还能分辨颜色,亮度较低时就只有明暗感觉了。

(3) 绝对视觉阈

在充分暗适应的状态下,全黑视场中,人眼感觉到的最小光刺激值称为人眼的绝对视觉阈。以入射到人眼瞳孔上的最小照度值表示时,人眼的绝对视觉阈值在 10^{-9}lx(勒克斯,光照度单位)数量级;以量子阈值表示时,最小可探测的视觉刺激是 58~145 个蓝绿光;对于点光源,天文学家认为正常视力的眼睛能看到六等星,六等星在眼睛上形成的照度近似为 8.5×10^{-9}lx。在实验室内用"人工星点"测定的视觉阈值要小些,为 2.44×10^{-9}lx。

(4) 阈值对比度

在给定的视场亮度、给定的目标大小等条件下,人眼能够将目标从背景中分辨出来的最小对比度,称为人眼的阈值对比度。目标的阈值对比度通常以 $C = \dfrac{Lt - Lb}{Lb}$ 来表示,其中,Lt

和 Lb 分别为目标和背景的亮度，一般情况下，目标的亮度越高，背景的亮度越低，阈值对比度就越高，如图 2-50 所示。

(5) 人眼的光谱灵敏度

人眼对不同波长的辐射光有不同的灵敏度，并且不同人的眼睛对各波长的灵敏度也常有差异。对大量具有正常视力的观察者所做的实验表明：在较明亮的环境中，人眼视觉对波长 0.55μm 左右的光最敏感；在较暗条件下，人眼对波长 0.512μm 的光最敏感，如图 2-51 所示。

图 2-50 阈值对比度

(6) 分辨力

人眼的分辨力是指人眼辨别景物平面上相邻两个点的能力。人眼能区别两个发光角的最小角距离称为极限分辨角，其倒数则为眼睛的分辨力。集中于人眼视网膜中央凹处的锥状细胞具有较小的直径，并且每一个圆锥细胞都具有单独向大脑传递信号的能力；杆状细胞的分布密度较稀，并且是成群结队地联系于公共神经的末梢，因此人眼中央凹处的分辨率比视网膜边缘处高，如图 2-52 所示。

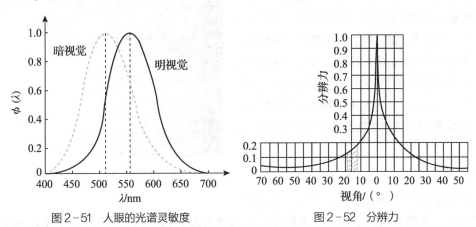

图 2-51 人眼的光谱灵敏度　　　　图 2-52 分辨力

(7) 彩色视觉

彩色视觉（Color Vision）是借助一个生物体或机器基于物体所反射的、发出或透过的光的波长（或频率）以区分物体的能力。不用波长的光线在人的视觉中呈现的颜色不同。一般从彩色饱和度对比效应、彩色色调对比效应、面积对比效应三个方面评价彩色视觉。色彩的饱和度是指色彩的鲜艳程度，也称作纯度。在色彩学中，原色饱和度最高，随着饱和度降低，色彩变得暗淡直至成为无彩色，即失去色相的色彩。

用同样大小的红色小纸片分别贴在亮度相等的灰色和红色纸板上，相比之下，会感到红色纸板上的红色小纸片饱和度较低，这称为彩色饱和度（纯度）对比效应。

当把一张橘红色的纸片放在红色纸片旁边观看时，感到比单独观看时更黄一些；而如果与黄色纸靠近，则橘红显得更红一些。两张同样大小的绿色纸片分别放在黄色和蓝色纸板上，相比之下，黄色纸板上的绿色带有蓝色，而蓝色纸板上的绿色带有黄色，这称为彩色色调对效应，如图2-53所示。

图2-53　彩色色调对效应（见彩插）

色度、亮度相同而面积不同的两个彩色区域，面积大的一块会给人以亮度和饱和度都强一些的感觉。

(8) 马赫效应

当亮度发生跃变时，会有一种边缘增强的感觉，视觉上会感到亮的一侧会更亮，暗的一侧会更暗，这就是马赫效应，如图2-54所示。马赫效应会导致局部阈值效应，即在边缘的亮侧，靠近边缘像素的误差感知阈值比远离边缘阈值高3~4倍，可以认为边缘掩盖了其邻近像素，因此对靠近边缘的像素编码误差可以大一些。

图2-54　马赫效应

(9) 视觉暂留

视觉暂留现象即视觉暂停现象，又称为"余晖效应"，人眼在观察景物时，光信号传入大脑神经，需经过一段短暂的时间，光的作用结束后，视觉形象并不立即消失，这种残留的视觉称为"后像"，视觉的这一现象则被称为"视觉暂留"。视觉暂留现象具体应用在电影的拍摄和放映中，是动画、电影等视觉媒体形成和传播的根据。

(10) 视觉空间积累

视觉空间是以四维空间为基础的空间学说。但与四维空间不同的是，它不仅强调了长、宽、高、时间这四个量之间的关系，还强调了视觉源点（观察者）的空间位置。它所表示的是视线中的空间，如图2-55所示，也就是说，当在构建空间模型时，注重的将不再是整个空间的排列，而是视觉源点与外界空间的相对关系。

图2-55　视觉空间积累

(11) 视觉心理

视觉心理主要是指外界影像通过视觉器官引起的心理机理反应，是一个由外向内的过程，如图 2-56 所示。这一过程比较复杂，因为外界影像丰富，内心心理机能复杂，两者在相互连接并发生转化时建立起了千丝万缕的联系，所以不同的人、不同的影像，相同的人、相同的影像，不同的人、相同的影像，相同的人、不同的影像产生的心理反应是不同的，主要通过相似率、接近率、光顺率、闭合率、相同运动率、对称率、简化率等反映。

(12) 立体视觉

立体视觉是双眼观察景物能分辨物体远近形态的感觉。立体视觉是计算机视觉领域的一个重要课题，其目的在于重构场景的三维几何信息，如图 2-57 所示。立体视觉的研究具有重要的应用价值，其应用包括移动机器人的自主导航系统、航空及遥感测量、工业自动化系统等。

图 2-56 视觉心理

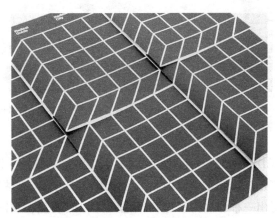
图 2-57 立体视觉

2.6.3 车载视觉技术的分类

车载视觉技术根据所采用的摄像头感光技术可分为四类，分别为电荷耦合器件（Charge Coupled Device，CCD）技术、互补金属氧化物半导体（Complementary Metal Oxide Semiconductor，CMOS）技术、红外线感光技术、立体感知技术。根据所起的作用，可以分为视觉增强应用技术、车辆行人检测应用技术、疲劳监测应用技术。根据采用的摄像头数量，可以分为单目视觉技术和双目视觉技术。如图 2-58 所示的车载摄像头就属于采用 CCD 技术、红外线感光技术、立体感知技术的深度摄像头。

图 2-58 深度摄像头

2.6.4 CCD 技术

CCD 是一种用电荷量表示信号大小，用耦合方式传输信号的探测元件，具有自扫描、感受波谱范围宽、畸变小、体积小、重量轻、系统噪声低、功耗小、寿命长、可靠性高等一系列优点，并可做成集成度非常高的组合件。CCD 靶面由多个阵列式光电耦合元件构成，它能根据光照强弱产生不同强度的电流，然后将电流转换为当量电压。CCD 及光敏元件的结构示意图如图 2-59 所示。

图 2-59　CCD 及光敏元件的结构示意图

1. 发展史

CCD 技术是 1969 年由美国贝尔实验室的维拉·博伊尔和乔治·史密斯发明的。当时贝尔实验室正在研制影像电话和半导体气泡式内存。而将这两种新技术结合起来后，博伊尔和史密斯得出一种命名为"电荷气泡元件"的装置，它能沿着一片半导体的表面传递电荷，便尝试用作记忆装置，当时只能从暂存器用"注入"电荷的方式输入记忆，但随即发现光电效应能使此种元件表面产生电荷而组成数位影像，这就是最早的 CCD 技术。

2. 特点

CCD 技术可直接将光学信号转换为数字电信号，实现图像的获取、存储、传输、处理和复现。其特点是：体积小、重量轻；功耗小，工作电压低，抗冲击与振动，性能稳定，寿命长；灵敏度高，噪声低，动态范围大；响应速度快，有自扫描功能，图像畸变小，无残像；应用超大规模集成电路工艺技术生产，像素集成度高，尺寸精确，商品化生产成本低。

3. 器件组成

CCD 由三层组成，如图 2-60 所示，分别为微型镜头、分色滤色片、感光元件，在感光元件层的半导体硅片上制作成千上万个光敏元，一个光敏元称为一个像素，在半导体硅平面上光敏元按照线阵或面阵有规则地排列。

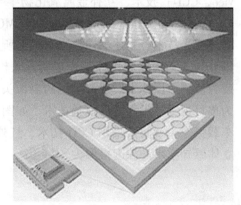

图 2-60　CCD 的组成

4. 工作过程

CCD 的基本单元是 MOS 电容器，用于存储电荷。在每个 MOS 电容器内的工作过程可分为四步，即信号电荷的产生（光电转换）、信号电荷的存储、信号电荷的传输、信号电荷的检测。其工作过程如图 2-61 所示。

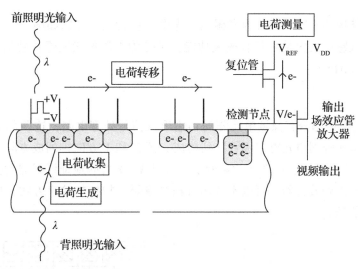

图 2-61　CCD 的工作过程

5. 应用

CCD 技术可以在道路、桥梁投入使用前检测路面或桥面质量；可以在有车辆通过时，检测道路或者桥梁表面形状或状态的改变；可以采集来往车辆的信息，检测并管理车辆，例如检测车辆及其速度、违章逆行智能视频监控等。

2.6.5　CMOS 技术

CMOS 主要是利用硅和锗这两种元素做成的半导体，使其在 CMOS 上共存着带 N（-）和 P（+）级的半导体，这两个互补效应所产生的电流即可被芯片记录并解读成影像。后来发现 CMOS 经过加工也可以作为数码摄影中的图像传感器。常用的 CMOS 传感器分为被动式与主动式两种。图 2-62 所示为视觉感知传感器 CMOS。

图 2-62　视觉感知传感器 CMOS

1. 发展史

在 20 世纪 90 年代初，无源像素 CMOS 图像传感器作为第一代 CMOS 图像传感器进入市场。在 20 世纪末，美国斯坦福大学提出了 DPS CMOS 图像传感器，使用像素级模数转换器和存储单元，将捕捉到的光信号直接转换为数字信号输出，旨在解决 CCD 图像传感器在处理动态范围和色彩真实性上的不足，最大限度地降低信号在排列中的衰减和干扰，提升成像质量。

2. 特点

CMOS 图像传感器拥有较高的灵敏度、较短的曝光时间和日渐缩小的像素尺寸，且拥有较大的动态范围，同时其自适应动态范围大、功耗低。

3. 分类

根据光敏元结构的不同，可分为光栅型和光电二极管型，分别如图 2-63 所示中的左图和右图；而根据敏感单元内是否具有放大功能，可分为无源像素图像传感器（PPS）和有源像素图像传感器（APS）。

4. 器件组成

CMOS 的主要组成部分有像敏单元阵列和输出及信号处理电路，这两部分是集成在同一硅片上的。像敏单元阵列由光电二极管阵列构成，按 X 和 Y 方向排列成方阵，每一个像敏单元都有 X、Y 方向上的地址，如图 2-64 所示。通过 X、Y 方向地址译码器的控制，将每一个像敏单元的状态输送到放大器，可以实现逐行扫描或隔行扫描的输出方式，也可以只输出某一行或某一列的信号。

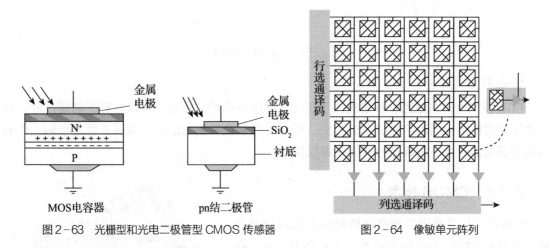

图 2-63 光栅型和光电二极管型 CMOS 传感器 　　图 2-64 像敏单元阵列

5. 表征参数

CMOS 的主要参数有以下几点。

1）感光度。感光度又称为 ISO 值，是衡量底片对于光的灵敏程度，由敏感度测量学及测量数个数值来决定。

2）分辨率。分辨率又称为解析度、解像度，通常情况下，图像的分辨率越高，所包含的像素就越多，图像就越清晰，印刷的质量也就越好。同时，它也会增加文件占用的存储空间。

3）暗电流。在没有光照射的状态下，在太阳电池、光电二极管、光导电元件、光电管等的受光元件中流动的电流叫做暗电流。暗电流的大小与温度的关系极为密切。

4）动态范围。动态范围是用来描述画面中从最暗的阴影部分到最亮的高光部分的光量强度分布范围，可以用曝光数值（缩写为 EV）或者"档"来进行计量。如果描述一个场景说其动态范围很广,意思就是说,这个场景中从阴影部分到高光部分之间的曝光数值相差很大,画面的对比度高,层次丰富。

6. 应用

CMOS 视觉传感器现今主要用于以下几个领域中。

1) 车载领域:包括后视摄像头、全方位视图系统、摄像机监控系统等。
2) 手机领域:例如智能手机上的主摄像头和前置摄像头等。
3) 安防领域:例如闭路电视监控系统。
4) 医疗影像:例如 X-ray、内窥镜、分子成像、光学相干断层扫描以及超声成像。

2.6.6 红外线感光技术

红外线是一种人类肉眼看不见的光,是波长介于微波与可见光之间的电磁波,其最显著的特性是它具有热效应,也就是说所有高于绝对零度的物质都可以产生红外线。红外线感光技术就是通过检测物体热辐射的红外线的特定波段信号,并将其转换成可供人类视觉分辨的图像和图形,如图 2-65 所示,有些情况下还可以进一步计算出目标物的温度值。

图 2-65 红外热成像

1. 基本概念

黑体是一个理想化了的物体,它能吸收外来的全部电磁辐射,不会有任何反射与透射。换句话说,黑体对于任何波长的电磁波的吸收系数为 1,透射系数为 0;基于基尔霍夫定律,温度越高,辐射出的总能量就越大;基于史蒂夫-玻耳兹曼定律,温度越高,红外辐射能量越多;而基于维恩位移定律,物体的红外辐射能量密度大小随波长(频率)的不同而变化。

2. 分类

红外线感光技术主要分为两种:一种是主动式红外感光技术,成像系统自身带有红外光源,根据被成像物体对红外光源的不同反射率,以红外变像管作为光电成像器件,红外夜视仪采用该技术;另一种是被动式红外感光技术,成像系统自身不带有红外光源,自然界中温度高于绝对零度的一切物体总是在不断地发射红外热辐射。探测器收集辐射能,就可以形成与景物温度分布相对应的热图像,红外热像仪采用该技术。如图 2-66 所示,左图为利用主动式红外感光技术的成像,右图为利用被动式红外感光技术的成像。

3. 主动式红外感光技术

主动式红外热成像系统主要由红外探照灯、光学系统(物镜)、红外变像管、高压电源、成像器件等组成。红外变像管可以将红外辐射图像转换成可见光图像。其原理如图 2-67 所示,就是通过物镜将光线聚焦在影像增强器上来采集和增强现有光线,在增强器内部,一个光电阴极被光"激活",并将光子能量转变成电子,电子被加速后撞击在磷表面屏幕上,形成人眼可见的图像。

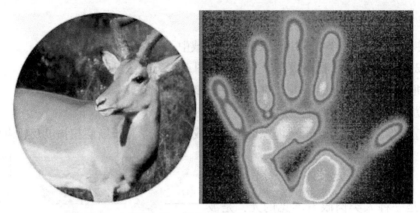

图 2-66 红外线感光技术的分类

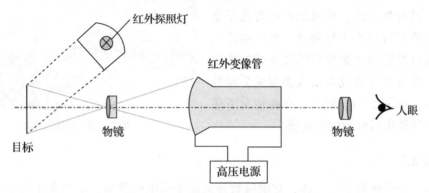

图 2-67 主动式红外感光技术的原理

主动式红外感光技术具有技术成熟、造价低廉、观测效果比较好的特点;自带光源,不受环境照明条件的影响,可以获得较大的反差,易于区别目标和背景。作用距离与发射的红外线功率有关,一般用 30W 红外探照灯的侦察距离为 200~300m。但隐蔽性不好。

4. 被动式红外感光技术

被动式红外热成像系统主要由光学系统、光扫描机构、红外探测器、前置放大器、控制电路等组成,如图 2-68 所示。光扫描机构用光机扫描方法来覆盖总视场;红外探测器将不可见光的红外辐射转换成可测量的信号,由光学系统接收被测目标的红外辐射,经光谱滤波将红外辐射能量分布图形反映到焦平面上的红外探测器阵列的各光敏元上,探测器将红外辐射能转换成电信号,由探测器偏置与前置放大的输入电路输出所需的放大信号,并流入读出电路,以便进行多路传输。

5. 应用

目前主要用于军事应用、工业应用、车载夜视、医学应用等。

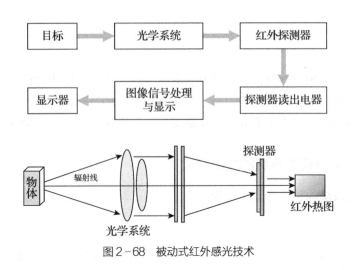

图 2-68 被动式红外感光技术

2.7 车载单目视觉系统

2.7.1 车载单目视觉系统概述

车载单目视觉是指在汽车中仅利用一个摄像头实现视觉技术。采用车载单目视觉传感器，利用训练得到的车辆、行人、障碍物识别级联分类器实时获取车辆前方的车辆、行人和障碍物，并对其进行跟踪以记录其运动轨迹，从而为驾驶人和行人的有效预警提供技术参考。

2.7.2 车载单目视觉系统的构成

车载单目视觉系统主要由镜头、相机、视频采集卡、计算机四部分组成。

1. 镜头

摄影机、照相机或放映机上由透镜组成的光学装置叫做镜头。镜头是集聚光线、使感光元件能获得清晰影像的结构。按焦距大小可分为标准镜头、广角镜头、长焦距镜头；按变焦方式可分为固定焦距镜头、手动变焦距镜头、电动变焦距镜头；按光圈方式可分为固定光圈镜头、手动变光圈镜头、自动变光圈镜头。

2. 相机

相机是一种利用电子传感器把光学影像转换成电子数据的照相机。主要有单反相机、大/全幅相机、双反相机、微单相机、卡门相机、无反相机等。其中，无反相机是未来相机的发展方向。

3. 视频采集卡

视频采集卡（Video Capture Card）也叫做视频卡，用以将模拟摄像机输出的视频或者视频与音频的混合信息转换成计算机可辨别的数字数据，成为可编辑处理的视频数据文件并存储在计算机或记忆卡中。按其用途可以分为广播级视频采集卡、专业级视频采集卡、民用级视频采集卡。

4. 计算机

车载单目视觉系统中的计算机,也就是汽车上的一个计算机,即控制模块,主要用来接收视频采集卡的数据,并对数据进行解析,然后利用简单的逻辑门与积体电路原理进行处理,以识别车辆周围的状况,并决定采取什么样的动作,让车辆按照合理的路线运行。

2.7.3 车载单目视觉系统的性能参数

车载单目视觉系统的相机参数主要为:

1. 视场角

在光学仪器中,以光学仪器的镜头为顶点,被测目标的物像可通过镜头的最大范围的两条边缘构成的夹角称为视场角。

2. 焦距

焦距是光学系统中衡量光的聚集或发散的度量方式,指平行光入射时从透镜光心到光聚集之焦点的距离。

3. 俯仰角

机体坐标系 x 轴与水平面的夹角称为俯仰角。

2.7.4 车载单目视觉系统的成像原理

照相机的镜头相当于一个凸透镜,来自物体的光经过照相机的镜头后会聚在感光元件上,成倒立、缩小的实像,如图 2-69 所示。传统照相机使用"胶卷"作为其记录信息的载体,而数码相机的"胶卷"就是其成像感光器件,而且是与相机一体的,是数码相机的心脏。数码相机正是使用了感光器件将光信号转变为电信号,再经模/数转换后记录在存储卡上的。

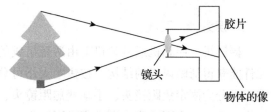

图 2-69 相机成像原理

2.7.5 车载单目视觉系统的工作过程

车载单目视觉系统的工作过程总体分图像获取、图像预处理、特征提取、目标识别四个步骤。

1. 图像获取

图像获取指的是物体成像的过程,是将模拟图像转换成数字图像的过程。一般应遵循以下几点共性原则:所获取图像中的被辨识目标应尽可能清晰、直观;尽可能提高被辨识目标与整幅图像像素点的比例;图像应尽可能增强被辨识目标与背景的灰度反差;图像获取速度应能满足车辆控制的动态响应能力,具体情况如图2-70所示。

图2-70 图像获取的具体情况

2.图像预处理

图像预处理,是将每一个文字图像分检出来交给识别模块识别。图像预处理的主要目的是消除图像中无关的信息,恢复有用的真实信息,增强有关信息的可检测性和最大限度地简化数据,从而改进特征抽取、图像分割、匹配和识别的可靠性。图像预处理包括图像去噪、边缘增强、灰度拉伸、图像分割、形态学处理等。预处理技术应用是否正确,在很大程度上会影响图像识别效果。

(1) 图像去噪

数字图像在数字化和传输过程中常受到成像设备与外部环境噪声的干扰,这种图像称为含噪图像或噪声图像。而图像去噪是指减少数字图像中噪声的过程。图像去噪可在空间域对图像像素灰度值直接进行平滑运算处理,如图2-71所示,常用的方法有图像平均法、邻域平均法、自适应平滑滤波、高斯滤波和中值滤波等。

图2-71 图像去噪

(2) 边缘增强

边缘增强是将图像相邻像元(或区域)的亮度值(或色调)相差较大的边缘处(即影像色调突变或地物类型的边界线)加以突出强调的技术方法。经边缘增强后的图像能更清晰地显示出不同的物类型或现象的边界，或线形影像的行迹，以便于不同的物类型的识别及其分布范围的圈定。由于许多景物具有明显的边缘特征，所以在处理该类图像时，通常希望能突出其边缘信息，由此产生了各种边缘增强图像预处理算法，如图 2-72 所示。

图 2-72 边缘增强

(3) 灰度拉伸

灰度拉伸又称为反差增强或对比度增强，是一种点处理方法，通过对像元亮度值（又称为灰度级或灰度值）的变换来实现。在一些数字图像中，感兴趣目标的灰度特征值变化范围很小，与背景灰度值难以区分。通过扩展感兴趣目标灰度特征的对比度，可以提高目标识别准确性。对比度增强常采用直方图锥形拉伸算法，如图 2-73 所示。

图 2-73 对比度增强处理

(4) 图像分割

图像分割就是把图像分成若干个特定的、具有独特性质的区域，将感兴趣的目标与背景有效分割，提出感兴趣的目标并加以识别的技术和过程。如图 2-74 所示，现有的图像分割有普通分割（将马、人和三辆车统一从背景中分割出来）、语义分割（进一步分割，区分出人、马、车）和实例分割（进一步把同种的三辆车分割成三个单独的个体）三种。

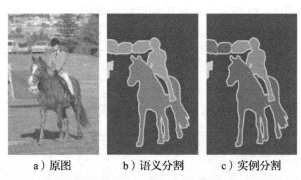

图 2-74 图像分割处理

（5）形态学处理

形态学处理就是改变物体的形状，比如腐蚀就是"变细"，膨胀就是"变粗"，如图 2-75 所示。这样做的好处是：消除噪声；分割出独立的图像元素，在图像中连接相邻的元素；寻找图像中明显的极大值区域或者极小值区域；求出图像的梯度。

3. 特征提取

特征提取指的是使用计算机提取图像信息，决定每个图像的点是否属于一个图像特征。特征提取的结果是把图像上的点分为不同的子集，这些子集属于孤立的点、连续的曲线或者连续的区域。特征的好坏对泛化性能有至关重要的影响。对于智能车辆环境感知需要识别的物体，通常形状、面积、体积、颜色、运动状态、对称性、表面粗糙度、声光反射性、穿透性等常是被提取的典型特征，特征提取的过程如图 2-76 所示。

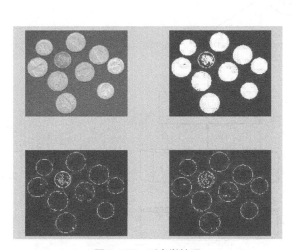

图 2-75 形态学处理

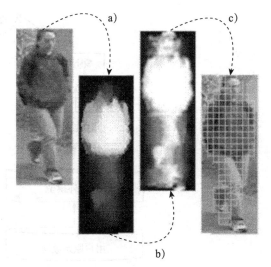

图 2-76 特征提取的过程

4. 目标识别

目标识别是指一个特殊目标（或一种类型的目标）从其他目标（或其他类型的目标）中被区分出来的过程。它既包括两个非常相似目标的识别，也包括一种类型的目标同其他类型目标的识别。车载单目视觉系统中常用到的目标识别方法有特征匹配法、模型匹配法、学习识别法（机器学习）。图 2-77 所示为相机识别目标的过程。

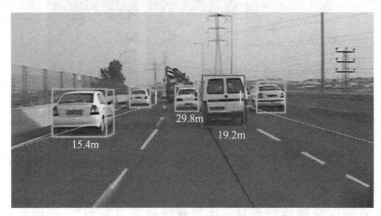

图 2-77　相机识别目标的过程

(1) 特征匹配法

所谓特征匹配（FBM），就是指将从影像中提取的特征作为共轭实体，而将所提特征属性或描述参数（实际上是特征的特征，也可以认为是影像的特征）作为匹配实体，通过计算匹配实体之间的相似性测度以实现共轭实体配准的影像匹配方法。特征匹配的过程如图 2-78 所示。

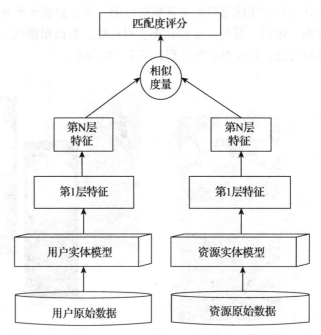

图 2-78　特征匹配的过程

(2) 模型匹配法

通过提取训练样本的特征作为识别特征；对训练样本的识别特征用状态空间模型建模；用期望最大化方法估计训练样本状态空间模型的所有参数，并将所有参数存入识别系统模板库；提取测试样本的特征作为测试样本的识别特征，并对测试样本的识别特征进行识别。物体的结构和形状可以采用恰当的几何模型来表示，可预先基于特定信息做相应的模板，将获取的图像与模板进行匹配，寻找相关性最大的区域作为目标存在区域。模型匹配的过程如图 2-79 所示。

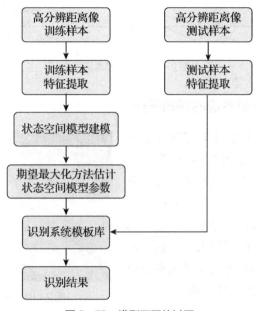

图 2-79 模型匹配的过程

（3）学习识别法（机器学习）

机器学习是指用某些算法指导计算机利用已知数据得出适当的模型，并利用此模型对新的情境给出判断的过程，是对人类生活中学习过程的一个模拟。整个过程中最关键的是数据。机器学习主要研究的是如何在经验学习中改善具体算法、通过经验自动改进计算机算法，使用数据或以往的经验，以此优化计算机程序。机器学习算法有三种，分别为监督学习、半监督学习和无监督学习。

监督学习是指利用一组已知类别的样本调整分类器的参数，使其达到所要求性能的过程，也称为监督训练或有教师学习。其特点是有样本，有类别标签，可以看作是原先的预测模型，有基础的训练数据，再将需要预测的数据进行输入，不管是连续的还是离散的数据都可以得到预测结果。

无监督学习有样本，无类别标签。利用无标签的数据学习数据的分布或数据与数据之间的关系被称作无监督学习。无监督学习的主要目标是让机器拥有"共识"，即从可获得的任意信息中预测所感知对象（系统状态/行为、图像、语言等）的过去、现在或将来任意部分。

2.7.6 车载单目视觉系统的测距基本原理

车载单目视觉系统的测距原理是先通过图像匹配进行目标识别（各种车型、行人、物体等），再通过目标在图像中的大小去估算目标距离，如图 2-80 所示。其估算需要有三大前提：庞大的样本特征库、准确的相机标定、强大的图像识别算法。

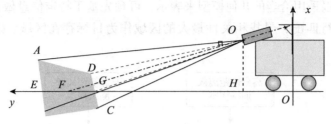

图 2-80 测距基本原理

2.7.7 车载单目视觉系统的感知任务

智能驾驶领域视觉系统的主要感知任务有车道线检测、交通标志识别和障碍物检测（车辆、行人等交通参与者）。车道线检测主要用于检测直道、弯道和车道偏离预警；交通标志识别主要用于识别限速标志牌、停车牌、红绿灯等。障碍物检测主要用于检测行人、车辆，进行前部碰撞警示。图 2-81 所示为利用车载单目视觉系统进行行人和车道线的识别。

图 2-81 利用车载单目视觉系统进行行人和车道线的识别

2.8 车载双目视觉系统

2.8.1 车载双目视觉系统概述

对运动物体（包括动物和人体形体）的测量中，由于图像获取是在瞬间完成的，因此立体视觉方法是一种更有效的测量方法。双目视觉系统是基于视差原理并利用成像设备从不同的位置获取被测物体的两幅图像，通过计算图像对应点间的位置偏差，来获取物体立体几何信息的方法。双目视觉系统测量方法具有效率高、精度合适、系统结构简单、成本低等优点，非常适合于制造现场的在线、非接触产品检测和质量控制。图 2-82 所示为常用的车载双目视觉系统。

图 2-82 常用的车载双目视觉系统

2.8.2 车载双目视觉系统的应用

双目视觉系统目前主要应用于机器人导航、微操作系统的参数检测、三维测量、虚拟现实四大领域。

2.8.3 车载双目视觉系统的组成

图2-83所示为双目视觉系统的成像过程,从中可以看出,车载双目视觉系统由以下几个部分组成。

1) 图像采集。要求相机绝对的同步,图像画质清晰,对比度高。
2) 图像校正。依据相机内外参数对畸变图像进行平行等位校正,获得无畸变且平行等位的左右图像。
3) 双目匹配。对校正后的图像进行匹配,获得视差图像,供后续算法使用。
4) ADAS功能。根据视差图进行障碍物检测预警和车道线检测。

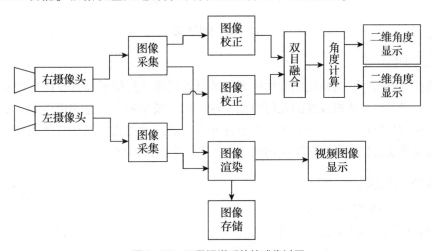

图2-83 双目视觉系统的成像过程

2.8.4 车载双目视觉系统的工作原理

车载双目视觉系统的摄像头的原理与人眼相似,如图2-84所示。人眼能够感知物体的远近,是由于两只眼睛对同一个物体呈现的图像存在差异,也称为"视差"。视差的大小对应着物体与眼睛之间距离的远近,物体距离越远,视差越小;反之,视差越大。通过对两幅图像视差的计算,直接对前方景物进行距离测量,同时也可以判断前方出现的是什么类型的障碍物。对于任何类型的障碍物,都能根据距离信息的变化,进行必要的预警或制动。

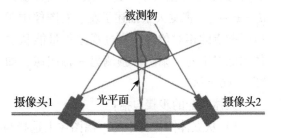

图2-84 车载双目视觉系统的基本工作原理

2.8.5 车载双目视觉系统的工作过程

车载双目视觉系统的工作过程包括图像获取、相机标定、图像预处理和特征提取、立体匹配、视频分析,如图 2-85 所示。

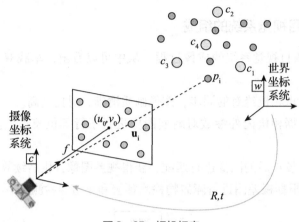

图 2-85 相机标定

1. 系统的相机标定

在机器视觉应用中,为确定空间物体表面某点的三维几何位置与其在图像中对应点之间的相互关系,必须建立相机成像的几何模型,这些几何模型参数就是相机参数,而求解几何参数的过程称为相机标定。在大多数条件下这些参数必须通过实验与计算才能获得,其标定结果的精度及算法的稳定性直接影响相机工作产生结果的准确性。

2. 系统的立体匹配

图像匹配是指将三维空间中一点 $A(X, Y, Z)$ 在左、右摄像头的成像面 C_i 和 C_r 上的像点 $a_i(u_i, v_i)$ 和 $a_r(u_r, v_r)$ 对应起来,C_i 和 C_r 称为对应点,求取左、右像平面之间对应点的过程就是立体匹配。求取的方法是定义 C_i 和 C_r 的矢量为视差适量 $d(d_x, d_y)$,其水平分量为 $d_x = u_i - u_r$,垂直分量为 $d_y = v_i - v_r$。视觉矢量描述了左、右图像中对应匹配点的相对位移。通过视差矢量能从立体图像对中的一幅图像预测另一幅图像,如图 2-86 所示。

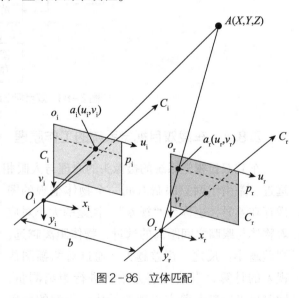

图 2-86 立体匹配

立体匹配的步骤包括:

1)从立体图像对中的一幅图像上选择与实际物理结构对应的图像特征。
2)在另一幅图像中确定出同一物理结构的对应图像特征。
3)确定这两个特征之间的相对位置,得到视差。

3. 系统的立体恢复

在传统光学时代中,景深是每个光学成像系统都存在的一个基本问题,而焦距、相对孔径、倍率,这些性能参数都会影响着景深。特别是在高倍放大的显微成像领域,景深随倍率的增大而迅速变小,直至无法成像,因此只能分层看到物件,无法看到近与远的"纵深"影像。在完成双目立体视觉系统的摄像头标定和立体图像匹配工作以后,就可以利用多层扫描共聚焦图像合成技术,实现了物件原貌的立体图像还原,如图2-87所示。

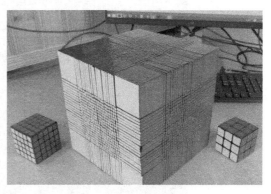

图2-87 立体恢复

4. 系统的视频分析

视频分析技术来源于计算机视觉,即利用计算机视觉技术从图像中监测运动及运动物体并对其进行运动分析、跟踪或识别的技术。它能够在图像及图像描述之间建立映射关系,从而使计算机能够通过图像处理和分析来理解画面中的内容,其实质是"自动分析和抽取视频源中的关键信息"。常用的方法有背景删除法和时间差分法。

(1) 背景删除法

背景删除法是利用当前图像和背景图像进行差分处理,如图2-88所示,进而检测出运动区域的一种方法,它可以提供比较完整的运动目标特征数据,精确度和灵敏度比较高,具有良好的性能表现。

图2-88 车载双目视觉系统背景删除法

(2) 时间差分法

时间差分法就是利用视频图像特征,从连续得到的视频流中提取所需要的动态目标信息。时间差分法的实质就是利用相邻帧图像相减来提取前景目标移动的信息,如图2-89所示。此方法不能完全提取所有相关特征像素的素点,在运动实体内部可能产生空洞。

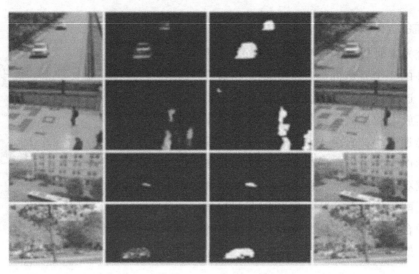

图2-89 时间差分法

(3) 分析过程

首先系统进行背景学习,之后进入"分析"状态,如图2-90所示,如果前景出现移动物体并在设置的范围区域内,且目标物体的大小满足设置要求,系统会把该目标进行提取并跟踪,然后根据预置的算法(入侵、遗留、盗窃等)触发报警;期间如果背景出现随机景物,系统将启动预处理功能来过滤掉这些动态背景。在触发报警之前,系统具有目标识别的功能,即将提取的目标与已经建立的模型进行比对,并选择最佳的匹配。

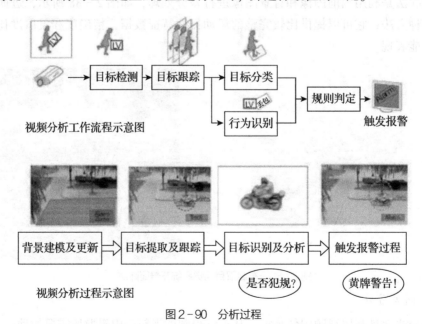

图2-90 分析过程

2.8.6 车载双目视觉系统的应用

车载双目视觉系统主要应用于:目标的检测、分类及测距,多目标追踪,通行空间及场景理解。

1. 目标检测、分类及测距

目标检测，也叫做目标提取，输出被检测物的类别以及距离信息，包括车辆的3D信息和速度信息，是一种基于目标几何和统计特征的图像分割，它将目标的分割和识别合二为一，其准确性和实时性是整个系统的一项重要能力。尤其是在复杂场景中，需要对多个目标进行实时处理时，目标自动提取和识别就显得特别重要，如图2-91所示。

图2-91 目标检测、分类及测距

2. 多目标追踪

多目标跟踪（Multiple Object Tracking，MOT），主要任务是给定一个图像序列，找到图像序列中运动的物体，并将不同帧的运动物体进行识别，也就是给定一个确定且准确的id，这些物体可以是任意的，如行人、车辆、各种动物等，如图2-92所示。

图2-92 多目标追踪

3. 通行空间及场景理解

通行空间及场景理解是指以图像及视频为研究对象，分析什么场景（场景分类或场景识别）、场景之中有什么目标（目标检测、目标识别、场景解析）、目标之间的相互关系（场景图、视觉关系）以及如何表达场景（场景描述）的方法和技术；是系统输出的车辆可以通行的安全区域、是对红绿灯和交通标志等场景的理解。

2.8.7 车载双目视觉系统与车载单目视觉系统的差异

车载单目视觉系统需要对目标进行识别，也就是说在测距前先识别障碍物是车、人还是别的什么，在此基础上再进行测距；而车载双目视觉系统则更加像人类的双眼，主要通过两幅图像的视差计算来确定距离，也就是说，车载双目视觉系统不需要知道障碍物是什么，只要通过计算就可以测距。

车载单目视觉系统的缺点在于需要大量数据，并且不断进行更新和维护，而且针对一些特殊地区的特殊情况，还需要不断优化。例如大草原上经常有牛羊横穿公路，那就需要更新数据，让机器知道"这是牛，那是羊"，数据收集、标签的难度确实有些大。车载双目视觉系统当然也不是十全十美，因为需要靠计算来进行测距，其最大的难点就在于计算量巨大，这带来的直接问题就是小型化难度很大。

Chapter Three
第 3 章
车辆定位系统

3.1 车辆定位系统绪论

3.1.1 车辆定位系统概述

车辆定位系统（Vehicle Positioning System）由全球卫星定位系统（GNSS）和地理信息系统（GIS）组成，可以实现对车辆的跟踪和定位，如图 3-1 所示。

图 3-1 车辆定位系统

地理信息系统是一种采集、处理、传输、存储、管理、查询、检索、分析和应用地理信息的计算机系统。地理信息是描述研究对象地理空间分布状况及其属性的信息。地理信息系统中不仅包含了大量的地理信息库，还带有路网图形数据管理模块、图形图像操作模块和数据综合分析模块。利用地理信息系统可以方便找出某个地区道路情况。

将全球卫星定位系统和地理信息系统综合应用形成电子地图。只要在汽车上安装了电子地图系统，汽车行驶在电子地图开通业务的区域内，车内的显示屏就会显示汽车所在区域的地图和汽车在地图上的实际位置。

GNSS 应用在交通管理方面，可以将道路网上的车辆实时位置、运行轨迹准确地反映在控制中心的电子地图上,犹如给道路交通管理者增添了一双千里眼,实时监视道路网上的车辆流向、流量、流速、密度、路网负荷程度等各种交通信息。GNSS 与城市交通信号控制系统、交通地理信息系统、交通情报信息系统相连接可以进行实时的交通信号控制,交通诱导和交通流组织优化,从而达到充分利用路网、缩短车辆旅行时间、降低行车延误、减少车辆空驶、保障行车安全、提高道路通行能力的目的。GNSS 还可以用于执行紧急任务的车辆定位、指挥、调度、救援和管理。

3.1.2 车辆定位系统的基本功能

车辆定位系统是智能网联汽车运行的基础,只有高精度的定位才能实现对车辆的精确控制。车辆定位系统除了可以确定车辆位置以外还可以衍生出一些别的功能:

1) 车辆定位及测速。
2) 行车路线设计(路径规划)。
3) 路径引导服务。
4) 综合信息服务。
5) 移动通信功能。

1. 车辆定位及测速

车辆定位是由全球卫星定位系统和地理信息系统(GIS)组合而成的功能应用,可以实现对车辆的跟踪和定位,进而确定当前的位置,并由位置的改变推算出车辆的运行速度,如图 3-2 所示。

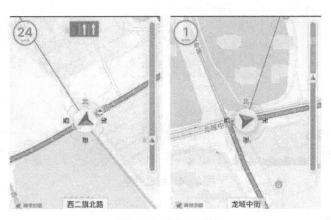

图 3-2 定位与导航

2. 路径规划

路径规划是指依据驾驶人提供的起点、终点、途经点或意愿,自动规划出旅行代价最少的最佳行驶路线,例如距离最短、时间最短、高速优先等,如图 3-3 所示。根据对环境信息的掌握程度,可把路径规划分为基于先验完全信息的全局路径规划和基于车载传感器信息的局部路径规划。本课程单元强调的是全局路径规划。

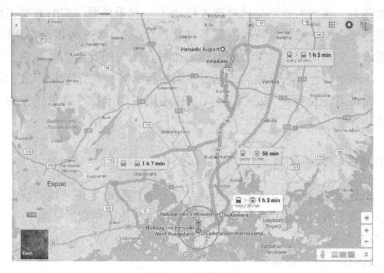

图 3-3 导航地图

3. 路径引导服务

路径引导是在出行过程中用语音或图形的方式部分实施引导指令,使驾驶人沿预定行车路线顺利抵达目的地,同时提供实时导航诱导,即用户查找到目的地后,具备告知选择路况参与规划路径的方式、避开拥堵路段、超速报警、特殊地段提醒等功能,如图 3-4 所示。

图 3-4 路径引导

4. 综合信息服务

综合信息服务是车辆定位、路径规划和路径引导功能的延伸,可向用户提供与电子地图有关的信息检索与查询服务,如实时路况展示、信息查询、导航轨迹显示、多媒体娱乐、信息资讯等其他功能。

1)实时路况展示。实时路况展示通常包括了附带实时交通信息的路况显示、对特定道路的交通信息查询、对主干道实时路况的查询与显示。实时路况信息通常通过特定的服务发送,因此本功能需要在当地存在实时交通服务。

2)信息查询。目前可获得的信息包括美食、电影、购物、演出活动、旅游线路等。兴趣点查找功能可以用本地计算,也可以用云计算的方式实现。一般系统多用本地计算,便携设备或智能手机可能用云计算策略。

3)导航轨迹显示。现代车辆导航系统一般都有记录并显示轨迹的功能。其功能不仅在于提示当前路径和位置,也可以在用户返回时作导航之用。

4)多媒体娱乐。系统提供各种娱乐功能,包括 MP3/MP4 播放、数字电视、游戏、电子书、工具(时钟/日历/记事本)、电子相册等。

5)信息资讯。车辆导航系统通过 GSM/GPRS 通信信道发送新闻、天气、交通事件、日程提醒等资讯信息到终端,发送方式采用定时和按需两种方式,形式可以是文字、图片、网页等。

5. 移动通信功能

可接收实时交通信息广播,使用户及时掌握最新的道路状况;同时还可将车辆状况报告给交通控制中心,实现报警、求助和通信功能。

3.1.3 车辆定位系统的构成

如图 3-5 所示,车辆定位与导航系统一般由电子地图数据库、地理信息系统引擎、定位模块、地图匹配模块、路径规划模块、路径引导模块、无线通信模块、人机交互界面八个主要模块组成。

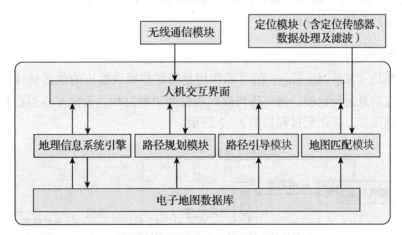

图 3-5 智能网联汽车定位与导航系统的构成

1. 电子地图数据库

电子地图(Electronic Map),即数字地图,是利用计算机技术,以数字方式存储和查阅的地图。电子地图数据库是车辆导航系统中不可缺少的组成部分,它包含以预定格式存储的数字化导航地图,为系统提供地理特征、道路位置、交通规则以及基础设施等多种信息。早期使用位图式存储,地图比例不能放大或缩小;现代电子地图一般使用矢量式图像存储,地图比例可放大、缩小或旋转而不影响显示效果;电子地图软件一般利用地理信息系统来存储和传送地图数据。

2. 地理信息系统引擎

地理信息系统引擎（Map Query）的主要作用是提供操作和查询电子地图数据库的接口，包括电子地图的显示、浏览、动态刷新、缩放等功能以及相关的信息检索和查询服务，如图3-6所示。

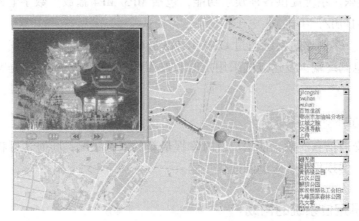

图3-6　地理信息系统引擎

3. 定位模块

定位模块（Position Module）由定位传感器和数据处理以及滤波电路组成，其主要作用是提供实时、连续的车辆位置估计。

4. 地图匹配模块

地图匹配模块（Map Matching）的主要作用是将定位模块输出的位置估计与地图数据库提供的道路位置信息进行比较，通过适当模式匹配和识别过程，确定车辆当前行驶路段及其在路段中的准确位置，其匹配过程如图3-7所示。

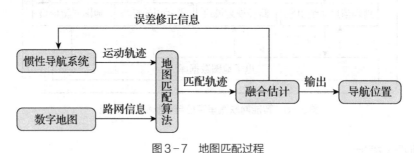

图3-7　地图匹配过程

5. 路径规划模块

路径规划（Route Planning）模块的主要作用是依据电子地图道路信息，提供从车辆当前位置到目的地之间最优路径的过程。路径规划主要是让目标对象在规定范围内的区域内找到一条从起点到终点的无碰撞安全路径。路径规划中有静态（全局）路径规划以及动态（局部）路径规划，如图3-8所示为从人大附中到地安门的全局规划路径。

图3-8 从人大附中到地安门的全局规划路径

6. 路径引导模块

路径引导（Route Guide）模块的作用是根据地图数据库中的道路信息以及定位模块和地图匹配模块提供的当前车辆位置，产生适当的实时驾驶指令，包括纵向（加速、制动）和横向（转向）控制指令，如图3-9所示。

图3-9 路径引导

7. 无线通信模块

无线通信模块（Wireless Communication Module）的主要作用是能够增强车载导航系统的功能，可以实现车辆与交通管理系统之间相互交换实时交通信息，如图3-10所示。

8. 人机交互界面

人机交互界面（Human Computer Interface）的作用是提供用户与车载计算机系统之间的交互接

图3-10 无线通信模块

口,如图3-11所示,通过该界面,可以获得系统运行数据,也可以进行各种功能的选择。

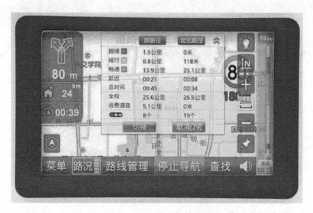

图3-11 人机交互界面

9. 嵌入式操作系统

在现代车辆导航系统中,嵌入式操作系统技术提供了系统运行的支撑环境,卫星导航定位技术及多传感器信息融合技术是现代车辆导航系统的核心技术,路径规划与诱导技术是车辆导航的核心价值,电子地图是车辆导航系统不可缺少的数据支撑,通信技术实现了车辆导航系统与ITS的集成,而多通道人机接口技术是展示车辆导航系统核心价值的途径。中汽恒泰研发的智能网联汽车是采用工控机,主要目的是方便进行二次开发和辅助教学。操作系统软件架构如图3-12所示。

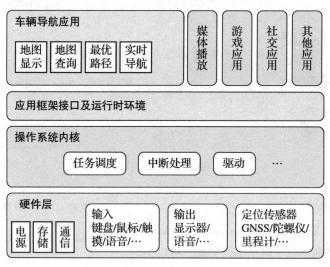

图3-12 软件架构

3.1.4 车辆定位系统的定位方法

对于智能网联汽车定位系统来说,精确、可靠的车辆定位是必要的先决条件。在车辆定位过程中主要采用以下三种方法:第一种是基于电子信号的定位技术,如移动通信技术、全球卫星定位系统技术、超宽带地面无线电定位技术、Wi-Fi 等；第二种是基于航迹推算的定位技术，如惯导技术、里程计技术；第三种是基于环境特征匹配的定位技术，如基于激光雷达的定位与建图技术、基于视觉传感器的定位与建图技术，该方法在后面的章节中详细讲解。

1. 基于电子信号的定位技术

现阶段移动通信定位技术呈现多样化特征，但主要有到达角度定位法（AOA）、到达时间定位法（TOA）、到达时间差定位法（TDOA）。

（1）到达角度定位法（AOA）

到达角度定位法（Angle of Arrival，AOA），主要是测量信号移动台（Mobile Station，MS）和基站（Base Station，BS）之间的到达角度，以基站为起点形成的射线必经过移动台，两条射线的交点即移动台的位置。该方法只需两个基站就可以确定移动台的估计位置，其定位原理示意图如图 3-13 所示。

图 3-13 定位原理示意图

当基站装有天线阵列时，天线阵列根据移动台发送的信号来确定入射角度 a_1、a_2，以各基站为起点，入射角向构造直线的交点即移动台的位置。假设移动台的位置坐标为 (x, y)，N 个基站的位置坐标为 (x_i, y_i)，根据其几何意义，则它们之间满足 $\tan\alpha_i = (y - y_i) / (x - x_i)$ 公式，对于每个基站来讲，α_i、x_i、y_i 都是可知的，因此只要有两个基站的信息，就可以计算出移动台的位置。

（2）到达时间定位法（TOA）

到达时间定位法（Time of Arrival，TOA），是根据测量接收信号在基站和移动台之间的到达时间，然后转换为距离，从而进行定位。该方法至少需要三个基站，才能计算目标的位置，其定位原理如图 3-14 所示。

被测点（移动台）发射信号到达三个以上的参考节点接收机（基站），通过测量到达不同接收机所用的时间，得到发射点与接收点之间的距离，计算方法为

$$(x - x_i)^2 + (y - y_i)^2 = r_i^2, \quad i = 1, 2, \ldots, n$$

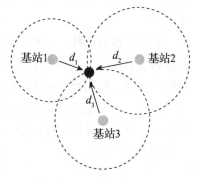

图 3-14 到达时间定位法（TOA）的定位原理

然后以接收机为圆心，以所测得的距离为半径画圆，3 个圆的交点即被测点（移动台）所在的位置。因此，只要有三个基站测得与移动台的距离，就可以计算出移动台的位置。

该方法需要测得超宽带（Ultra Wide Band，UWB）定位标签与每个基站之间的距离信息，因而定位标签需要与每个基站进行来回通信，因此定位标签功耗较高。TOA 要求参考节点与被测点保持严格的时间同步，但多数应用场合无法满足这一要求。该定位方法的优势是在定位区域内外（基站围成区域的内外），都能保持很高的定位精度。

（3）到达时间差定位法（TDOA）

到达时间差定位法（Time Difference of Arrival，TDOA）是一种利用时间差进行定位的方

法，通过测量信号达到基站的时间，可以确定信号源（移动台）的距离，利用信号源移动台到多个无线电基站（监测站）的距离（以无线电基站为中心，距离为半径作圆），就能确定信号的位置。通过比较信号到达多个基站的时间差，就能做出以基站为焦点、距离差为长轴的双曲线的交点，该交点即信号的位置，如图 3-15 所示。

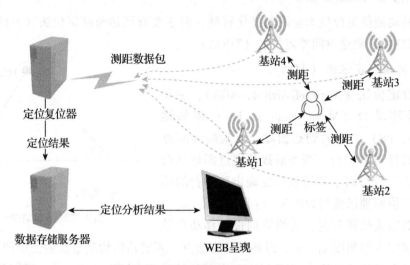

图 3-15　通过有线到达时间差定位法

TDOA 是基于多站点的定位算法，因此要对信号进行定位，必须有至少 3 个以上的基站进行同时测量。TDOA 是基于到达时间差进行定位，因此系统中各个基站需要有精确时间同步功能。

时间同步有两种：一种是通过有线做时间同步。有线时间同步可以控制在 0.1ns 以内，同步精度非常高，但由于采用有线，所有设备（基站）要么采用中心网络的方式，要么采用级联的方式，但这都增加了网络维护的复杂度，也增加了施工的复杂度，成本升高；并且系统中还有一个专用的有线时间同步器，价格昂贵。另一种是通过无线做时间同步，其结构如图 3-16 所示。采用无线同步一般可以达到 0.25ns，精度稍逊于有线时间同步。

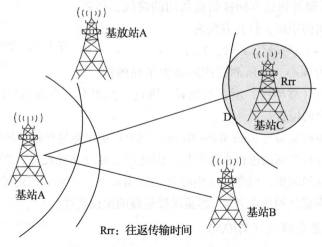

图 3-16　通过天线到达时间差定位法

TDOA 定位不必要进行基站和移动台之间的同步,而只需要基站之间进行同步即可。因为基站的位置是固定的,所以相对于基站和移动台之间进行同步,基站之间进行同步要容易实现得多。这使得 TDOA 定位比 TOA 定位要更加容易实现,因此 TDOA 定位的应用非常广泛。

TDOA 定位即双曲线定位,二维定位中需要使用四个定位基站。基站时间同步之后,移动台(标签)发送一个广播报文,基站收到之后,标记接收到此报文的时间戳,并将内容发送到计算服务器,计算服务器根据其他基站的定位报文的时间戳,计算出被定位目标(移动台)的位置。

通过测量移动台到每两个基站之间的距离差,距离差等于常量即可绘制出双曲线,而曲线交点即可确定标签坐标。该方法实现过程中,标签只需要广播一次信号即可,因此有利于降低标签的功耗及标签并发数量。

每个基站的组成则相对比较简单,主要包括接收机、天线和时间同步模块。理论上现有的基站只要具有时间同步模块就能升级为 TDOA 基站,而不需要复杂的技术改造。超宽带地面无线电定位技术就采用这种计算方法。

2. 移动通信定位技术

移动通信定位技术是通过无线通信技术对无线电波进行接收,再通过相应算法对无线电波包含的相位、传输时间等信息进行计算,进而获得其目标位置,通过对目标的精准定位确定其具体位置。其定位的准确性与具体的测量方法有着直接关系,同时测量方法的选择应用也是无线定位技术在移动通信中运用的关键。

移动通信定位系统主要由移动台、基站、移动业务交换中心(Mobile Telephone Switching Center or Mobile Services Switching Center,MSC)及传输线(有线或无线)四个部分组成,如图 3-17 所示。

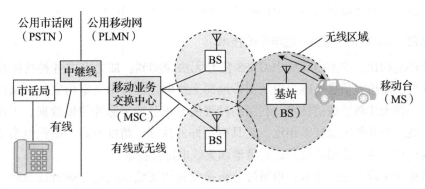

图 3-17 移动通信定位技术

3. 全球卫星定位系统技术

全球卫星定位系统(GNSS)是一种天基无线电定位系统,通过接收机接收卫星发射的信号,根据信号发射和接收的时间差或者信号的载波相位来确定卫星与接收机之间的直线距离,如图 3-18 所示。卫星定位系统的出现使得无线定位技术产生了质的飞跃，定位精度得到大幅度的提高，民用可达到 10m 以内。

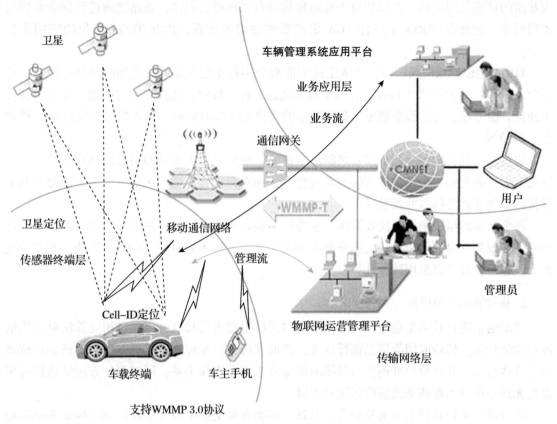

图 3-18　卫星定位系统

实际使用的卫星定位技术有精密单点定位技术（Precise Point Positioning，PPP）、相对定位以及虚拟参考站动态定位技术（Virtual Reference Station，VRS）。

4. 超宽带（UWB）地面无线电定位技术

与室外环境相比，在室内环境中 GNSS 信号无法探测到，加之室内各种物体反射和信号的分散，导致感测位置信息不准。而超宽带地面无线电定位技术是室内定位领域的一项新兴技术。它是一种无线载波通信技术，利用纳秒级的非正弦波窄脉冲传输数据，因此其所占的频谱范围很宽，与其他定位技术相比，它具有更好的性能，精度更高。中汽恒泰研发的车辆因为是室内运行，所以采用的就是超宽带地面无线电定位技术。

超宽带地面无线电定位技术是指通过分析接收到的无线电波信号的特征参数，根据特定算法计算被测对象的位置，即二维/三维坐标：经度、纬度、高度，如图 3-19 所示。

超宽带地面无线电定位技术抗干扰性能强，传输速率高，系统容量大，发送功率非常小。超宽带地面无线电定位系统发射功率非常小，通信设备可以用小于 1mW 的发射功率就能实现通信。低发射功率大大延长了系统电源的工作时间。而且由于发射功率小，其电磁波辐射对人体的影响也会很小，应用面就广。

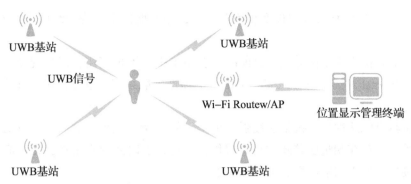

图3-19 超宽带地面无线电定位技术室内无线定位原理

5. 惯导独立定位技术（INS）

最典型的独立定位技术是惯性导航系统（Inertial Navigation System，INS），它依据牛顿学原理定位，通过利用各种惯性传感器测量载体的速度、加速度、位移、航向等信息，解算出载体在惯性坐标系中的相对位置。惯性导航的定位精度主要取决于磁罗盘、陀螺仪、加速度计等惯性传感器的测量精度。惯性导航系统的最大缺点是具有误差累计效应，其定位精度会随定位过程的进行不断下降。

与前两种技术相比，惯导独立定位技术的突出优点是完全自主，不需要使用通信设备，因此受外界因素的影响小。如果不考虑设备的体积、成本和安装校准的复杂度，采用精密惯性器件可以使惯性导航系统达到并长时间保持很高的定位精度。

6. 利用里程计的航位推算（DR）定位技术

利用里程计的航位推算（Dead Reckoning，DR）定位技术是一个借助于先前已知位置，以及估计出的速度（包含速率和方向）随时间的变化量来推导出当前位置的过程，属于自主导航。通过车速传感器和回转仪、惯导系统，根据车辆的行驶轨迹计算车辆的相对位置，从而测定当前位置。

航位推算（DR）是经典的独立定位技术。对于在二维空间内移动的物体，若已知起始位置和以前所有时刻的位移，则通过在初始位置上累加位移矢量的方法可以计算出物体的当前位置，这就是DR定位的原理，如图3-20所示。航位推算系统的工作前提有两个：一是要获知移动目标的初始位置，二是移动目标的运行速度（包括速率和方向）。

如果将车辆运动近似看作是在地表平面上的二维运动，其位置由其在局部平面坐标系中的东向和北向位置坐标（X，Y）确定，则依据航位推算原理，车辆在t_i时刻的位置可表示为（$X_{i-1} + V_{i-1}t_{i-1}\cos\theta_{i-1}$，$Y_{i-1} + V_{i-1}t_{i-1}\sin\theta_{i-1}$），其中，（$x_0$，$y_0$）是车辆在$t_0$时刻的初始位置，（$x_i$，$y_i$）是车辆在$t_i$时刻的位置，$d_i$分别是车辆从$t_i$时刻的位置（$x_i$，$y_i$）到$t_{i+1}$时刻的

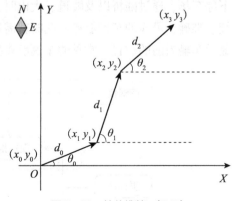

图3-20 航位推算（DR）定位的基本原理

位置 (x_{i+1}, y_{i+1}) 的位移矢量的长度和绝对方向，相对航向定义为连续两个绝对航向之差，用 w_i 表示。

尽管最初的航位推算定位方法在目前的导航系统中已不再使用，但是现今流行的使用惯性测量单元（Inertial Measurement Unit，IMU）的惯性导航系统，也是依赖于推算定位来估计物体位置的。

推算定位具有隐蔽性好、抗辐射性强、可全天候测量的优点。然而，此方法如同一般的开回路控制系统，存在测量误差随时间而累积，不适合长时间独立工作，无法满足估测车辆位置以及航迹推算所需的准确性和可靠性要求。

7. 组合定位

由于各种定位技术都有各自的优缺点，在实际应用中一般不单独使用某一种技术，而是组合起来使用，取长补短，达到较好的定位需求。在车辆定位中，常见的组合定位方案有 GNSS - 地图模型（Map Models，MM）组合、GNSS - DR 组合、GNSS - DR - MM 组合。

（1）GNSS - MM 的组合定位

这种定位方法只需要 GNSS 接收机和地图模型库，成本较低，但当 GNSS 信号丢失时，系统存在无法工作的致命弱点，且系统的可靠性较差。

（2）GNSS - INS - DR 的组合定位

全球卫星定位系统（GNSS）和惯性导航系统（INS）并不是完全独立的系统，它们可以相辅相成，弥补一些缺点，并使定位与导航系统更加完善。而即使是不同的卫星定位系统，也是可以结合的。惯性系统由陀螺和加速度计组成，可以测出车辆的方向，从而给出车辆行进的方向。里程计可以测量出车辆行驶的距离，里程计装在车轴上，用来测量车轴的转动。车轴每转动一周，车辆行驶的距离是确定的，因而可以通过测量车轴的转动来获得车辆行驶的距离，但里程计在使用之前必须标定。利用惯性系统得到了车辆行驶的方向，又由里程计得到了车辆在单位时间内行驶的距离，加上车辆的初始位置，就可以得到车辆的实时位置了。

图 3-21 所示为 GNSS - INS - DR 组合定位的工作原理，该方案的优点是当 GNSS 信号丢失时，航位推算系统可继续工作，使系统的可靠性得到提高。当车辆在高楼林立的市区、地下停车场、通过陆桥以及隧道、大山时，卫星信号容易受到遮挡，以至于无法提供驾驶人连续、准确、可靠的车辆航迹，此时就需要采用车辆航迹推算系统，车辆航迹推算的功能在于显示车辆当前的位置，常见的车辆航迹推算系统可通过全球卫星定位系统连续提供实时高精

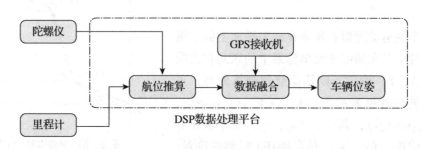

图 3-21　GNSS - INS - DR 组合定位的工作原理

度的三维位置和航向、速度信息以推得车辆行进的路线。数据融合算法是 GNSS – INS – DR 组合导航中的关键问题,决定了系统的定位精度及可靠性。

(3) GNSS – INS – DR – MM 的组合定位

图 3-22 所示为 GNSS – INS – DR – MM 组合定位的工作原理,该方案是在 GNSS – INS – DR 组合导航中加入子滤波器,通过对子滤波器的故障检测结果来判断地图匹配的正确与否,并利用正确的匹配结果对 GNSS – INS – DR 的误差进行补偿。

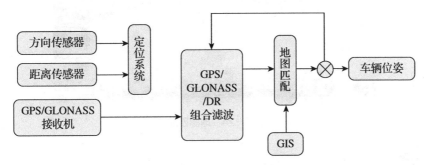

图 3-22 GNSS – INS – DR – MM 组合定位的工作原理

该方案的缺点是对地图匹配的实时性和准确性要求较高,当地图匹配发生错误时,如何对故障做出正确的诊断并及时隔离故障是保证定位精度和可靠性的关键。

8. 地图投影与坐标转换

地图投影与坐标转换就是按照一定的数学法则,将地球椭球面上的经纬网转换到平面上,使地面点位的地理坐标与地图上相对应点位的平面直角坐标或平面极坐标间,建立起一一对应的函数关系。简略地说就是将椭球面上的元素(包括坐标、方位和距离)按一定的数学法则投影到平面上,如图 3-23 所示。

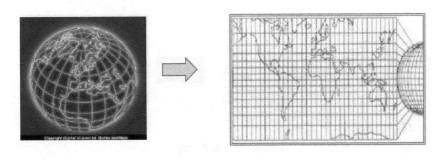

图 3-23 地图投影与坐标转换

3.1.5 车辆定位系统的地图匹配

地图匹配是一种基于软件技术的定位修正方法,其基本思想是将定位装置获得的车辆定位轨迹与电子地图数据库中的道路信息联系起来,并由此确定车辆相对于地图的位置。其应用基于两个前提:首先,车辆总是行驶在道路上;其次,电子地图道路数据精度应高于车载定位系统的位置估计精度。当上述条件满足时,将定位轨迹同道路信息相比较,通过适当的匹配过程，确定出车辆最可能的行驶路段及车辆在此路段中最可能的位置，如图3-24所示。

图3-24 地图匹配

1. 电子地图

电子地图（Electronic map），即数字地图，是利用计算机技术，以数字方式存储和查阅的地图，如图3-25所示。电子地图一般使用矢量式图像存储，地图比例可放大、缩小或旋转而不影响显示效果。对车载导航系统来讲，电子地图是导航系统的数据基础，车辆的定位、导航、地图显示等功能都必须配合电子地图才能实现。

图3-25 电子地图

2. 地图应用

电子地图在车辆定位与导航系统中的应用可分为以下几种情况。

（1）车辆自主导航

车辆自主导航由导航设备和电子地图组成，导航设备确定车辆的位置，电子地图用于信息显示、信息查询、路径选择等。

(2) 监控系统

由监控中心和移动车辆组成，电子地图安装在监控中心，各移动车辆的位置由无线数据传输设备传输到监控中心，监控中心的电子地图用来显示各车辆的位置，并对车辆发布信息和指令，实现对移动车辆的管理。

(3) 组合系统

这种系统是自主导航系统和监控系统的组合，利用 PDA 与 GSM（或 CDMA）和 GPS 相结合，电子地图既配置在移动车辆上进行自主导航，也配置在控制中心，通过无线移动通信系统实现车辆监控。

3. 地图采集与制作

电子地图图形数据采集主要有以下两种途径。

(1) 以纸质地图为基础采集数据转换到地图坐标系

大部分电子地图的制作采用这种方法。可以利用的纸质地图有城市交通图、社区图、航空影像图等。通常的做法是把纸质地图扫描矢量化之后，采集基本能覆盖整个区域的控制点，选择适当的转换模型进行坐标转换，生成电子地图。也有对扫描后的光栅图先进行图像纠正，再进行矢量化处理。

(2) GPS 实地采集

利用 GPS 进行实地采集，自动记录下车辆行驶的路线，通过同步数据处理和检核程序，即可生成测区的导航电子地图，而且可以同时采集道路属性数据和道路附属地物属性数据。

与传统的制图方式相比，这种方法具有数据采集迅速、精度高、采集过程与实际导航相似等优点，但实际操作过程中会有 GPS 在某些地段失效、行驶速度太快导致属性数据遗漏、硬件成本较高等问题。

4. 地图表现形式

对于环境地图的具体表示形式，常见的有拓扑地图 (Topological Map)、栅格地图 (Metric/Grid Map)、特征地图 (Feature Map) 三种。

拓扑地图是指地图学中的一种统计地图，是一种保持点与线相对位置关系正确而不一定保持图形形状与面积、距离、方向正确的抽象地图。拓扑地图由建立道路上关键节点间的逻辑关系得来，节点与节点之间的连线近似地表达了相应的道路，而这些相应的道路连线又为无人驾驶车辆行驶提供了近似的行驶路径。另外，这些节点与节点间存在拓扑关系，错综复杂的道路连线及拓扑关系组成了道路网络，因此拓扑地图又被称为路网地图，如图 3-26 所示。

栅格地图是各种比例尺的纸介质地形图和各种专业

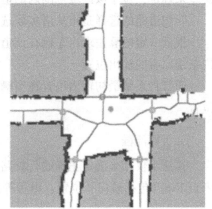

图 3-26 拓扑地图

使用的彩图的数字化产品，就是每幅图经扫描、几何纠正及色彩校正后，形成在内容、几何精度和色彩上与地形图保持一致的栅格数据文件。栅格数据为按给定间距排列的阵列数据，基本信息单元由数据点的空间位置和数据信息构成，数据信息可以是高程、遥感图像的 RGB 值或其他信息。数据按图幅或按区域存放，文件结构包括文件头和数据体，如图 3-27 所示，文件头包括对数据的各种描述信息（如行数、列数、格网间距、坐标等）；数据体依次记录基本单元信息。一般为节省存储空间，栅格数据需进行压缩或以其他形式进行重新组织。

特征地图用有关的几何特征（例如点、直线、面）表示环境。它一般通过如 GPS、UWB 以及摄像头配合稀疏方式的 SLAM 算法产生，如图 3-28 所示，其优点是相对数据存储量和运算量比较小。

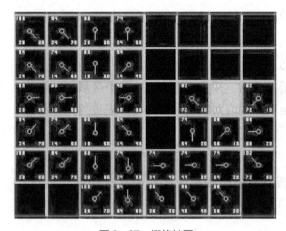

图 3-27 栅格地图

图 3-28 特征地图

5. 计算方法

一个完整的地图匹配算法包括三个主要环节，即误差区域的确定、匹配道路的选择及定位结果的修正。

误差区域是指可能包含车辆真实位置的区域范围，一般根据系统给出的定位结果和定位误差来确定，位于该区域范围内的道路称为候选道路。

匹配道路的选择是指从诸多候选道路中挑选出最有可能是车辆行驶所在的道路。

根据一定的算法求出车辆在该道路上的最可能的匹配位置，然后利用匹配位置来修正定位系统原有的输出位置。

通常将系统最初输出位置在车辆行驶所处道路上的投影位置作为车辆在该道路上的匹配位置。

6. 计算流程

算法不仅用来确定正确的行驶路段，而且还用来确定车辆在路段上的位置。算法的输入来自 INS（包括航向、位置、里程等信息），计算流程如图 3-29 所示。

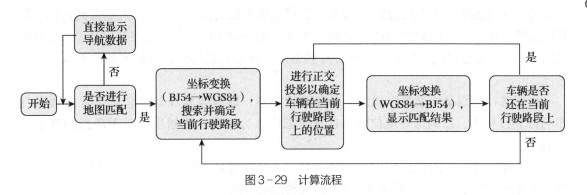

图3-29 计算流程

3.1.6 车辆定位系统的车辆导航

车辆导航系统的功能是引导车辆按特定的要求,沿规划好的线路从一点运动到另外一点的方法,如图3-30所示。核心的技术包括地图查询(实现车辆定位及目标地的选择)、路线规划、自动导航(又名路径引导)。

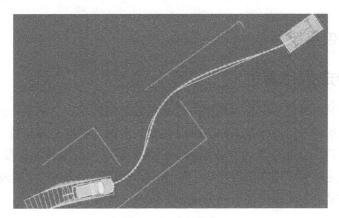

图3-30 车辆导航

1. 路径规划

路径规划是指在一定的环境模型基础上,给定无人驾驶汽车起始点和目标点后,按照性能指标规划出一条无碰撞、能安全到达目标点的有效路径。路径规划结果对车辆行驶起着导航作用。

路径规划功能包括:最优路径规划;交通信息的采集、处理和发布;道路交通状态的预测。

路径规划时要求车辆应该在自动避开所有障碍物的前提下,到达指定的目的地;车辆安全到达目的地所用的时间最短,路程最短;采用的路径简单可靠,以便简单实现对无人车的控制;车辆行驶的路径尽量不重复或者少重复;车辆选用合适的行驶策略,减少车辆的能量消耗。

路径规划分为全局路径规划、局部路径规划。

全局路径规划又叫做静态路径规划,它是根据全局地图数据库信息规划出自起始点至目标点的一条无碰撞、可通过的路径。全局路径规划所生成的路径只能是从起始点到目标点的粗略路径，并没有考虑路径的方向、宽度、曲率、道路交叉以及路障等细节信息，加之智能网联汽车在行驶过程中受局部环境和自身状态的不确定性的影响，会遇到各种不可预测的情况。

局部路径规划又叫做避障规划、动态路径规划、即时导航规划，它是在智能网联汽车的行驶过程中，以局部环境信息和自身状态信息为基础，规划出一段无碰撞的理想局部路径。

路径规划的约束条件包括不能碰撞障碍物、不能超过允许的最大速度、不能超过允许的最大加速度、转弯半径或者说曲率不能超过允许的最大值。

2. 自动导航

自动导航是指控制车辆沿着规划好的路径去行驶的过程。实时路径引导要求车辆的位置作为时间的函数，不断地与路径规划模块产生的最佳路径相比较，根据车辆当前位置、走向及行驶的道路信息，实时路径引导系统不断地更新这些信息。

3.2 卫星定位系统

3.2.1 卫星定位系统概述

卫星定位系统是一种使用卫星对某物进行准确定位的技术，它从最初的定位精度低、不能实时定位、难以提供及时的导航服务，发展到现如今的高精度全球定位系统，实现了在任意时刻、地球上任意一点都可以同时观测到 4 颗或 4 颗以上的卫星，以便实现导航、定位、授时等功能。卫星定位可以用来引导飞机、船舶、车辆以及个人安全、准确地沿着选定的路线，准时到达目的地。卫星定位还可以应用到手机追寻等功能中。

3.2.2 卫星定位系统的构成

如图 3-31 所示，卫星定位系统由空间部分（就是常说的星座）、地面控制部分（就是常说的地面监控系统）、用户设备部分（就是常说的信号接收机）三部分组成。

1. 空间部分

空间部分由若干地球静止轨道卫星、倾斜地球同步轨道卫星和中圆地球轨道卫星组成，用于发送某种时间信号、测距信号和卫星的瞬时坐标位置信号，当前四大

图 3-31　卫星定位系统构成

卫星系统包括美国的 GPS、俄罗斯的 GLONASS、中国的北斗和欧盟的伽利略卫星，在用的主流卫星定位系统卫星一般不少于 30 颗，如图 3-32 所示。卫星的分布使得在全球任何地方、

任何时间都可同时观测到4颗或4颗以上的卫星,并能保持良好定位解算精度的几何图像。这就提供了在时间上连续的全球定位能力。

美国GPS卫星

俄罗斯GLONASS卫星

中国北斗卫星

欧盟伽利略卫星

图3-32 卫星

2. 地面控制部分

图3-33所示为地面监控站,它主要包括主控站、时间同步/注入站和监控站等若干地面站。主控站可以理解成整个系统的指挥中心,监控站起到监控卫星的作用,注入站主要是给卫星发送信号。由于卫星导航系统是全球覆盖,为了更好地检测和给卫星发送信号,这些站点分布在全球的几个位置。一般来讲,分布得越广,最终的效果会更好。

图3-33 地面监控站

3. 用户设备部分

用户设备部分即信号接收机,其主要功能是能够捕获到按一定卫星截止角所选择的待测卫星,并跟踪这些卫星的运行。当接收机捕获到跟踪的卫星信号后,即可测量出接收天线至卫星的伪距离和距离的变化率,解调出卫星轨道参数等数据。根据这些数据,接收机中的微处理计算机就可按定位解算方法进行定位计算,计算出用户所在地理位置的经纬度、高度、速度、时间等信息。

3.2.3 卫星定位系统的工作原理

卫星定位的基本原理是测量出已知位置的卫星到用户接收机之间的距离,然后综合多颗卫星的数据就可知道接收机的具体位置,即卫星定位是利用空间距离后方交会的原理,通过无线电测距技术获得距离观测量来确认接收机的位置,如图3-34所示。考虑到卫星的时钟与接收机时钟之间的误差,实际上有4个未知数,X、Y、Z和钟差,因而需要引入第4颗卫星,形成4个方程式进行求解,从而得到观测点的经纬度和高度。

已知3颗卫星的位置(X^1, Y^1, Z^1)、(X^2, Y^2, Z^2)、(X^3, Y^3, Z^3),卫星通过发送无线电信号确认到接收机的距离ρ^1、ρ^2、ρ^3,代入下面的公式

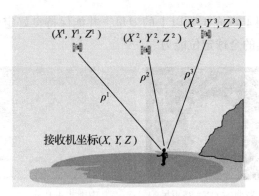

图3-34 卫星定位基本原理

$$\rho^1 = \sqrt{(X^1-X)^2+(Y^1-Y)^2+(Z^1-Z)^2}$$
$$\rho^2 = \sqrt{(X^2-X)^2+(Y^2-Y)^2+(Z^2-Z)^2}$$
$$\rho^3 = \sqrt{(X^3-X)^2+(Y^3-Y)^2+(Z^3-Z)^2}$$

以三个卫星为圆点,以计算的距离为半径画三个圆,三个圆的交点就是接收机的位置,系统就可计算出接收机的坐标 (X,Y,Z),如图3-35所示。

1. 定位方法

按参考点位置的不同,可以分为绝对定位和相对定位;按接收机天线(用户)所处的状态不同,可以分为静态定位和动态定位。

所谓绝对定位,就是指利用单台接收机,根据接收到的大于4颗以上卫星信号,获取的定位坐标,如图3-36所示。这种定位方式存在许多误差因素,如卫星轨道误差、卫星钟差、多普勒效应、电离层、对流层延迟、多路径效应以及接收机钟差、接收机噪声等,因此会造成定位精度偏低,一般单点定位精度在3~5m甚至更低。

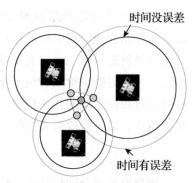

图3-35 卫星定位计算公式

所谓相对定位,是指在协议地球坐标系中,利用两台以上的接收机测定观测点至某一地面参考点(已知点)之间的相对位置,如图3-37所示,也就是测定地面参考点到未知点的坐标增量。相对定位也叫做差分定位,由于星历误差和大气折射误差有相关性,所以通过观测量求差可消除这些误差,因此相对定位的精度远高于绝对定位的精度。

图3-36 绝对定位

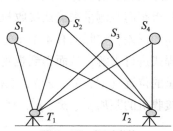

图3-37 相对定位

所谓静止状态，通常是指待定点的位置相对其周围的点位没有发生变化，或变化极其缓慢以致在观测期内（例如数天或数星期）可以忽略。静态定位是指在定位过程中，待定点的天线位置处于固定不动的静止状态。这种定位方式可靠性强，定位精度高，在大地测量、工程测量中得到了广泛的应用，是精密定位中的基本模式。中国的北斗系统就具有静态定位的功能。

所谓动态定位，也叫做非静止轨道卫星定位，是指在定位过程中，接收机位于运动着的载体的定位。动态定位可测定一个动点的实时位置、运动载体的状态参数，如速度、时间和方位等。该系统一般是由中、低轨道上的多颗卫星和移动用户终端构成的无线电定位系统。通常采用无源定位方式，即依靠定位接收机接收来自多颗卫星的导航定位信号进行自定位。

2. 测距方法

测距就是为了实现定位，即要定位必须实现测距。由于卫星信号含有多种定位信息，根据不同的要求和方法，测距方法可以分为伪距测量法（测码伪距观测量）、载波相位测量法（测相伪距观测量）、多普勒积分计数伪距差法、干涉法测量时间延迟法四种。

目前，在卫星定位测量中，广泛采用的观测量为前两种，即伪距测量和载波相位测量。而多普勒积分计数伪距差法进行静态定位时，所需要的观测时间一般需要数个小时，因此多应用于大地测量中。干涉法测量所需的设备相当昂贵，数据处理也比较复杂，目前只用于高精度大地点测量，其广泛应用尚待进一步研究开发。

现代测距实质上是使用无线电信号测量其传播时间来推算定位距离。可以测量往返传播延迟，也可以测量单程传播延迟，如图3-38所示。

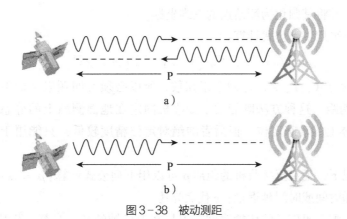

图3-38 被动测距

往返传播测距即主动测距，要求卫星与用户均具备收发能力。对用户来说，这不仅大大增加了仪器的复杂程度，而且从隐蔽性来看也是十分不利的，这是因为发射信号易造成暴露。单程测距，即被动测距，在很大程度上避免了往返传播测距即主动测距的缺点。但单程测距要求卫星与用户接收机的时钟同步。如果两个时钟不同步，那么在所测量的传播延时时间中，除了因卫星至用户接收机之间定位距离所引起的传播延迟之外，还包含了两个时钟的钟差。要达到卫星与用户时钟同步，技术上有一定的难度，但可通过适当的方法解决。

(1) 伪距测量法

利用卫星定位,不管采用何种方法,都必须通过用户接收机来接收卫星发射的信号并加以处理,获得卫星至用户接收机的距离,从而确定用户接收机的位置。卫星到用户接收机之间的观测距离,由于各种误差源的影响,并非真实地反映卫星到用户接收机的几何距离,而是含有误差,这种带有误差的卫星观测距离称为伪距,如图 3-39 所示。

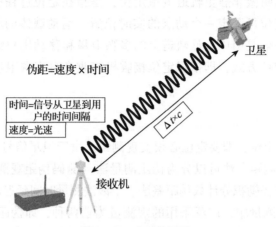

图 3-39 伪距的测量

伪距测量如图 3-40 所示,是为实现伪距定位,在用全球定位系统进行定位时,用卫星发播的伪随机码与接收机复制码的相关技术,测定测站点到卫星之间的、含有时钟误差和大气层折射延迟的距离的技术和方法。利用测定的伪距组成以接收机天线相位中心的三维坐标 (X, Y, Z) 和卫星钟差 (V_t) 为未知数的方程组,经最小二乘法解算以获得接收机天线相位中心的三维坐标,并将其归化为测站点的三维坐标。

伪距测量可以采用下列公式计算:

$$\rho^j = \sqrt{(X^j - X)^2 + (Y^j - Y)^2 + (Z^j - Z)^2} - cV_t$$

由于方程组含有 X、Y、Z、V_t 四个未知数,所以必须有四颗以上的卫星,这样就可以测得 4 个以上的伪距。这种方法既能用于接收机固定在地面测站上的静态定位,又适于接收机置于运动载体上的动态定位。但后者的绝对定位精度较低,只能用于精度要求不高的导航。

在理想的情况下,卫星至接收机的距离 ρ 可以用下列公式计算:$\rho = \Delta t c$,式中,Δt 代表测距码信号的传播时间或时间延迟量;c 代表光速。

为了测量上述测距码信号的传播时间,卫星在卫星钟的某一时刻 t_j 发射出某一测距码信号,用户接收机依照接收机时钟在同一时刻也产生一个与发射码完全相同的码(称为复制码)。卫星发射的测距码信号经过 Δt 时间,在接收机时钟的 t_i 时刻被接收机收到(称为接收码),接收机通过时间延迟器将复制码向后平移若干码元,使复制码信号与接收码信号达到最大相关(即复制码与接收码完全对齐),并记录平移的码元数。平移的码元数与码元宽度的乘积,就是卫星发射的码信号到达接收机天线的传播时间 Δt,又称为时间延迟量 φ,其计算过程如图 3-41 所示。

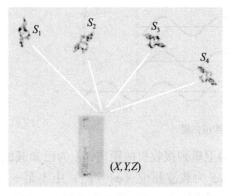

图3-40 伪距测量

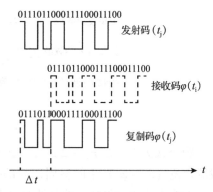

图3-41 伪距传播时间测量

(2) 载波相位测量法

载波相位测量是利用接收机测定载波相位观测值或其差分观测值，经基线矢量解算以获得两个同步观测站之间的基线矢量坐标差的技术和方法。其理论上是卫星信号在接收时刻的瞬时载波相位值，但实际上无法直接测量出任何信号的瞬时载波相位值，而是具有多普勒频移的载波信号与接收机产生的参考载波信号之间的相位差，如图3-42所示。

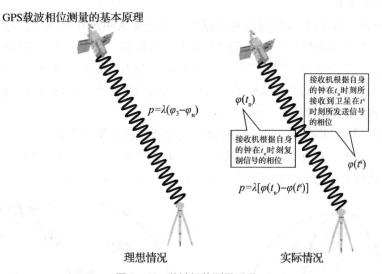

图3-42 载波相位测量原理

载波相位测量法可以达到毫米级的精度，是目前高精度定位的主要方法，但测量值容易受到与伪距测量法同样的误差源的影响，例如来自卫星钟差和星历误差、传播媒介、接收机噪声和多路径的影响。伪距测量法和载波相位测量法的主要差别在于接收机噪声和多路径的影响，载波相位测量法一般在厘米级而伪距测量法在米级，另外，载波相位测量法存在整周模糊度。如果所有的误差项都被减小，整周模糊度就能被解出来，载波相位测量法将转换为精确的伪距测量值并形成精确定位估算，如图3-43所示。利用载波相位法测量的厘米级相位定位现已在测绘、大地测量、地球物理和很多工业应用领域得到了广泛的应用，载波相位测量法中的难点在于实时的、快速而准确的整周模糊度。

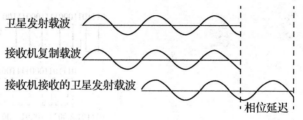

图3-43 定位估算

其测距公式为 $l = \lambda(n_0 - \Delta\varphi)$，式中，$l$ 为卫星到接收机的距离；λ 为已知载波的波长；n_0 为载波相位（$\varphi_1 - \varphi_0$）中的整周期数部分；$\Delta\phi$ 为载波相位（$\varphi_1 - \varphi_0$）中不足一周的小数部分；n_0 不能直接测量得到，即载波测量中的整周模糊度，$\Delta\phi$ 可以精确测量。如果从上述公式中能确定 n_0，那么测距误差是很小。

3. 坐标系统

卫星定位系统的最基本任务是确定用户在空间的位置，即定位。定位实际是确定用户在某个特定的坐标系中的位置坐标。因此，需要首先定义适当的空间参考坐标系，这就是常说的天球坐标系统和地球坐标系统。

（1）天球坐标系统

天球坐标系统是利用基本星历表的数据把基本坐标系固定在天球上，如图3-44所示。星历表中列出一定数量的恒星在某历元的天体赤道坐标值，以及由于岁差和自转共同影响而产生的坐标变化。星历表是记载每日星体运行状况的图表，能快速查出一个或多个星体在每天特定时刻的位置。常用的天球坐标系有天球空间直角坐标系、天球球面坐标系、协议天球坐标系三种。常用的术语如下：

1）天轴与天极。天轴是一根假想的轴，实际就是将地轴无限延长，所得到的直线叫做天轴。天轴与天球的交点就叫做天极，和地球上北极所对应的那一点叫做北天极，或天球北极；和地球上南极对应的那一点叫做南天极，也称为天球南极，如图3-45所示。

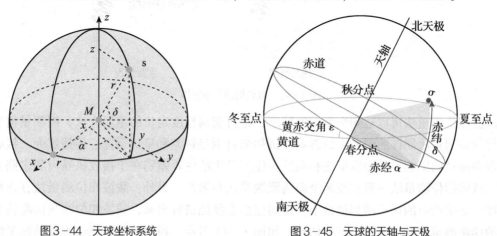

图3-44 天球坐标系统　　　　图3-45 天球的天轴与天极

2）天球赤道面与天球赤道。通过地球质心且垂直于天轴的平面称为天球赤道面，与地球赤道面重合。天球赤道面与天球面的交线称为天球赤道。

3) 天球子午面与天球子午圈。包含天轴的平面称为天球子午面,与地球子午面重合。天球子午面与天球面的交线为一大圆,称为天球子午圈,如图 3-46 所示。天球子午圈被天轴截成的两个半圆称为时圈。

4) 黄道。地球绕太阳公转的轨道面称为黄道面。黄道面与赤道面的夹角 ε 称为黄赤交角,约为 23.5°。黄道面与天球面相交成的大圆叫做黄道,也就是地球上的观测者见到的太阳在天球面上的运行轨道。由于地球自转,对于地面上的观测者来说,天球赤道面不动而黄道面每日绕天轴旋转一周。又由于地球绕太阳公转,直观上看,太阳在黄道上每日自西向东运行约为 1°,每年运行一周。而斗柄在天球上的指向每年自东向西旋转一周。由于黄赤交角的缘故,在地球自转与公转的共同作用下产生了一年四季的变化。

5) 黄极和春分点。通过天球中心且垂直于黄道面的直线与天球面的两个交点称为黄极,靠近北天极的交点称为北黄极,另外一端称为南黄极,如图 3-47 所示。当太阳在黄道上从天球南半球向北半球运行时,黄道与天球赤道的交点称为春分点,也就是春分时刻太阳在天球上的位置。春分之前,春分点位于太阳以东。春分过后,春分点位于太阳以西。春分点与太阳之间的距离每日改变约为 1°。

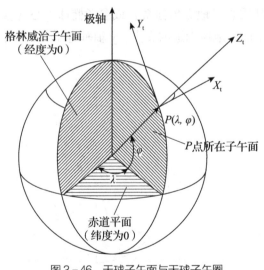

图 3-46 天球子午面与天球子午圈

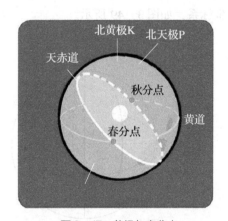

图 3-47 黄极与春分点

6) 天球空间直角坐标系。天球空间直角坐标系的坐标原点位于地球质心。z 轴指向北天极 Pn(地球自转轴的延伸直线为天轴,天轴与天球面的交点称为天极,北天极就是天轴和北半天球体的交点,位于北极星附近),x 轴指向春分点 Γ,y 轴垂直于 XMZ 平面,与 x 轴和 z 轴构成右手坐标系,即伸开右手,大拇指和食指伸直,其余三指弯曲成 90°,大拇指指向 z 轴,食指指向 x 轴,其余三指指向 y 轴。在天球空间直角坐标系中,任一天体的位置可用天体的三维坐标 (x, y, z) 表示。

7) 天球球面坐标系。天球球面坐标系的坐标原点也位于地球质心。天体所在天球子午面与春分点所在天球子午面之间的夹角称为天体的赤经,用 α 表示;天体到原点 M 的连线与天球赤道面之间的夹角称为赤纬,用 δ 表示;天体到原点的距离称为向径,用 r 表示。这样,天体的位置也可用三维坐标 (α, δ, r) 唯一地确定。天球空间直角坐标系和天球球面坐标系如图 3-48 所示。

8）协议天球坐标系。由于北天极和春分点是运动的，因此，在建立天球坐标系时，z 轴和 x 轴的指向也会随之而运动，给天体位置的描述带来不便。为此，人们通常选择某一时刻作为标准历元，并将标准历元的瞬时北天极和真春分点作转动修正，得出 z 轴和 x 轴的指向，这样建立的坐标系称为协议天球坐标系。国际大地测量学协会（IAG）和国际天文学联合会（IAU）决定，从 1984 年 1 月 1 日起，以 2000 年 1 月 15 日为标准历元。也就是说，目前使用的协议天球坐标系，其 z 轴和 x 轴分别指向 2000 年 1 月 15 日的瞬时平北天极和瞬时平春分点。为了便于区别，z 轴和 x 轴分别指向某观测历元的瞬时平北天极和瞬时平春分点的天球坐标系称为平天球坐标系，z 轴和 x 轴分别指向某观测历元的瞬时北天极和真春分点的天球坐标系称为瞬时天球坐标系。

（2）地球坐标系统

确定卫星位置用天球坐标系比较方便，而确定地面点位则用地球坐标系比较方便。最常用的地球坐标系有两种：一种是地球空间直角坐标系，另一种是大地坐标系。考虑到地球的运动，还有一种协议地球坐标系。

地球空间直角坐标系的坐标原点位于地球质心（地心坐标系）或参考椭球中心（参心坐标系），z 轴指向地球北极，x 轴指向起始子午面与地球赤道的交点，y 轴垂直于 xoz 面并构成右手坐标系，如图 3-49 所示。

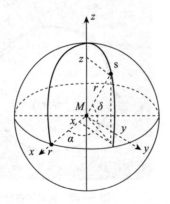

图 3-48 天球空间直角坐标系和天球球面坐标系

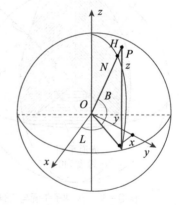

图 3-49 地球坐标系

大地坐标系是用大地经度、大地纬度和大地高表示地面点位的。过地面点 P 的子午面与起始子午面间的夹角叫做 P 点的大地经度。由起始子午面起算，向东为正，称为东经（0~180°），向西为负，称为西经（0~180°）。过 P 点的椭球法线与赤道面的夹角叫做 P 点的大地纬度。由赤道面起算，向北为正，称为北纬（0~90°），向南为负，称为南纬（0~90°）。从地面点 P 沿椭球法线到椭球面的距离称为大地高。

由于地球不是刚体，在地幔对流以及其他物质迁移的影响下，地球自转轴相对于地球体会发生移动，这种现象叫做地极移动，简称极移。在建立地球坐标系时，如果使 z 轴指向某一观测时刻的地球北极，这样的地球坐标系称为瞬时地球坐标系。显然，瞬时地球坐标系并未与地球固定连接，因而，地面点在瞬时地球坐标系中的位置也是变化的。

为了比较简明地描述地极移动规律，国际纬度局根据 1900.0~1905.0 期间 5 个国际纬度站的观测结果取平均，定义了协议原点（CIO）。过 CIO 作地球切平面，并以 CIO 为原点建立平面直角坐标系，其中 x_p 轴指向格林尼治方向，y_p 轴指向西经90°方向。某一观测时刻的地极位置可用瞬时地极坐标 x_p 和 y_p 表示。z 轴指向协议地球北极的地球坐标系称为协议地球坐标系。

（3）GNSS 坐标系统

GNSS 计算主要涉及三个坐标系，即地心地固坐标系、地理坐标系和站心坐标系，如图 3-50 所示。

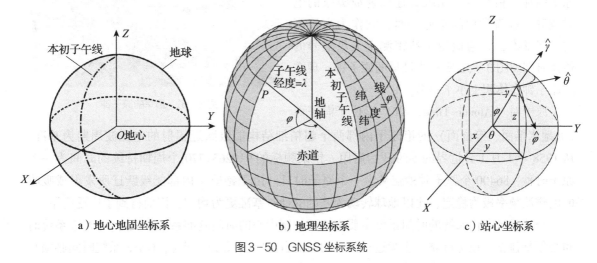

a）地心地固坐标系　　　b）地理坐标系　　　c）站心坐标系

图 3-50　GNSS 坐标系统

地心地固坐标系用 X、Y、Z 表示，以地心 O 为坐标原点，Z 轴指向协议地球北极，X 轴指向参考子午面与地球赤道的交点，也叫做地球坐标系。一般 GNSS 坐标计算都在地心地固坐标系下进行的。目前在用的有 WGS84 和 CGC2000 等多种标准。

WGS84 坐标系统是美国根据卫星大地测量数据建立的大地测量基准，是目前 GPS 所采用的坐标系。GPS 卫星发布的星历就是基于此坐标系的，用 GPS 所测的地面点位，如不经过坐标系的转换，也是此坐标系中的坐标。

CGCS2000 坐标系统是为满足中国经济建设和国防建设需要时建立的全球坐标系统，是我国当前最新的国家大地坐标系，英文名称为 China Geodetic Coordinate System 2000，英文缩写为 CGCS2000。CGCS2000 是 2000 国家大地坐标系，属于地心大地坐标系统，该系统以 ITRF97 参考框架为基准，参考框架历元为 2000.0，是北斗导航系统使用的坐标系统。

地理坐标系则通过经度（Longitude）、纬度（Latitude）和高度（Altitude）来表示地球的位置，也称为经纬高坐标系（LLA 坐标系）。

站心坐标系以用户所在位置 P 为坐标原点，三个轴分别指向东向、北向和天向，也称为东北天坐标系（ENU 坐标系）。站心坐标系的天向方向和地理坐标系的高度方向是一致的。站心坐标系用在惯性导航和卫星俯仰角计算中较多。

（4）时间系统

卫星定位技术是通过接收和处理卫星发射的无线电信号，来确定用户接收机（观测站）

至卫星间的距离，进而确定监测站的位置。而欲准确地测定监测站至卫星的距离，就必须精密地测定信号的传播时间。基于时间测量的卫星定位导航系统，为保障各卫星发射的导航信号的精确同步，都必须建立一个统一的时间参考，这通常被称为系统时间或系统时，这个系统时间要求独立、可靠、均匀和准确。

一般来说，凡是周期性的运动（振荡）都可以作为测量时间的参考，比如地球自转、地球绕太阳公转、月球绕地球运转、单摆的振动、带游丝摆轮的摆动、石英晶体振荡器的振荡、原子内部超精细结构能级跃迁辐射或吸收的电磁波等。目前常用的是原子时，它作为高精度的时间基准，普遍地用于精密测定卫星信号的传播时间。图 3-51 所示为最早的原子钟，现在的原子钟在体积上小了很多。

图 3-51　最早的原子钟

原子时（Atomic Time，AT）以位于海平面（大地水准面、等位面）的铯原子内部两个超精细结构能级跃迁辐射的电磁波周期为基准，从 1958 年 1 月 1 日世界的零时开始启用。铯束频标的 9192631770 个周期持续的时间为一个原子时秒，86400 个原子时秒定义为一个原子时日。由于铯原子内部能级跃迁所发射或吸收的电磁波频率极为稳定，比以地球转动为基础的计时基准更为均匀，因而得到了广泛应用。

全球卫星定位系统的时间系统主要由地面控制中心的时间基准系统来决定。GNSS 系统时间必须是独立、稳定可靠、连续运行的、均匀的自由时间尺度；同时，GNSS 系统时间必须与国际法定的标准时间同步（溯源），以实现全球时间的同步和统一。GNSS 系统时间都以国际原子时 TAI 或协调时间 UTC 为参考。作为组成 GNSS 的各个卫星定位导航系统，其时间系统并不相同，需要转换成高度统一的时间。

协调时（Universal Time Coordinated，UTC）并不是一种独立的时间，而是时间服务工作中把原子时的秒长和世界时的时刻结合起来的一种时间。它既可以满足人们对均匀时间间隔的要求，又可以满足人们对以地球自转为基础的准确世界时时刻的要求。协调时的定义是其秒长严格地等于原子时秒长，采用整数调秒的方法使协调时与世界时之差保持在 0.9s 之内。

作为一个定位导航系统，GPS 系统时间 GPST 为连续的时间尺度，不采用闰秒（是指为保持协调世界时接近于世界时时刻，由国际计量局统一规定在年底或年中（也可能在季末）对协调世界时增加或减少 1s 的调整）制度，其溯源到美国海军天文台的协调世界时 UTC（USNO）。GPST 从 1980 年开始启用与当时的 UTC 在整秒上一致之后，至今与 UTC 的差异为：[UTC − GPS time] = 19s + C0，式中，C0 是 GPS 时间与 UTC 在秒小数上的差异。

俄罗斯的 GLONASS 时间采用 UTC 作为时间参考，既采用闰秒制度，其溯源到苏联莫斯科的协调世界时 UTC（SU），当前 GLONASS 时间与 UTC 的关系为：[UTC − GLONASS time] = 0s + C1，式中，C1 是 GLONASS 时间与 UTC 在秒小数上的差异。

伽利略（GALILEO）是欧洲建立的全球卫星定位导航系统。其时间参考系统 GPST 时间起点与 GPS 接轨，即也采用与 TAI 在整数秒上相差 19s。

"北斗"是中国自主设计建设的卫星导航定位系统,北斗时是由北斗二代地面运控系统主控站时频系统建立并保持的时间,简称 BDT。BDT 采用国际原子时秒长(SI)为基本单位;以"周"和"周内秒"为单位连续计数,通过北斗导航电文发播;BDT 不闰秒,时间历元为 2006 年 1 月 1 日(星期日)UTC00h00m00s。

(5)信号系统

卫星定位系统中的定位卫星会向广大用户发送用于导航定位的调制波,其载波处于 L 波段(1~2GHz),标称波长 22cm,其调制波是卫星电文和伪随机噪声码的组合码。其基准频率 f_0 为 10.23MHz,它由卫星上的原子钟直接产生,卫星信号中的所有成分均是该基准频率的倍频或分频,例如:

载波 L1 频率:$f_{L1}=154f_0=1575.42\text{MHz}$;$\lambda_{L1}=19.03\text{cm}$

载波 L2 频率:$f_{L2}=120f_0=1227.60\text{MHz}$;$\lambda_{L2}=24.42\text{cm}$

C/A 码码率 $=f_0/10=1.023\text{MHz}$

P 码码率 $=f_0=10.23\text{MHz}$

卫星(导航)电文码率 $=f_0\div 20460000=50\text{Hz}$

1)信号构成。用于卫星定位系统的调制波信号主要由载波、测距码和数据码三部分组成,如图 3-52 所示。载波是由振荡器产生并在通信信道上负责传输的电波;测距码是由移位寄存器产生的伪随机序列,用于测量接收机到卫星之间的信号传播时间,乘以光速就得到距离;数据码为卫星向广大用户发送的导航电文,其频率 $f=50\text{Hz}$。

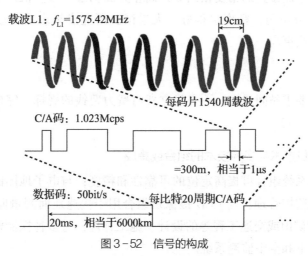

图 3-52 信号的构成

2)信号特征。

①测距码码长变长。现代卫星定位系统信号的测距码周期更长。原有 GPS 的测距短码 C/A 周期仅为 1023Mcps,而在现代导航系统中,如欧洲的 GALILEO 系统的测距码已加长到 8184Mcps。

②测距码码型更复杂。新型测距码的设计是现代定位导航信号的核心问题,其设计也越来越复杂。

③测距码不公开。除了所有系统的军用测距码不公开外,GALILEO 系统的民用测距码也

不公开。

④调制方式的多样化。在调制方式上,现代导航信号更为多样化,由原来的 BPSK/QPSK 变成现有的 BOC、BOC 和 BPSK/QPSK 共存的局面。

⑤跟踪精度提高。BOC 信号由于主峰的斜率比较大,所以可以得到比 BPSK 信号更好的定位精度。

3.2.4 卫星定位系统的特点

卫星定位技术具有以下特点:

1. 用途广泛

能够全球性、全天候地进行海空导航、车辆引行、导弹制导、精密定位、动态观测、测速、测时等。

2. 观测速度快、效率高

在一个可以同时观测到 5~8 颗卫星的观测站上,加上采用快速定位软件,就可以在几分钟的时间内获得 $(5mm + 10^{-6} \times D)$ 的精度。

3. 定位精度高

卫星定位技术的平面位置的精度相当好,高差方面稍逊一些。根据定位测量结果推算出两观测站点的间距和方位角,精度也很好。大量试验研究成果表明,短距离(15km 以内)相对定位可达厘米级或更高。

4. 经济效益高

由于卫星定位不要求站间通视,不必建立费时费力费钱的觇标,完成同类测量的费用要比常规方法节省 1/2~2/3。

5. 可实施卫星定位技术与多种技术的组合或集成

例如与惯性导航系统组合可提高定位的可靠性和精度;与电子地图的组合用于公安、保险等救援系统的车辆监控管理;与 CCD 摄像机组合用于快速地面测量监视;与 DTM(数字地面模型)组合用于矿山或交通工程等的设计、施工管理;与多种探测仪器组合,构成多种自动实时的地下、水下和空中监测系统。

3.2.5 卫星定位系统的应用

正是由于全球卫星定位系统具有全天候、高精度、自动化、高效益等显著特点,它被成功地应用于大地测量、工程测量、航空摄影测量、运载工具导航和管制、地壳运动监测、工程建设、市政规划、海洋开发、资源勘察、地球动力学等多种学科。

目前,导航定位技术已经渗透到国民经济建设、国防建设、科学研究和人民生活等方方面面。

3.2.6 卫星定位系统的分类

卫星定位导航系统是泛指所有的卫星导航系统,包括全球的、区域的和增强的,如美国的 GPS、俄罗斯的 GLONASS、欧洲的 GALILEO、中国的北斗卫星导航系统,以及相关的增强系统。

1. GPS 全球定位系统

GPS 即全球定位系统(英文名：Global Positioning System),又称为全球卫星定位系统,是一个中距离圆形轨道卫星导航系统,结合卫星及通信发展的技术,利用导航卫星进行测时和测距。GPS 是美国从 20 世纪 70 年代开始研制,历时 20 余年,耗资 200 亿美元,于 1994 年全面建成,具有在海、陆、空进行全方位实施三维导航与定位能力的新一代卫星导航与定位系统。

GPS 是最早实际运用的全球卫星导航系统。其主要目的是为陆、海、空三大领域提供实时、全天候和全球性的导航服务,并用于情报收集、核爆监测和应急通信等一些军事目的。其次,也为民用、商用提供导航、定位、测速和授时等服务。

2. GLONASS 全球定位系统

GLONASS 是苏联国防部从 20 世纪 80 年代初开始建设的与美国 GPS 相抗衡的全球卫星导航系统,与 GPS 功能、原理基本类似,成为世界上第二个独立的军民两用全球卫星导航系统。

GLONASS 属于军民合用系统,可提供高精度的三维空间和速度信息,也提供授时服务。精度在 10m 左右,有更强的抗干扰能力,采用两种频率信号,但是由于发射技术和电子设计水平有限,工作不稳定并且卫星寿命不是很长。俄罗斯在 2000 年提出要对 GLONASS 进行换代,GLONASS 的标准星座由 24 颗卫星组成。为了逐步提升 GLONASS 系统性能,俄罗斯制定了一系列的空间卫星性能改进和补网计划。改进方案包括地面段支持设备、增加系统服务量、优化太空段设备、改进 GLONASS 差分设备。

3. GALILEO 全球定位系统

GALILEO 是欧洲设计的第二代卫星导航系统,从区域性渐进地扩展成全球系统。GALILEO 是由欧盟委员会和欧洲空间局共同发起并组织实施的欧洲民用卫星导航计划,是为了打破美国 GPS 在卫星导航定位领域垄断而启动的迄今为止欧洲将要开发的最重要的航天计划,旨在建立欧洲独立自主的民用全球卫星导航定位系统,它与国际上现有的 GNSS 相比,具有更佳的覆盖率、更高的精度和可靠性。

GALILEO 系统可以分发实时的米级定位精度信息,这是现有的卫星导航系统所没有的。与美国的 GPS 相比,GALILEO 系统更先进,也更可靠。GALILEO 提供的公开服务定位精度通常为 15～20m 和 5～10m 两种档次。公开特许服务有局域增强时能达到 1m,商用服务有局域增强时为 10cm～1m。

4. 中国北斗卫星(BDS)全球定位系统

北斗卫星导航系统(BeiDou Navigation Satellite System,BDS),是中国自主发展、独立运行的全球卫星导航系统。系统建设目标是：建成独立自主、开放兼容、技术先进、稳定可靠的覆盖全球的北斗卫星导航系统，促进卫星导航产业链形成，形成完善的国家卫星导航应用产业支撑、推广和保障体系，推动卫星导航在国民经济社会各行业的广泛应用。

该系统已广泛应用于交通运输、海洋渔业、水文监测、气象预报、测绘地理信息、森林防火、通信时统、电力调度、救灾减灾、应急搜救等领域。逐步渗透到人类社会生产和人们生活的方方面面，为全球经济和社会发展注入新的活力。

3.3 室内定位系统

3.3.1 室内定位系统概述

当卫星信号到达地面时信号弱、无法穿透建筑物时，室内环境将无法使用卫星定位，此时需要使用室内定位技术作为卫星定位的辅助，定位物体当前所处的位置。

室内定位主要采用无线通信、基站定位、惯导定位等多种技术集成为一套室内位置定位体系，实现人员、物体等在室内空间中的位置监控，如图3-53所示。

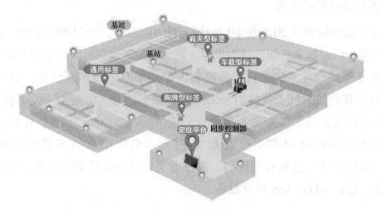

图3-53 室内定位系统

3.3.2 室内定位系统的分类

根据定位设备采用的通信技术不同，常见的室内定位系统有红外线定位、超声波定位、蓝牙定位、射频识别定位、Wi-Fi定位、ZigBee（传感器）定位、超宽带定位七种方法。图3-54所示为常用的超宽带定位原理，中汽恒泰沙盘上的车辆就采用这种定位方式。

1. 红外线定位

红外线室内定位系统是由红外线移动台发射调制的红外射线到安装在室内的定位从机上，当定位从机上的光学传感器接收到红外信

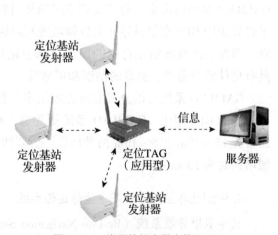

图3-54 常用的超宽带定位原理

号后，会以超声波的形式向定位主机发送回馈信号，如图3-55所示，系统就是靠这种机制进行定位。这种定位方式有相对较高的室内定位精度，但由于直线视距、传输距离较短、容易被荧光灯或者房间内的灯光干扰，使其室内定位的效果很差。

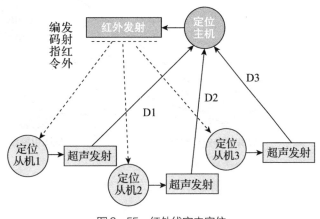

图3-55 红外线室内定位

2. 超声波定位

超声波定位系统是基于超声波测距原理而开发，由若干应答器和主测距器组成的，如图3-56所示；主测距器放置在被测物体上，向位置固定的应答器发射无线电信号，应答器在收到信号后向主测距器反射超声波信号，利用反射式测距和三角定位等算法确定物体的位置。超声波定位整体精度很高，达到了厘米级，结构相对简单，有一定的穿透性而且有很强的抗干扰能力，但是超声波在空气中的衰减较大，不适用于大型场合的定位。

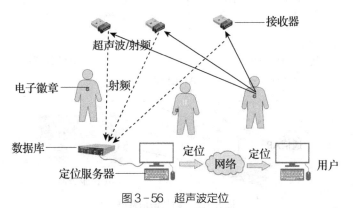

图3-56 超声波定位

3. 蓝牙定位

蓝牙定位系统是一种通过测量信号强度进行定位的短距离、低功耗的测试系统。在室内特定的位置安装一些蓝牙基站，通过网络配置把所有蓝牙基站和蓝牙惯导定位引擎连成网络，如图3-57所示，通过检测信号强度就可以获得用户的位置信息。蓝牙技术主要应用于小范围定位。其最大的优点是设备小巧且不受障碍物和非视距的影响，但它容易受到噪声的影响且价格昂贵。

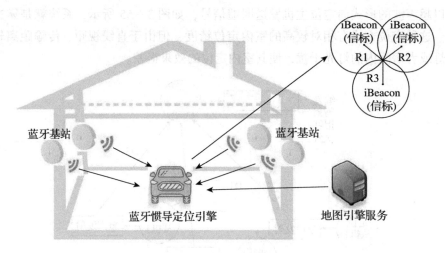

图 3-57　蓝牙定位系统

4. 射频识别定位

射频识别（Radio Frequency Identification，RFID）系统如图 3-58 所示，是利用射频方式进行非接触式双向通信、交换数据以达到识别和定位的目的。这种技术可以在几毫秒内得到厘米级定位精度的信息，且传输范围很大，标签的体积比较小，成本较低；但作用距离短，一般最长为几十米，不具有通信能力，很难整合到其他系统中。

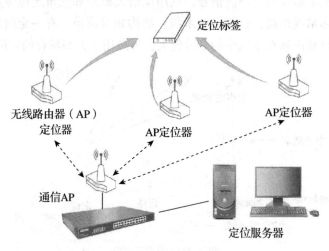

图 3-58　射频识别系统

5. Wi-Fi 定位

Wi-Fi 定位系统是通过无线接入点组成的无线局域网络，可以实现复杂环境中的定位、监测和追踪任务。它以网络节点（基站）的位置信息为基础和前提，采用经验测试和信号传播模型相结合的方式，对已接入的移动设备（移动台）进行位置定位，如图 3-59 所示。在系统中，移动台周期性地发出信号，基站接收到信号后，将信号传送给定位服务器，后者根据信号的强弱或信号到达的时差判断移动台的位置。

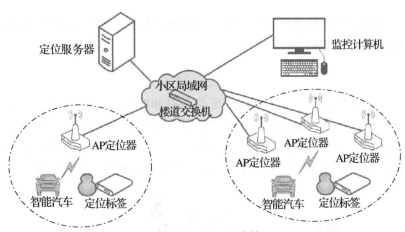

图3-59 Wi-Fi定位

这种定位技术将经验测试数据与传播模型进行数据融合,从而精度较好,并且通常用在环境面积较小的情况下。但是其传播信号十分容易受噪声信号的干扰,从而影响定位结果,并且Wi-Fi定位消耗的能量较高,导致其利用率不高。

6. ZigBee定位

ZigBee室内定位技术通过若干个待定位的盲节点和一个已知位置的参考节点与网关之间形成组网,如图3-60所示,每个微小的盲节点之间相互协调、以接力的方式通信以实现全部定位。它是一种新兴的短距离、低速率无线网络技术,这些传感器只需要很少的能量,并且工作效率非常高,但其信号传输受多径效应和移动的影响都很大。

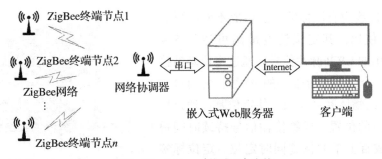

图3-60 Zigbee(传感器)定位

7. 超宽带(UWB)定位

超宽带定位技术是一种全新的、与传统通信技术有极大差异的通信新技术。它不需要使用传统通信体制中的载波,而是通过发送和接收具有纳秒或纳秒级以下的极窄脉冲来传输数据,从而具有GHz量级的带宽。超宽带系统与传统的窄带系统相比,具有穿透力强、功耗低、抗多径效果好、安全性高、系统复杂度低、能提供精确定位精度等优点。本课程重点介绍此项技术。

3.3.3 超宽带(UWB)室内定位系统

UWB技术是一种无线载波通信技术,它不采用正弦载波,而是利用纳秒级的非正弦波窄脉冲传输数据，因此其所占的频谱范围很宽，与其他定位技术相比，它具有更好的性能、更高的精度，更适用于室内定位。

1. 构成

UWB 无线定位系统主要由标签节点、定位基站和服务器（包含定位软件）组成，如图 3-61 所示，其中标签节点由被定位者携带，其位置是未知的；定位基站与服务器相连，定位基站的位置固定且已知。定位基站每隔一定时间向服务器发送其检测到的标签节点定位信号，服务器处理所收到的信号，通过定位算法就可以得出标签节点的位置。

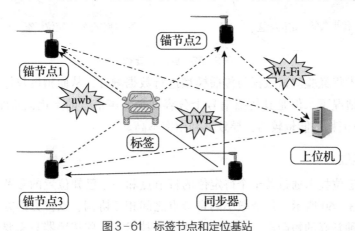

图 3-61　标签节点和定位基站

（1）UWB 定位标签

UWB 定位标签为有源标签，能做成不同的形态固定在车辆上使用，其定位精度最高可达到 5~10cm；标签发出的 UWB 脉冲信号，通过定位基站接收和传输；每一个标签都有唯一的 ID 号，可通过这个 ID 号将定位的物体联系起来，使定位基站通过标签找到实际定位的位置。标签传输信号持续时间很短，能够允许成百上千的标签同时定位。定位标签如图 3-62 所示。

图 3-62　定位标签

（2）UWB 定位基站

定位基站（定位传感器）的外形和工作原理与定位标签一致，只是功能设置不同，它可以通过到达时间、到达时间差或角度测量技术，来确定定位标签（车辆）的位置，并将数据传输至网络控制器及定位引擎软件，定位精度可以达到厘米级。定位基站的安装高度在 2.5m 以上，相邻两定位基站之间的距离为 30~50m，在两相邻定位基站间的距离大于 50m 时，需要在两定位基站之间补充设立定位基站。

（3）服务器（包含定位软件）

定位基站接收到同步器（和服务器连接的路由器）发射的参考信号时，会向服务器发射 Wi-Fi 信号，后者解析无线电波信号的特征参数，然后根据特定算法计算被测对象的位置

(经度、纬度和高度)。

2. 定位方法

常用的室内无线定位测量方法有基于到达角度的定位算法、基于到达时间的定位算法、基于到达时间差的定位算法、基于接收信号强度的定位算法。不同的定位算法,其定位精度也不同。为了提高定位的精度,可以采用多种技术的组合。由于 UWB 信号的高时间分辨率,TOA(Time of Arrival,到达时间定位)和 TDOA(Time Difference of Arrival,到达时间差定位)相对于其他算法具有更高的准确度。目前 UWB 定位最有效的解决方案是采用 TOA 与 TDOA 的混合定位算法。

3.4 惯性导航系统

3.4.1 惯性导航系统概述

惯性导航系统(Inertial Navigation System,INS)是利用惯性测量(敏感)元件(陀螺、加速度计)测量载体相对于惯性空间的运动参数,并经计算后实施导航任务的。它是由加速度计测量载体的加速度,并在给定运动初始条件下,由导航计算机算出载体的速度、距离和位置(经纬度);由陀螺测量载体的角运动,并经转换、处理,输出载体的姿态和航向。图 3-63 所示为惯性导航模块。

图 3-63　惯性导航模块

3.4.2 惯性导航系统的原理及应用

惯性导航系统也称作惯性参考系统,是一种不依赖于外部信息、也不向外部辐射能量的自主式导航系统,其工作环境不仅包括空中、地面,还可以在水下。惯性导航的基本工作原理是以牛顿力学定律为基础,通过测量载体在惯性参考系的加速度,将其对时间进行积分,且将其变换到导航坐标系中,就能够得到在导航坐标系中的速度、偏航角和位置等信息。

惯性导航系统属于推算导航方式,即从一已知点的位置根据连续测得的运动体航向角和速度推算出其下一点的位置,因而可连续测出运动体的当前位置。惯性导航系统中的陀螺仪用来形成一个导航坐标系,使加速度计的测量轴稳定在该坐标系中,并给出航向和姿态角;

加速度计用来测量运动体的加速度，经过对时间的一次积分得到速度，速度再经过对时间的一次积分即可得到位移。

惯性导航及控制系统最初主要为航空航天、地面及海上军事用户所应用，是现代国防系统的核心技术产品。随着成本的降低和需求的增长，惯性导航技术已扩展到大地测量、资源勘测、地球物理测量、海洋探测、铁路、隧道、智能汽车等商用领域。

3.4.3 惯性导航系统的组成

如图3-64所示，惯性导航系统通常由惯性测量装置、计算机、显示器等组成。惯性测量装置包括三个加速度计和三个陀螺仪。三个陀螺仪分别用于测量载体围绕三个极轴的转动，三个加速度计用于测量载体沿三个极轴平移运动的加速度。计算机根据测得的以上信号计算出载体的位置、速度（航向和姿态角）数据。控制显示器显示出各种导航参数。

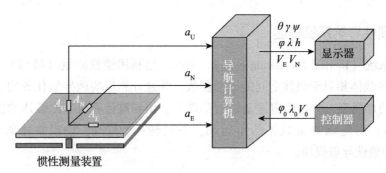

图3-64 惯性导航系统组成

3.4.4 惯性导航系统的分类

根据系统使用的陀螺仪的不同，可分为机电陀螺仪、光学陀螺仪、微机械（MEMS）陀螺仪等类型的惯性导航系统。根据惯性导航系统的力学编排实现形式又可以分为平台式惯性导航系统和捷联式惯性导航系统。图3-65所示为采用平台式光学陀螺仪的惯性导航传感器。

图3-65 采用平台式光学陀螺仪的惯性导航传感器

3.4.5 加速度计

加速度计是一种用来感受、输出与载体运动加速度成一定函数关系的电信号的测量装置。它是惯导系统确定载体速度、载体距离和所在位置等导航参数的基本元件，也是实现平台初始对准不可缺少的部分。加速度计的结构和工作原理如图 3-66 所示。

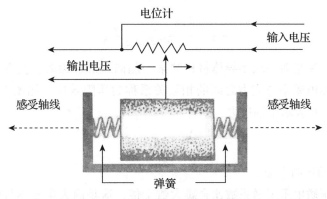

图 3-66　加速度计的结构和工作原理

1. 分类

加速度计的类型很多，其中压阻式加速度计、激光加速度计和光纤加速度计为新型加速度计，也是使用最多的加速度传感器，下面重点进行介绍。

(1) 按加速度检测质量的运动方式分

1) 线式加速度计。检测质量置于导轨中，在加速度的作用下，检测质量沿导轨方向的位移作为测量的输出值。

2) 摆式加速度计。检测质量做成单摆形式，在加速度的作用下，检测质量围绕支承点产生的角位移作为测量的输出值。

(2) 按支承输出轴的方式分

1) 宝石轴承支承。

2) 液浮支承。检测质量被浮液悬浮，并用宝石支承定位。

3) 挠性支承。它是指检测质量由恒弹性材料做成的挠性杆支承。

4) 气浮或磁悬浮或静电悬浮支承。检测质量依靠气体压力、磁力或静电吸力等支承，目的是让输出轴不与基座直接接触，以减少摩擦力矩和干扰力矩。

2. 压阻式加速度计

压阻式加速度计如图 3-67 所示，它是利用半导体器件的压阻效应来测量加速度的，具有体积小、质量小、频带宽、量程大、耐冲击等优点，国内外许多专家把这种利用压阻效应特性做成的加速度计称为第三代惯性加速度计。

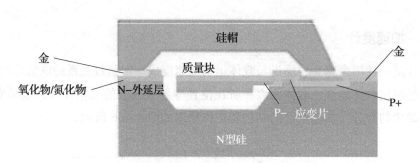

图 3-67 压阻式加速度计

所谓压阻效应，是指对一块半导体材料的某一晶向施加应力时，其电阻率就会产生一定的变化，这种半导体电阻率与应力之间的相互关系称为压阻效应，如图 3-67 所示。若以 ρ 表示半导体电阻率，F 表示单轴应力，则有

$$\frac{\Delta \rho}{\rho} = K_r F$$

式中，K_r 为半导体的压阻系数。

半导体材料的压敏电阻灵敏系数比金属大数十倍，这是因为半导体与金属具有完全不同的压阻效应。金属的电阻是由自由电子通过的难易程度来决定的，外加应力引起金属外形尺寸的变化，使电阻产生相应的变化。对半导体来说，其电阻取决于有限数目的载流子（电子或空穴）的迁移率。一定向上的外界应力引起半导体能带上载流子分布的改变，使载流子的平均迁移率产生较大的变化，从而使半导体电阻率产生相应的变化。在一维单轴应力情况下

$$R = \rho \frac{L}{S}$$

式中，L 为沿电流方向的长度；S 为与电流方向垂直的截面积。

图 3-68 所示为美国恩德福克（ENDEVCO）公司生产的典型压敏电阻元件，其特点是在半导体电阻当中用激光成形或化学腐蚀的特种工艺形成细颈，造成应力集中，因而极大地提高了元件的灵敏度。

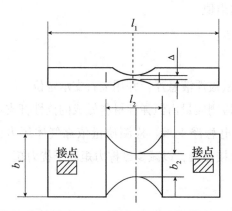

图 3-68 美国恩德福克（ENDEVCO）公司生产的典型压敏电阻元件

一般常用的元件几何尺寸如下（单位为 mm）：$l_1 = 1.8 \sim 5$；$l_2 = 0.5 \sim 1.5$；$b_1 = 0.5 \sim 1.5$；$b_2 = 0.15 \sim 0.5$；$\Delta = 0.01 \sim 0.1$。

把四个压敏电阻元件按图 3-69 中所示位置粘贴在悬臂梁上,就构成了 ENDEVCO 型开环压阻式加速度计的典型结构。当沿敏感方向有加速度信号时,检测质量将沿惯性力方向产生位移,使压敏电阻元件的阻值发生变化,进而输出与加速度信号成比例的信号。

3. 激光加速度计

激光加速度计是一种用激光测量运动物体加速度的装置,由于其非接触式的力学测量机理和光学闭环机制,所有基于激光捕获原理的光学加速度计具有传统机械式加速度计所不具备的优点。激光加速度计有激光光测弹性效应式激光加速度计和激光外部谐振腔式激光加速度计两种。

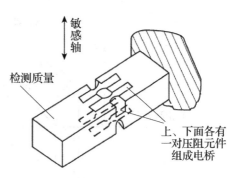

图 3-69 ENDEVCO 型开环压阻式加速度计

(1) 激光光测弹性效应式激光加速度计

所谓光测弹性效应,是在透光轴相互垂直的两个偏振片中间插入透明的各向同性介质,当介质受到机械压缩或拉伸时,介质将产生双折射现象。

如图 3-70 所示,虚线所标明的范围为激光谐振腔,M_1、M_2 为构成谐振腔的两个反射镜,P 为增益介质,B 为具有光测弹性效应的双折射物质。激光束通过 B 时,分解成振动矢量互相垂直的正交线偏振光 E 和 O,经过反射镜的激光束仍为互相正交,它们之间的差频 Δf 与材料 B 沿 y 轴的加速度成正比。

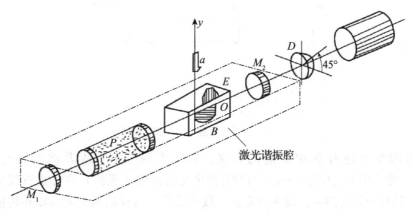

图 3-70 光测弹性效应式

激光加速度计的测量原理如图 3-71 所示。两正交线偏振光 E 和 O,其频率差与加速度成正比,q 为 1/4 波片,其光轴与进入的两个线偏振光的光矢量方向均成 45°,因此,经 1/4 波片后,两束线偏振光分别成左旋偏振光与右旋偏振光。两个圆偏振光在沿光路传播的过程中,其光矢量端点作圆周运动,但旋转方向相反,并且由于它们的频率不同,旋转速度也不同,其旋转速度之差即两个圆偏振光的频率差 Δf。两个旋转方向相反,频率不同的圆偏振光将合成为偏振平面在空间随时间而旋转的线偏振光,其旋转速率为两个圆偏振光频率差的一半。通过检测偏振器 P 的光束是间断的脉动光束,光电探测器输出的电信号也是随时间变化的脉冲信号,其频率与输入加速度成正比。

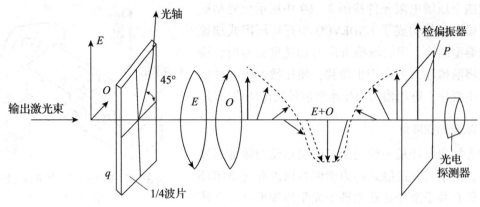

图 3-71 激光加速度计的测量原理

(2) 激光外部谐振腔式激光加速度计

外部谐振腔式激光加速度计是在半导体激光器（又称为激光二极管、半导体二极管激光器）的外部附加一个反射器，其示意图如图 3-72 所示。激光二极管作为相干光源，外部反射器与激光二极管一个端面紧密耦合，其间距 d 远小于 L，L 为激光二极管的腔长，d 约为 $10\mu m$ 的数量级；外部反射器面积约为 $1mm^2$，安装在长约为 $4mm$ 的悬臂上，它又兼作感受加速度的质量块。

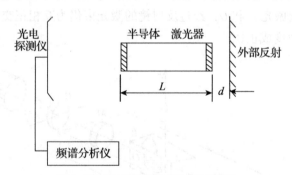

图 3-72 外部谐振腔式激光加速度计

相干在物理学上还有更加普遍的意义，它代表两个波，或者波集具有的相关性（Correlation）。光的相干（Coherence）指的是两个光的波动（光波）在传播过程中保持着相同的相位差，具有相同的频率，或者有完全一致的波形。这样的两束光可以在传播过程中产生稳定的干涉（Interference），也就是相长干涉、相消干涉。但在现实中完美的相干光是不存在的，通常用相干性来描述光的相干性能。从激光器出来的激光通常有很好的相干性，这种激光在分束后合并可以产生稳定的相干条纹。

在这种加速度计中，外部反射器把光射入半导体二极管激光腔内，光的相位由距离 d 确定，当射入光的相位与半导体二极管激光腔中的光同相时，相当于激光腔端面和外部反射器合成的有效反射率最高，激光器输出光功率最大；不同相时，合成有效反射率最低，激光器输出光功率最低，调节距离 d 可以调激光器光功率的输出。由于合成有效反射功率随间距 d 按一定规律变化，所以可由光电探测器探测这一输出功率。这种激光加速度计的动态范围取决于能检测的最小位移以及能满足线性度的最大位移。采用反馈回路使加速度计在最大灵敏度点工作,能增加动态范围。当光电探测器输出电压偏离预置的最大灵敏度值时,误差电压反馈到电压元件上来修正反射器的位置,动态范围可达 10^{-7},这种加速度计的分辨力为 10^{-6},交叉耦合影响小于 10^{-6},由于激光二极管可以做得很小(腔长小于1mm),这种加速度计可实现微型化。

4. 光纤加速度计

光纤加速度计是近年来发展起来的新型加速度计,它具有分辨力高、精度高、体积小、成本低、动态测量范围宽和易于采用集成光学技术等优点,与常规加速度计相比具有潜在的优势。正在研制的光纤加速度计,多采用马赫-曾德干涉仪型,也有的系统采用迈克尔逊干涉仪型的,两者结构有所差异,但工作原理基本一致,如图3-73所示。

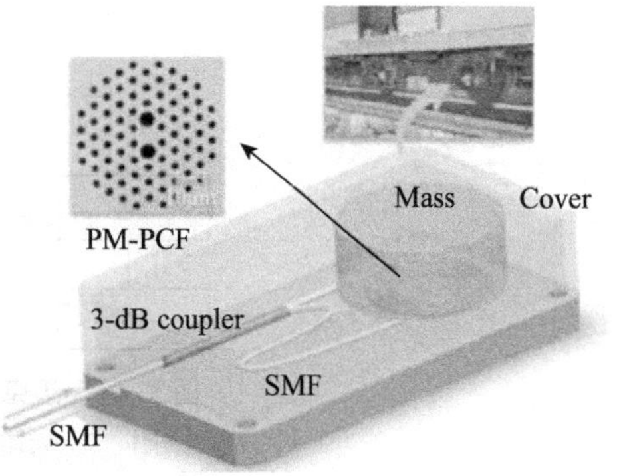

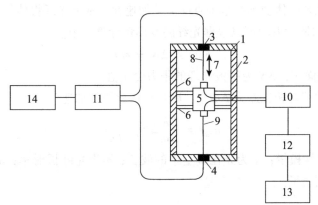

图3-73 光纤加速度计

(1) 光纤马赫-曾德干涉仪型

马赫-曾德干涉仪型光纤加速度计的结构如图3-74所示。壳体2中的上下两光纤8和9在无张紧状态下穿过质量块5,然后穿过壳体到耦合器10;光纤8和9是马赫-曾德干涉仪两臂的一部分,它们连接至分束器11,并与激光器14相连;耦合器10通过单根光纤把调制光纤导到光电检测器12及信号处理器13;耦合器10接收到来自两根光纤的光为两束相干光束,这两束相干光束的相位差与加速度 a 成正比。

图3-74 马赫-曾德干涉仪型光纤加速度计的结构
1—加速度计本体 2—壳体 3、4—窗孔 5—质量块 6、7—金属膜片
8、9—光纤 10—耦合器 11—分束器 12—光电检测器 13—信号处理器 14—激光器

(2) 光纤迈克尔逊干涉仪型

迈克尔逊干涉仪型光纤加速度计的结构如图3-75所示。图中1为加速度计本体,在壳体2上下两端盖上分别开窗孔3和4,检测质量5与金属膜片6和7支承在壳体的边壁上,6和7限制了5的横向运动,但可以沿箭头方向运动,单模光纤8和9分别紧固在5的上下两表面上;8和9是迈克尔逊干涉仪两臂10和11的一部分,壳体外部的光纤与分束器12相连,单模光纤8的外部光纤经12与光电检测器14相连,光电检测器的输出送给信号处理器15。

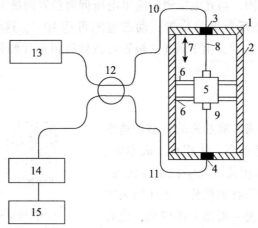

图 3-75　迈克尔逊干涉仪型光纤加速度计的结构
1—加速度计本体　2—壳体　3、4—窗孔　5—检测质量　6、7—金属膜片
8、9—单模光纤　10、11—迈克尔逊干涉仪臂　12—分束器　13—激光器
14—光电检测器　15—信号处理器

（3）光纤工作原理

上下两根光纤分别紧固在上下盖板的两个孔内，两根光纤处于稍微的绷紧状态，质量块的运动在一定方向上产生一个力的分量，从而使一根光纤的长度略微增加，另一根光纤的长度略微缩短。假设在壳体内支承检测质量的上下两根光纤长度为 L，它们有效地起着支承质量块的弹簧作用。倘若壳体受到的是垂直向上的加速度，则上光纤将伸长 ΔL，下光纤将缩短 ΔL，此时检测质量的惯性力就可以根据光纤的变形量计算出来。

$$F = 2S\Delta N = ma$$

式中，S 为光纤的截面积；ΔN 为每根光纤的张力变化值。

若最小可检测的相对相位差为 $\Delta\Phi_{min}$，则最小可检测的加速度：

$$a_{min} = \frac{E\lambda}{16n}\Delta\Phi_{min}\frac{d^2}{Lm}$$

式中，E 为光纤的弹性模量；λ 为光在真空中的波长；n 为光纤折射率；d 为光纤直径；L 为光纤长度；m 为检测质量。

3.4.6　陀螺仪

陀螺仪的主要作用是提供准确的方位、水平、位置、速度和加速度等信号，它是用高速回转体的动量矩敏感壳体相对惯性空间绕正交于自转轴的一个或两个轴的角运动检测装置。利用其他原理制成的角运动检测装置起同样功能的也称为陀螺仪。所谓陀螺，是指绕一个支点高速转动的刚体，通常所说的陀螺是特指对称陀螺，它是一个质量均匀分布的、具有轴对称形状的刚体，其几何对称轴就是其自转轴，如图 3-76 所示。

图 3-76　陀螺仪

陀螺仪名字的来源具有悠久的历史。据考证，1850 年法国的物理学家莱昂·傅科为了研究地球自转，首先发现高速转动中的转子，由于它具有惯性，其旋转轴永远指向一固定方向，所以傅科用希腊字 Gyro（旋转）和 Skopein（看）两字合为"Gyro Scopei"一字来命名该仪器仪表。

陀螺仪器最早是用于航海导航，但随着科学技术的发展，它在航空和航天事业中也得到广泛的应用。自 1910 年首次用于船载指北陀螺仪以来，陀螺已有 100 年的发展史，发展过程大致分为四个阶段：第一阶段是滚珠轴承支承陀螺马达和框架的陀螺；第二阶段是 20 世纪 40 年代末到 50 年代初发展起来的液浮和气浮陀螺；第三阶段是 20 世纪 60 年代以后发展起来的干式动力挠性支承的转子陀螺。目前陀螺的发展已进入第四个阶段，主要包括静电陀螺、激光陀螺、光纤陀螺、MEMS 陀螺仪和振动陀螺，如图 3-77 所示。

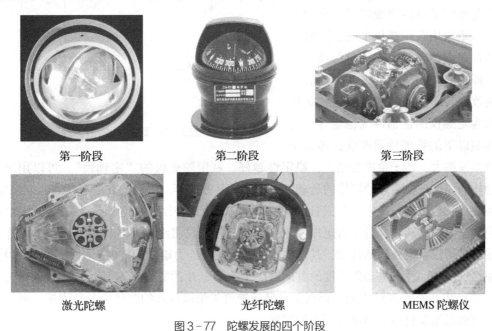

图 3-77　陀螺发展的四个阶段

1. 基本结构

陀螺仪基本上是一种机械装置，其主要部分是一个相对旋转轴以极高角速度旋转的转子，转子装在一个支架内，在通过转子中心轴上加一个内环支架，那么陀螺仪就可环绕平面两轴作自由运动，然后在内环支架外加上一外环支架。这个陀螺仪有两个平衡环，可以环绕平面三轴作自由运动，就是一个完整的太空陀螺仪（Space Gyro），如图 3-78 所示。

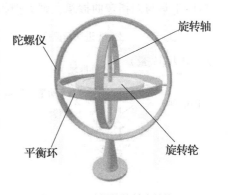

图 3-78　陀螺仪的基本结构

2. 基本原理

旋转物体的旋转轴所指的方向在不受外力影响时是

不会改变的。根据这个道理制造出来的东西称为陀螺仪。陀螺仪在工作时要给它一个力,使它快速旋转起来,一般能达到每分钟几十万转,可以工作很长时间。然后用多种方法读取旋转轴所指示的方向,并将数据信号传给控制系统。在一定的初始条件和一定的外在力矩作用下,陀螺会在不停自转的同时,环绕着另一个固定的转轴不停地旋转,这就是陀螺的旋进,又称为回转效应,如图3-79所示。

3. 基本特性及应用

由于角动量守恒的原则,陀螺仪有两个基本特性:一个是定轴性,另一个是进动性。

当陀螺转子以高速旋转时,在没有任何外力矩作用在陀螺仪上时,陀螺仪的自转轴在惯性空间中的指向保持稳定不变,即指向一个固定的方向,同时反抗任何改变转子轴向的力量。这种物理现象称为陀螺仪的定轴性或稳定性。其定轴性随以下的物理量而改变,即转子

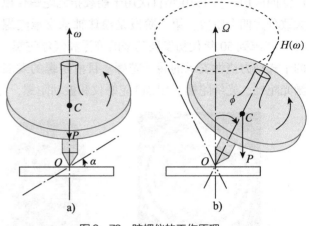

图3-79 陀螺仪的工作原理

的转动惯量越大,转子角速度越大,稳定性越好。利用陀螺仪的"定轴性",可以用来测量运动物体的姿态、稳定运动物体的运动方向,测量其方位等。因此,在姿态仪表、航向仪表、导航系统、飞行控制系统中都有三自由度陀螺。它广泛地应用于航空、航天、航海等领域。

当转子高速旋转时,若外力矩作用于外环轴,陀螺仪将绕内环轴转动;若外力矩作用于内环轴,陀螺仪将绕外环轴转动,其转动角速度方向与外力矩作用方向互相垂直。这种特性,称为陀螺仪的进动性。进动角速度的方向取决于动量矩 H 的方向(与转子自转角速度矢量的方向一致)和外力矩 M 的方向,而且是自转角速度矢量以最短的路径追赶外力矩。利用其进动性,可测量运动物体的角速度或角加速度。

陀螺动量矩、进动角速度、外力矩三者之间的关系可用右手定则判定,伸出右手,使拇指跟其余四指垂直并跟手掌在同一平面内,拇指指向自转轴的方向,手掌朝外力矩的正方向,然后手掌与四指弯曲握拳,则大拇指的方向就是进动角速度的方向,如图3-80所示。

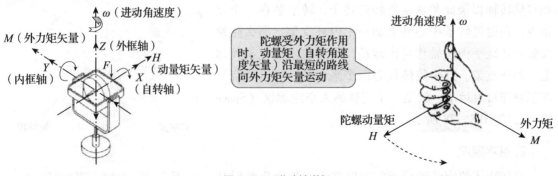

图3-80 进动性详解

进动性的大小也有三个影响的因素,外界作用力越大,转子的转动惯量越小,转子的角速度越小,其进动角速度也越大。

4. 分类

按照转子转动的自由度,分成双自由度陀螺仪和单自由度陀螺仪。双自由度陀螺仪,也称为三自由度陀螺仪,具有内外两个框架,使转子自转轴具有两个转动自由度,主要用于测定飞行器的姿态角;单自由度陀螺仪,也称为二自由度陀螺仪,只有一个框架,使转子自转轴只有一个转动自由度,主要用于测定姿态角速度,如图3-81所示。按照测量原理可以分为激光陀螺仪、光纤陀螺仪和MEMS陀螺仪。

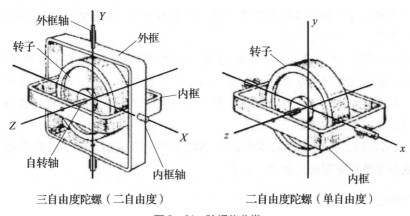

图3-81 陀螺仪分类

5. 激光陀螺仪

激光陀螺仪是利用激光光束的光程差测量物体角位移的装置,如图3-82所示。其主要结构为一个三角环状激光器,其中放置激光发生器,可产生氦氖激光;在三角形三个顶端放置反射镜,形成闭合光路,使分光镜将一束激光分为正反两向传播的两束。当物体(激光器)没有角位移时,两束激光没有光程差,它们会聚在一起时不相干涉;如果物体产生角位

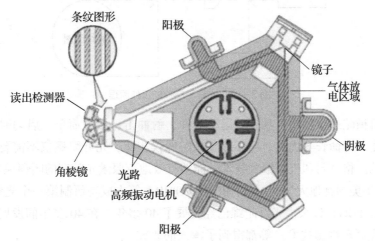

图3-82 激光陀螺仪的结构和工作原理

移,两束激光相遇时就会产生干涉,利用光的干涉条纹测出物体的角位移,进而计算出物体的角速度。

激光陀螺仪的主要特点:

1)没有机械转动部件的摩擦引起的误差,角位移测量精度高,被测角速度范围大。需采用膨胀系数低的材料,需采用热补偿措施。

2)动态范围很宽,测得速率为±1500°/s,最小敏感角速度小于±0.001°/h以下,分辨率为每弧度秒数量级,用固有的数字增量输出载体的角度和角速度信息,不需要精密的模数转换器,很容易转换成数字形式,方便与计算机接口,适合捷联式系统使用。

3)工作温度范围很宽(从-55~+95℃),不需要加温,启动过程时间短,系统反应时间快,接通电源零点几秒就可以投入正常工作。达到0.5°/h的精度,只需50ms时间,对武器系统的制导来说,是十分宝贵的。

4)没有活动部件,不存在质量不平衡问题,因此对载体的振动及冲击加速度都不敏感,对重力加速度的敏感度也可忽略不计,因而不需要不平衡补偿系统,输出信号没有交叉耦合项,精度高,误差值小于0.001°/h,随机漂移小于0.001°/h,长期精度稳定性好,在9年内输出没有任何变化,重复性极好。

5)没有精密零件,组成陀螺的零件品种和数量少,机械加工较少,易于批量生产和自动化生产,成本是常规陀螺的三分之一左右。

6. 光纤陀螺仪

光纤陀螺仪的基本工作原理是基于萨格纳克效应,一般由光纤传感线圈集成光学芯片、宽带光源和光电探测器组成,如图3-83所示。当光束在一个环形的通道中行进时,若环形通道本身具有一个转动速度,那么光线沿着转动方向行进所需要的时间(光程)要比沿着转动相反的方向行进所需要的时间要多。利用光程的这种变化,检测出两条光路的相位差或干涉条纹的变化,就可以测出光路旋转角速度。

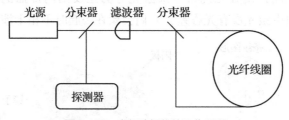

图3-83 光纤陀螺仪的工作原理

与传统的机械陀螺仪相比,具有无运动部件、耐冲击、结构简单、启动时间短、灵敏度高、动态范围宽、寿命长等优点。与环形激光陀螺仪相比,光纤陀螺仪不需要光学镜的高精度加工、光腔的严格密封和机械偏置技术,能够有效地克服激光陀螺的闭锁现象,易于制造。

自从1976年美国犹他大学的VALI和SHORTHILL等人成功研制第一个光纤陀螺(Fiber-Optic Gyroscope,FOG)以来,光纤陀螺已经发展了40多年。在40多年的发展过程中,许多基础技术(如光纤环绕制技术)等都得到了深入的研究。

光纤陀螺仪的突出优点使其在航天航空、机载系统和军事技术上的应用十分广泛,因此受到用户特别是军方的高度重视，以美、日、法为主体的光纤陀螺仪研究工作已取得了很大的进展，我国在这个领域还比较落后。光纤陀螺仪研究工作大部分集中在干涉式（IFOG），只有少数公司仍在研究谐振式光纤陀螺。光纤陀螺的商品化是在20世纪90年代初才陆续展开，中低精度的光纤陀螺（特别是干涉式光纤陀螺）已经商品化，并在许多领域内得到了应用，目前，高精度光纤陀螺仪的开发和研制正走向成熟阶段。

光纤陀螺仪发展的方向：

1）向更高精度、更高可靠性的方向发展，为航天、航空、航海、陆航提供高精度的惯性元件。

2）向体积小、高度集成、价格便宜、结构更牢固的超小型化方向发展，为战术级应用提供坚固、廉价的惯性传感器。

3）向多轴化方向发展。

7. MEMS 陀螺仪

MEMS 是微机电系统（Micro-Electro-Mechanical Systems）的英文缩写。MEMS 是美国的叫法，在日本被称为微机械，在欧洲被称为微系统，它是集微型机构、微型传感器、微型执行器以及信号处理和控制电路、接口、通信和电源等于一体的微型器件或系统。其工作原理是当一个物体作周期运动时（振荡或者旋转），在其正交平面内旋转物体，也会在与物体周期运动的垂直方向上产生科里奥利力，如图3-84所示。

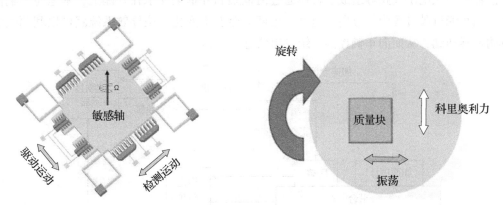

图 3-84　MEMS 陀螺仪的结构与工作原理

所谓科里奥利力，又简称科氏力，是对旋转体系中进行直线运动的质点由于惯性相对于旋转体系产生的直线运动的偏移的一种描述。在地球上，相对于地球运动的物体会受到另外一种惯性力的作用，这种惯性力以首先研究它的法国数学家科里奥利的名字命名，称为科里奥利力。在旋转体系中进行直线运动的质点，由于惯性，有沿着原有运动方向继续运动的趋势，但是由于体系本身是旋转的，在经历了一段时间的运动之后，体系中质点的位置会有所变化，而它原有的运动趋势的方向，如果以旋转体系的视角去观察，就会发生一定程度的偏离。

根据牛顿力学的理论，以旋转体系为参照系，这种质点的直线运动偏离原有方向的倾向被归结为一个外加力的作用，这就是科里奥利力。从物理学的角度考虑，科里奥利力与离心力一样，都不是在惯性系中真实存在的力，而是惯性作用在非惯性系内的体现，同时也是在惯性参考系中引入的惯性力，方便计算。

科里奥利力的计算公式为

$$F = -2m\boldsymbol{\omega} \times v'$$

式中，F 为科里奥利力；m 为质点的质量；v' 为相对于转动参考系质点的运动速度（矢量）；$\boldsymbol{\omega}$ 为旋转体系的角速度（矢量）；×表示两个矢量的外积符号（$\boldsymbol{\omega} \times v'$：大小等于 $\boldsymbol{\omega}$ 的大小乘以 v' 的大小再乘以两矢量夹角的正弦值，方向满足右手螺旋定则）。

3.4.7 平台式惯性导航系统

平台式惯性导航系统是将陀螺仪和加速度等惯性元件通过万向支架角运动隔离系统与运动载物固联的惯性导航系统。利用陀螺仪在惯性空间使台体保持方位不变的装置称为陀螺稳定平台。它是惯性导航系统中的重要部件，用它可在飞行器上建立一个不受飞行器运动影响的参考坐标系，据此测量飞行器的姿态角和加速度。由惯性平台组成的导航系统称为平台式惯性导航系统。

1. 构成

如图 3-85 所示，惯性平台由平台、三个单轴陀螺仪、内框架、外框架、力矩电机、角度传感器和伺服电子线路等组成。台体通过内框架和外框架支承在基座上，基座与车辆固定连接。当车辆行驶过程中，方向、速度、角度都会发生变化，该导航系统就可以利用陀螺仪及其附件感知到，从而向车辆控制系统发出信息。

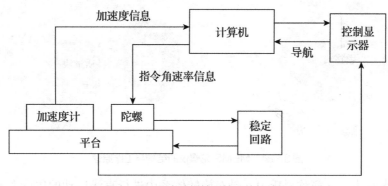

图 3-85 平台式惯性导航系统的结构

2. 工作原理

如果沿 Y 轴出现干扰力矩，就会使内框架和台体围绕 Y 轴转动。平台体上的角速度传感器感受转动角速度，输出与平台体转角成正比的信号；这种情况下，y 伺服电子线路给 y 力矩电机提供驱动电流，使电机输出与干扰力矩相反方向的力矩，使平台体向原来的方向转动；当 y 力矩电机输出的力矩与干扰力矩相互抵消时，平台体不再转动，在惯性空间的方位保持不变。当 X、Z 轴存在干扰力矩时，道理相同。图 3-86 所示为平台式惯性导航系统的工作原理。

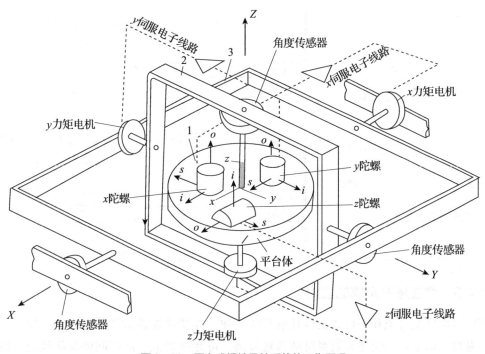

图 3-86 平台式惯性导航系统的工作原理

3.4.8 捷联式惯性导航系统

捷联的英语原义是"捆绑"的意思。捷联式惯性导航是将惯性测量元件（陀螺仪和加速度计）直接安装在诸如需要姿态、速度、航向等导航信息的主体上，用计算机把测量信号变换为导航参数的一种导航技术。捷联式惯性导航没有稳定平台，载体转动时，加速度计和陀螺仪的敏感轴指向也跟随转动；陀螺仪测量载体角运动，计算载体姿态角，从而确定敏感轴的指向。

1. 构成

捷联性惯导航系统是在平台式惯性导航系统之上发展来的，它是一种无框架系统，由三个速率陀螺、三个线加速度计和微型计算机组成，如图 3-87 所示。捷联式惯性导航系统的陀螺和加速度计直接固连在载体上作为测量标度准，它跟平台式惯性导航系统区别就在于不再由机电平台，而是在计算机内建立一个数学平台，其飞行器姿态数据通过计算机得到。

2. 工作原理

捷联式惯性导航系统没有"机电"平台，加速度计和陀螺仪与载体直接固定。载体滚动时，加速度计和陀螺仪的灵敏轴指向也跟从滚动。陀螺仪丈量载体角运动，核算载体姿势角，从而断定加速度计灵敏轴指向。再经过坐标改换，将加速度计输出的信号改换到导航坐标系上，进行导航核算，如图 3-88 所示。

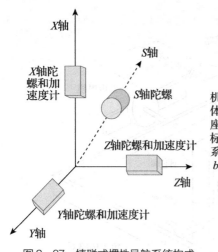 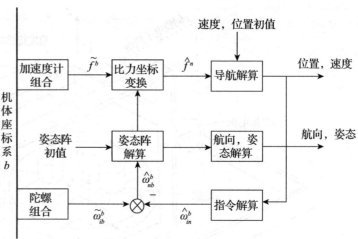

图3-87 捷联式惯性导航系统构成　　　图3-88 捷联式惯性导航系统的工作原理

3.4.9 惯性导航系统的应用

捷联惯性导航系统和平台式惯性导航系统一样,能精确提供载体的姿态、速度、经纬度等导航参数。但平台式惯性导航系统结构较复杂、可靠性较低、故障间隔时间较短、造价较高,为可靠起见,通常在一个运载体上要配用两套惯性导航装置,这就增加了维修和购置费用。在捷联惯性导航系统中,由于计算机中存储的方向余弦解析参考系取代了平台系统以物理形式实现的参考系,因此,捷联惯性导航系统有以下独特优点:

1) 去掉了复杂的平台机械系统,系统结构极为简单,减小了系统的体积和重量,同时降低了成本,简化了维修,提高了可靠性。

2) 无常用的机械平台,缩短了整个系统的启动准备时间,也消除了与平台系统有关的误差。

3) 无框架锁定系统,允许全方位(全姿态)工作。

4) 除能提供平台式系统所能提供的所有参数外,还可以提供沿弹体三个轴的速度和加速度信息。

但是,由于在捷联惯性导航系统中,惯性元件与载体直接固定连接,其工作环境恶劣,对惯性元件及机(弹)载计算机等部件也提出了较高的要求:

1) 要求加速度表在宽动态范围内具有高性能、高可靠性,且能数字输出。

2) 因为要保证大攻角(迎角)下的计算精度,所以对计算机的速度和容量都提出了较高的要求。

3.5 定位融合

3.5.1 定位融合系统概述

自动驾驶的三大工作内容分别是感知、决策和执行。其中,感知中一个很重要的部分就是定位,如果没有精确的定位结果,后续的决策和执行无从谈起。而单一定位技术难以满足现实复杂环境中车辆高精度定位的要求,无法保证车辆定位的稳定性。因此,实际应用中一般不采用单一定位技术,而是将各种定位技术组合起来使用,取长补短,达到高精度定位需求,这就是定位融合。

1. 定义

定位融合系统使用了多种探测设备,它们具有不同的特性和工作方式,对环境的探测能力也不同,因此需要对各种传感器探测的信息进行融合,把来自具有互补性质的不同信号源的信息融合成一种表达方式,以实现车辆的导航控制,如图 3-89 所示。

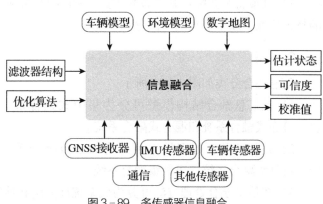

图 3-89 多传感器信息融合

在高架下、高楼旁、隧道、地下车库,以及有大量树荫的场景下,GNSS 的信号受到很大的限制,这时汽车的高精度定位结果主要基于定位融合技术产生。常用的车载定位传感器包括 GNSS、惯性导航、毫米波雷达、超声波雷达、高精地图、转速计、激光雷达、摄像头等。除了传统的惯性导航外,雷达定位和视觉定位是能够与 GNSS 进行定位融合的,是最具应用前景的技术方案。

自动驾驶中的汽车定位要达到安全可靠,需满足以下四大性能指标:
1)精度:测量值和真实值之间的重合度。
2)完好性:服务不可用时提出告警的能力。
3)连续性:告知客户系统正常工作的持续能力。
4)可用性:提供符合指标定位服务的百分比。

2. 定位技术

如图 3-90 所示,在智能网联汽车的定位过程中,通常使用三种技术:

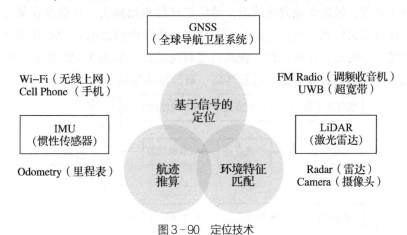

图 3-90 定位技术

1）信号定位：包括全球导航卫星系统（GNSS）、超宽带定位技术（UWB）和5G。

2）航位推算：这是基于惯性测量单元（IMU）的一种定位技术，其本质是在初始位置上累加位移矢量计算当前位置，它是一个信息累加的过程。

3）环境特征匹配：基于激光雷达（LiDAR）和视觉传感器的定位，即与存储在数据库中的特征匹配，以了解车辆的位置和环境。

3. 分类

信息融合分类如图3-91所示。

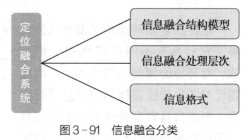

图3-91 信息融合分类

1）按信息融合结构模型可分为集中式融合系统、分布式融合系统和混合式融合系统。

2）按信息融合处理层次可分为像素级融合系统、特征级融合系统、决策级融合系统。

3）按信息融合处理方法可分为概率统计方法和神经网络方法。

4）按融合的信息格式可分为数据融合系统和图像融合系统。

4. 集中式融合系统

在这种模式下，每个定位传感器（例如雷达、摄像头、GNSS接收机等）获得的观测数据都不加分析地传送给信息融合中心，在信息融合中心进行数据对准、点迹相关、数据互联、航迹滤波、预测与综合跟踪，一次性地提供信息融合结论输出，如图3-92所示。这种结构特点是信息损失小，但对通信要求较高，融合中心计算负担重，系统的生存能力也较差。

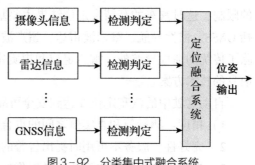

图3-92 分类集中式融合系统

5. 分布式融合系统

在这种模式下，每个定位传感器（雷达、摄像头、GNSS接收机等）都先对原始观测数据进行初步分析处理，做出本地判决结论，然后把这种本地判决、可能存在某种结论但又不完全可靠的结论及相关信息，向信息融合中心呈报；然后由信息融合中心在更高层次上集中多方面数据做进一步的相关合成处理，获取最终判决结论，如图3-93所示。相对于集中式融合，分布式融合系统具有造价低、可靠性高、通信量小等特点。

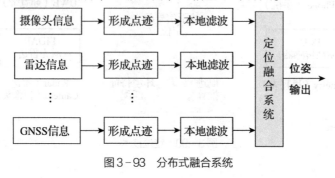

图3-93 分布式融合系统

6. 混合式融合系统

如图3-94所示，混合式融合系统同时传输检测报告和经过局部结点处理后的航迹信息，它保留了上述两类融合方法的优点，在实际场合往往采用此类结构，但在通信和计算上要付出较昂贵的代价，中汽恒泰的教学设备就采用了这种融合方式。

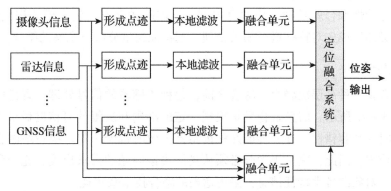

图3-94 混合式融合系统

7. 像素级融合系统

像素级融合，也称为像元级融合或数据级融合，是直接在采集到的原始数据层上进行的融合，是在各种定位传感器（雷达、摄像头、GNSS接收机等）的原始测报未经预处理之前就进行数据的综合和分析，如图3-95所示。这是最低层次的融合，如成像传感器中通过对包含若干像素的模糊图像进行图像处理和模式识别来确认目标属性的过程就属于像素级融合系统。

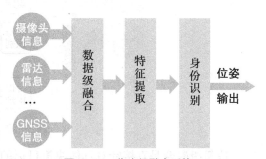

图3-95 像素级融合系统

像素级融合系统的主要优点是能保持尽可能多的现场数据，提供其他融合层次所不能提供的细微信息。这种融合是在信息的最底层进行的，定位传感器的原始信息的不确定性、不完全性和不稳定性要求在融合时有较高的纠错处理能力。要求各定位传感器信息之间具有精确到一个像素的校准精度，故要求各定位传感器信息来自同质传感器。像素级融合通常用于多源图像复合、图像分析和理解、同类（同质）雷达波形的直接合成、多传感器遥感信息融合等。

8. 特征级融合系统

特征级融合属于中间层次，它先从来自定位传感器的原始数据中提取特征信息，一般来说，提取的特征信息应是像素信息的充分表示量或充分统计量，比如特征信息可以是目标的边缘、方向、速度、区域和距离等，然后按特征信息对定位传感器数据进行分类、汇集和综合，如图3-96所示。特征级融合可划分为两大类：目

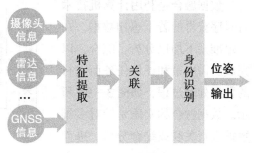

图3-96 特征级融合系统

标状态数据融合和目标特性融合，中汽恒泰的教学设备就采用了这种融合方式。

特征级融合的优点在于可实现可观的信息压缩，有利于实时处理，并且由于所提取的特征直接与决策分析有关，因而融合结果能最大限度地给出决策分析所需要的特征信息。

目标状态数据融合主要用于多传感器目标的跟踪领域，融合系统首先对定位传感器的数据进行预处理以完成数据配准，数据配准后，融合处理主要实现参数相关和状态矢量估计。

特征级目标特性融合就是特征层联合识别，具体的融合方法仍是模式识别的相应技术，只是在融合前必须完成先对特征进行相关处理，把特征矢量分成有意义的组合。

9. 决策级融合系统

决策级融合是一种高层次融合，融合之前，每种传感器的信号处理装置已完成决策或分类任务，如图 3-97 所示。信息融合只是根据一定的准则和决策的可信度做最优决策，以便具有良好的实时性和容错性，在一种或几种传感器失效时也能工作。决策级融合的结果是为控制决策提供依据，因此，决策级融合必须从具体决策问题的需求出发，充分利用特征级融合所提取的测量对象的各类特征信息，采用适当的融合技术来实现。

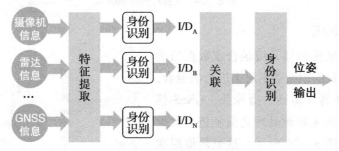

图 3-97 决策级融合系统

决策级融合是直接针对具体决策目标的，融合结果直接影响决策水平。决策级融合的主要优点有：具有很高的灵活性；系统对信息传送的带宽要求较低；能有效地反映环境或目标各个侧面的不同类型信息；当一个或几个传感器出现错误时，通过适当的融合，系统还能获得正确的结果，容错性好；通信量小，抗干扰能力强；对传感器的依赖性小，传感器可以是同质的，也可以是异质的；融合中心处理代价低；决策级融合首先要对原传感器信息进行预处理以获得各自的判定结果，预处理代价高。

10. 数据融合系统

数据融合是利用计算机技术对时序获得的若干感知数据，在一定准则下加以分析、综合，以完成所需决策和评估任务而进行的数据处理过程，如图 3-98 所示。数据融合的实质是针对多维数据进行关联或综合分析，进而

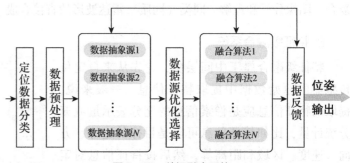

图 3-98 数据融合系统

选取适当的融合模式和处理算法，用以提高数据的质量。

11. 图像融合系统

图像融合是将两张或两张以上的图像信息融合到一张图像上，使得融合的图像含有更多的信息、更方便观察或者计算机处理，如图 3-99 所示。图像融合的信息形式是包含明暗、色彩、温度、距离以及其他的景物特征的图像。这些图像可以以一幅或者一列的形式给出。图像融合的目标是在实际应用目标下将相关信息最大合并，减少输出的不确定度和冗余度。图像融合的优点很明显，它能扩大图像所含有的时间空间信息，减少不确定性，增加可靠性，改进系统的鲁棒性能。

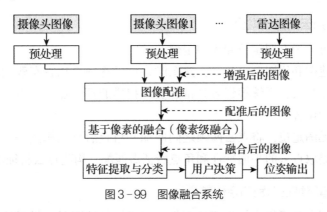

图 3-99　图像融合系统

12. 定位融合算法

多个定位传感器的融合使用会使系统需要处理的信息量大增，这其中甚至有相互矛盾的信息。如何保证系统快速处理数据，过滤无用、错误的信息，从而保证系统最终做出及时、正确的决策十分关键。这就需要定位融合算法，定位融合算法是定位融合的核心。常用的定位融合算法有贝叶斯估计法、卡尔曼滤波法、证据理论法、模糊逻辑法、神经网络法等。

3.5.2　定位融合系统的应用

定位融合时，首先根据 GPS 的数据（经纬高和航向）确定无人车大致处于哪条道路上，这个位置可能与真实位置有 5~10m 的差距；然后根据车载传感器检测的车道线（虚、实线）及道路边缘（路沿或护栏）的距离与高精地图提供的车道线及道路边缘做比对，然后修正自动驾驶车辆的横向定位；最后根据车载传感器检测到的广告牌、红绿灯、墙上的标志、地上的标志（停止线、箭头等），与高精地图提供的同一道路特征（POI）进行匹配，进而修正纵向定位和航向。在没有检测到任何道路特征的情况下，可以通过航位推算进行短时间的位置推算。

1. 常用组合方式

基于目前使用的三种定位技术，衍生出了以下三类常用的定位方式：
1）GNSS + IMU + 里程计的定位融合。
2）LiDAR 点云的定位融合。
3）视觉的道路特征识别的定位融合。

在实际运用过程中这三种方法通常会被交叉使用，以求达到更好的定位效果。

2. 基于 GNSS + IMU + 里程计的定位融合

这种定位融合方式是指如果能收到 GNSS 定位信号，优先使用其信息；如果 GNSS 信号缺失，则使用 IMU（角度累加）和里程计（位移累加）进行位姿累加推算，这就存在初值 GNSS 定位误差和中间累加误差的积累。改进的方法是使用卡尔曼滤波器，主要分为预测和更新两个阶段：预测阶段根据 GNSS 缺失前最后一个时间点的位置信息预测当前的位置；更新阶段是当重新收到 GNSS 信息时，更新目标的位置。

3. 基于 LiDAR 点云的定位融合

激光雷达定位可分为有图定位和无图定位。

有图定位分为建图和用图两个步骤，建图时将点云逐帧叠加在车辆的运行轨迹上即可获得点云地图。在用图阶段，系统根据激光雷达实时扫描的环境点云和点云地图进行匹配，以获得当前车辆的准确位置。

雷达定位中的无图定位，将点云两帧之间匹配并组合后可以构建一个点云里程计，实现相对定位。也可以提取点云的平面特征和角点特征做匹配，构建点云特征里程计，实现定位。

4. 基于视觉的道路特征识别的定位融合

视觉定位是指用车载摄像头拍摄环境图像，与已知的地图元素做对比或以递推方式计算车辆位置的定位方式，可分为绝对定位和相对定位。

其中实现绝对定位的素材来源主要有三类：

1）地面印刷物，包括路政部门在道路地面上印刷的车道线、斑马线、导流带、地面文字、地面图标等，只要没有施工涂改或使用磨损，这种语义特征是非常稳定的。

2）空中语义对象，包括道路上空的道路标牌、交通标志、红绿灯等，这些装置的位置基本固定而且语义信息明确，也非常适合做定位。

3）街景，相对来说没有前两种方法主流。

视觉相对定位就是现在比较流行的视觉同步定位与建图（VSLAM）和视觉里程计（VO）。这两个词常常一起出现，前者包含后者，一般讨论中都以 VSLAM 代替，其主要特点是提供后端的回环和优化，但车辆正常行驶时，开出去以后短时间内几乎不会再回到之前去过的地方，回环的用途并不是很大，因此视觉定位中主要使用的还是视觉里程计。

第 4 章
SLAM 建图

4.1　SLAM 概述

4.1.1　SLAM 的定义

SLAM，是英文 Simultaneous Localization and Mapping 的缩写，译成中文为同步定位与地图构建，是指机器人对自身在地图中位置不确定的条件下，在完全未知的环境中创建地图，同时利用构建的地图进行自主定位，主要用于解决机器人在未知环境运动时的定位与地图构建问题。

4.1.2　SLAM 的基本流程

如图 4-1 所示，图中的圆圈表示大地坐标系的路标点，也可以认为是环境中的特征点。首先，车辆在某一位置点观测到一些路标点，在下一时刻车辆在新的位置点又观察到一些路标点，这些路标点包括之前部分已经观测到的路标点和新发现的路标点，由于两个时刻下两个位置观测到了一些相同的路标点，这样就可以估算出两个相邻时刻下车辆位姿的变换，依次类推就可以推断出其他时刻的位姿，同时根据车辆位姿，将车辆不同时刻观测的环境信息融合在一个统一的坐标系下，从而实现了环境地图的创建。

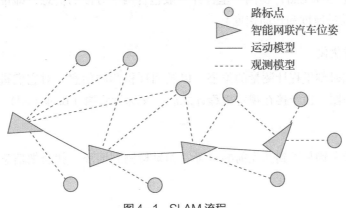

图 4-1　SLAM 流程

4.1.3 SLAM 的技术分类

SLAM 技术根据使用的传感器不同，可以分为激光雷达 SLAM、视觉 SLAM 和融合类 SLAM。其中，激光雷达 SLAM 根据使用的激光雷达不同又分为二维激光雷达 SLAM 和三维激光雷达 SLAM；视觉 SLAM 根据摄像头的类型和数目的不同可以分为单目视觉 SLAM、双目视觉 SLAM 和 RGB-D SLAM；融合类 SLAM 主要包括由视觉、激光雷达、IMU 等的不同组合构成的 SLAM 系统。

4.1.4 SLAM 的系统架构

SLAM 技术发展到今天，结构框架已经基本固定，主要包括传感器数据、前端里程计、后端非线性优化、回环检测和建图，如图 4-2 所示。

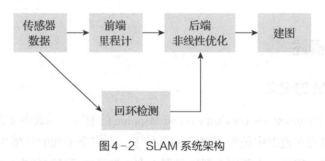

图 4-2 SLAM 系统架构

其建图过程包括以下步骤：

1. 传感器信息读取

在激光 SLAM 中，主要为激光点云信息的读取和预处理；在视觉 SLAM 中，主要为摄像头图像信息的读取和预处理。在智能网联汽车实际应用中，还可能包含车速里程计、惯性传感器等信息的读取和同步。

2. 前端里程计

实际使用过程中分为激光雷达里程计和视觉里程计，任务是估算位姿以及建立局部地图等，又称为前端（Front End）检测。里程计一般包含两个方面的信息，即位姿（包括位置和转角）和速度（前进速度和转向速度）。

3. 后端非线性优化

后端接收不同时刻里程计测量的位姿，以及回环检测的信息，对它们进行优化，得到全局一致的轨迹和地图。由于接在视觉里程计之后，又称为后端（Back End）。

4. 回环检测

回环检测判断车辆是否到达先前的位置。如果检测到回环，就会把信息提供给后端进行处理。

5. 建图

它根据估计的轨迹，建立与任务要求对应的地图。

4.1.5 SLAM 的地图种类

按照地图的特性，SLAM 的地图可以分为栅格地图、拓扑地图、特征地图、点云地图四类，如图 4-3 所示。

1. 栅格地图

把周围环境划分成大小相等的正方形栅格结构，每个栅格赋予一个表示的属性值，表示栅格被占据的概率和没被占据概率之间的比例。

2. 拓扑地图

拓扑地图是一种基于拓扑结构的地图表示方法，节点代表环境的地点或者状态信息，用节点之间的连线表示它们之间的关系。

3. 特征地图

特征地图是从传感器的感知信息中提取的几何特征，如点、线和面等，并把很多环境特征的集合定义为地图。

4. 点云地图

点云地图是将密集的点云形成地图，能够反映丰富的环境信息。

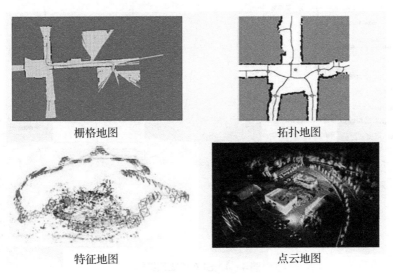

图 4-3 地图种类

4.1.6 SLAM 的知识结构

SLAM 包含技术点范围很广，涉及数学知识、编程、计算机视觉、优化方法、3D 等，主要内容包括专业知识、编程环境、数学知识、算法流程、应用场景、公开数据集、典型开源方案，每项内容之内又会分成更多的点，其知识结构如图4-4所示。

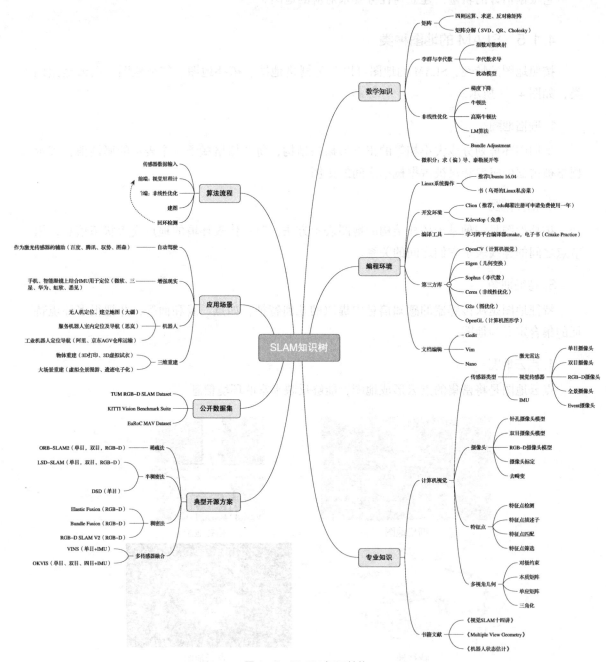

图4-4　SLAM知识结构

4.2 激光 SLAM

激光雷达的出现和普及使得测量更快、更准,信息更丰富。激光雷达采集到的物体信息呈现出一系列分散的、具有准确角度和距离信息的点,被称为点云,如图4-5所示。通常,激光 SLAM 系统通过对不同时刻点云的匹配与比对,计算激光雷达相对运动的距离和姿态的改变,同时也就完成了对智能网联汽车自身的定位。

图4-5 激光 SLAM

4.2.1 激光 SLAM 的分类

激光 SLAM 通常采用二维(2D)激光雷达或三维(3D)激光雷达(也叫作单线激光雷达或多线激光雷达)来进行,因此激光 SLAM 系统可分为二维(2D)激光 SLAM 系统(例如 Gmapping、Hector SLAM、Karto SLAM)、三维(3D)激光 SLAM 系统(例如 LOAM、Lego - LOAM、Cartographer)以及采用深度学习的激光 SLAM 的系统。

1. 二维激光 SLAM

图4-6所示为用单线激光雷达建立的二维激光点云图。在二维激光 SLAM 中,Hector SLAM 采用基于扫描匹配的方法,对传感器要求高,在传感器精度高的情况下定位建图的效果

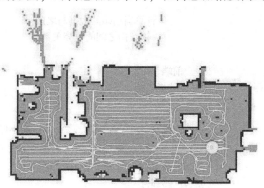

图4-6 用单线激光雷达建立的二维激光点云图

较好；Gmapping 采用 RBPF 粒子滤波的方法，是二维激光雷达 SLAM 中用得最广的方法；Karto SLAM 采用图优化的方法计算更新雷达的位姿；Cartographer 以子地图为单位，构建全局地图以消除构图过程中产生的累积误差。

2. 三维激光 SLAM

图 4-7 所示为用多线激光雷达建立的三维激光点云图。LOAM 的整体思想就是将复杂的 SLAM 问题分为高频的运动估计和低频（低一个数量级）的环境建图。LOAM 的定位和建图过程是异步进行的，采用一个高频（如 10Hz）的用于定位的里程计，加上一个低频（如 1Hz）的建图过程来实现三维激光雷达 SLAM。

图4-7 用多线激光雷达建立的三维激光点云图

4.2.2 激光 SLAM 的控制架构

图 4-8 所示为 SLAM 系统的控制架构。SLAM 得到一帧激光雷达数据后，通过前端计算它与前帧数据之间的位姿变换关系，就可以知道车辆的运动里程和当前的位置，因此前端也称为激光里程计。但是在前端这一步中求解位姿会有误差，如果只依靠前端，当前车辆绕了一圈回到起点时由于误差积累的原因前端无法知道车辆回到了起点，这时候就要通过回环检测来检测当前场景是否已经到过，后端优化的作用是结合前端和回环检测提供的信息校正车辆位姿，最后把优化后的车辆位姿结果和环境信息建立成地图。

图4-8 SLAM 系统的控制架构

1. 前端

前端的主要任务包含特征提取、数据关联、地图更新三个方面，如图4-9所示。要想厘清相邻两帧激光雷达数据之间的位姿变换关系，就必须根据两帧点云中对环境同一物体的测量差异来计算，因此前端首先需要判断出相邻两帧激光雷达数据中哪些是来自同一物体，并且求解出它们之间的位姿变换关系，这对应了前端算法的第一步特征提取和第二步数据关联，之后就可以用完成关联两帧激光雷达数据和它们之间的位姿变换关系更新地图了。

图4-9 前端架构

（1）特征提取

特征提取是计算机视觉和图像处理中的一个概念。它指的是使用计算机提取图像信息，决定每个图像的点是否属于一个图像特征。特征提取的结果是把图像上的点分为不同的子集，这些子集往往属于孤立的点、连续的曲线或者连续的区域，如图4-10所示。特征提取主要分为两个步骤：区域分割和特征提取。

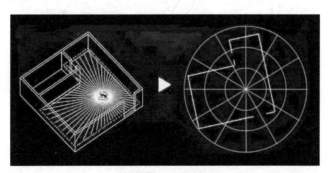

图4-10 特征提取

所谓区域分割，主要是完成特征模式的分类及识别确定，即确定特征属于哪类模式，如直线、圆弧等，并确定属于该特征模式的区域及区域内的激光数据点集。对于每一帧距离数据，首先把激光扫描点分割成不同的区块；如果连续两个扫描点的距离小于一个阈值，这两个扫描点就可以判断属于同一个区块；如果连续两个扫描点的距离大于一个阈值，数据帧就可以从这个地方分割开；最后把一帧距离数据分割成若干个区块。分割的区块表示为 $R_i(i=1,\cdots,Q$，其中 Q 是分割的区块数)，每一个区块包含 N 个点。扫描点的分布并不是均匀的，通常情况下，离传感器近的扫描点密度大一些，而远离传感器的扫描点密度小一些。所以进行距离数据分割时，应用自适应变阈值分割方法。图4-11所示为激光雷达区域分割效果，不同的区域用不同的颜色分割。

图 4-11 激光雷达区域分割效果（见彩插）

而所谓特征提取，主要是完成各类特征模式参数的确定以及特征点的提取，常见的环境特征有点特征、线特征、弧特征、面特征。激光雷达扫描的数据中，包括以下几个重要的特征：撕裂点（Break – Point）、角点（Corner）、直线、曲线等，如图 4-12 所示。

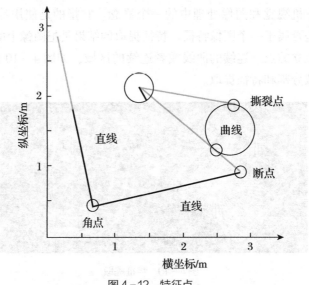

图 4-12 特征点

区域分割实际上就已经找到了数据中的撕裂点。折线也可以当成是一个特征，是直线加角点构成的特征。直线作为一个很关键的特征在很多应用中都是提取的关键，鉴于折线是普遍存在的，那么角点的检测同样是一个难以回避的问题。因此先提取角点，然后将所有的折线都打断成直线和角点。

假设有一条折线，只有单个角点，那么可以采用多边形拟合方式确定角点的位置。首先将区域内的点拟合成一条直线，然后找出距离直线最远的点，这个距离如果大于某个阈值，则可以认为是折线，而该点就是折线的分割点，否则就是一条直线。

当某区域含有多个角点时，就需要采用迭代或者递归的方式，不断地寻找角点并拆分成两段，循环进行，直到每个区域都不存在角点。

如果某区域不存在角点,并且点数据比较大,那一般就认为都是直线。直线拟合的原理比较简单,实际就是一个最小二乘法,或者为了提高拟合的精度可以采用加权的最小二乘法。

(2) 数据关联

SLAM 中的数据关联问题是指建立在不同时刻、不同位置,通过传感器获得的观测特征之间和地图特征之间的对应关系,以确定它们是否来源于实际环境中的同一物理实体。在 SLAM 中,数据关联的计算复杂度和准确度直接影响着系统状态估计的时间消耗度和精确性,对最终建立的地图有着关键性的影响。故合适的数据关联算法在 SLAM 过程中至关重要。

如图 4-13 所示,激光雷达点云数据是由一系列三维空间中的点组成的,点云数据根据其密集程度可以分为稀疏点云和稠密点云,使用激光雷达进行遥感测距得到的点数量比较少,点与点的间距也比较大,属于稀疏点云。点云处理的关键在于点云的配准,是通过点云构建完整场景的基础。目前常用的配准方法有迭代最近点(Iterative Closest Point,ICP)算法和正态分布变换(Normal Distribution Transform,NDT)算法。点云三维重建将点云数据转化为模型,常用的方法有基于 Delaunay 三角剖分的曲面重建与基于区域生长法的曲面重建。

图 4-13 点云数据

ICP 算法主要用于物体的配准问题,可以理解为:给定两个来自不同坐标系的数据点集,找出两个点集的空间变换,以便它们能进行空间匹配。假定给出两个数据集 P、Q,给出两个点集的空间变换 f,使它们能进行空间匹配。这里的问题是,f 为一未知函数,而且两点集 P、Q 中的点数不一定相同。解决这个问题使用的最多的方法是迭代最近点法,其基本思想是,根据某种几何特性对数据进行匹配,并设这些匹配点为假想的对应点,然后根据这种对应关系求解运动参数,再利用这些运动参数对数据进行变换,并利用同一几何特征,确定新的对应关系,重复上述过程。

点到点的 ICP 具体过程实际上就是进行第 i 次迭代的过程,下面以如图 4-14 所示的效果来展示迭代过程。图 4-14a 的红色点云用大写字母 P 来表示,P_i 表示其中的任意一个点;绿色点云为参考点云,用大写字母 Q 表示,Q_i 表示其中的任意一个点。要求出点云 P 到点云 Q 的位姿变换,即旋转矩阵 $\boldsymbol{R}$ 和平移矢量 $\boldsymbol{t}$。

第 1 步:计算 P 中的每一个点在 Q 点集中的对应近点。

第 2 步:求得使上述对应点对平均距离最小的 $\boldsymbol{R}_i$、$\boldsymbol{t}_i$,然后对 P 使用第 2 步求得的 $\boldsymbol{R}$ 和 $\boldsymbol{T}$

进行变换，得到新的点云 P，如图 4-14b 的蓝色点云，变换后的蓝色点云与参考点云 Q 还没有完全重合，因此进行下一次迭代。

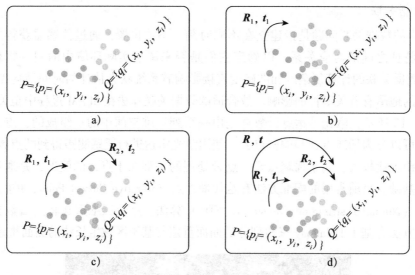

图 4-14 ICP（迭代最近点）算法（见彩插）

第 3 步：如图 4-14c，把蓝色点云作为新的点云 P，然后进行类似第 1 步和第 2 步的运算。在某次迭代后，点云 P 到点云 Q 对应点的平均距离小于某一给定阈值，则停止迭代。将每次迭代得到的 R 和 t 组合起来，如图 4-14d，就可以得到红色点云和绿色点云之间的位姿变换，这个以点和点之间的距离为优化目标的 ICP 算法，也叫作点到点 ICP。由于点云的稀疏性，易受噪声影响，点到点 ICP 误差较大。

而 NDT 算法没有特征匹配的过程，而是结合栅格地图，将参考点云栅格化，对每个栅格中的点云计算其正态分布概率 $p(x)$，其中 x 为栅格中点云的坐标，μ 为正态分布的均值，Σ 为正态分布的协方差矩阵，根据使用的激光雷达是二维还是三维决定维度 D 等于 2 还是等于 3。

如图 4-15 所示，假设 x_1 到 x_n 为一帧待匹配的源点云，待估计的位姿变换变量为 T，人们可以构造这么一个最小二乘表达式来求解最优的变换矩阵 T，这个公式的含义是求解最优的变换变量 T，使得待匹配的源点云在变换后能够较好地符合参考点云的概率分布。

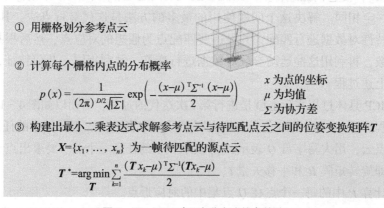

图 4-15 NDT（正态分布变换）算法

(3) 地图更新

在地图创建的初始时刻，由于未对环境进行任何有效的观察，可将地图内所有栅格的状态初始化为0.5，若以灰度值范围［0，255］对应栅格概率（0，1），如图4-16所示，在初始时刻，所有栅格均表示为灰色，图中黑色的地方为被占据的栅格，白色的地方为未被占据的栅格，灰色的部分则表示未知状态的栅格。在地图更新过程中，系统通过计算，就可以表示出任意时刻下栅格被占据的概率，同样也能表示栅格未被占据的概率，从而对每个栅格的状态进行更新。

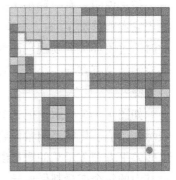

图4-16 栅格地图

以栅格地图为例，在栅格地图中环境被等分为多个栅格，其中任何一个栅格S都有一个数值$p(s)$相关联，以描述栅格S内存在点云的概率，也叫作栅格占据概率。当栅格占据概率大于0.5，则认为被占据，即该栅格内存在点云；等于0.5，则认为该栅格状态未知；小于0.5，则认为未被占据，即该栅格不内存在点云。

栅格被占据概率与未被占据概率的比值表示为栅格状态，由于每个栅格实际上只可能被占据或是未被占据，所以两者概率值相加为1。从系统输入可以很容易地得到已更新的栅格状态，但最终需要知道栅格占据概率才能绘制栅格地图，还需将其还原为栅格占据概率，由此就可以得到更新后的栅格地图。

2. 后端

在前端，由于只是把新的一帧与前一个关键帧进行比较，当某一帧的结果有误差时，就会对后面的结果产生累计误差。随着车辆运动轨迹以及时间的增长，车辆位姿估计的误差就会不断地增加，后端的作用就是结合前端和回环检测提供的信息消除前面累积的误差并校正车辆位姿，这个过程叫作后端优化，如图4-17所示。常用的后端优化方法主要有以下两种：

1）基于滤波的方法，例如扩展卡尔曼滤波、粒子滤波。

2）基于非线性优化的方法，例如图优化法。

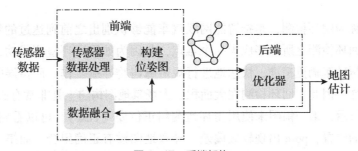

图4-17 后端架构

通常情况下，图优化比滤波方法效率更高，因此现在图优化方法得到越来越多的应用。图优化就是把优化问题表现成图的一种方式。一个有意义的图是由若干个顶点（Vertex）以及连接着这些点的边（Edge）组成的。在SLAM问题中顶点可以为车辆状态或特征点坐标，用边表示约束项。约束项可以是观测方程或是运动方程，对于任意一个非线性最小二乘问题，可以构建与之对应的图。

举例说明：有一辆小车初始起点在位置坐标 X_0 处，小车向前移动到达坐标 X_1 处，传感器测得它向前移动了 1m。小车开始向后返回，到达坐标 X_2 处，传感器测得它向后移动了 0.8m，此时通过闭环检测发现它回到了原始起点。由此可以看出，传感器误差导致计算的位置和回环检测结果有差异。小车这几个状态中的位置 X_0、X_1、X_2 到底等于多少才能最好地满足这些条件呢？

如图 4-18 所示，把这个问题写成图优化的形式，就是先用节点表示车辆的位置，用边表示初始值、传感器测量值或者回环检测结果提供的约束方程。边是图优化中的约束，人们以残差平方和表示总的测量误差，残差的平方和即优化的目标函数，为了使残差平方和最小，对其中的每个变量都做偏导，并使其为 0，最终解得各节点的最优解，这样就可以很好地修正观测误差使其接近真实值。

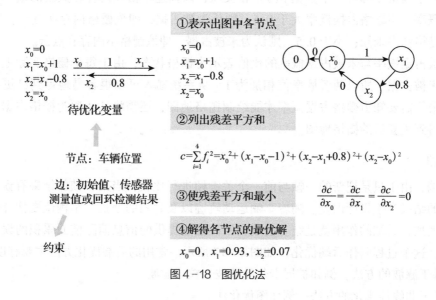

图 4-18 图优化法

3. 回环检测

回环检测又称为闭环检测，是指智能网联汽车能够识别出之前到达过的场景，使地图形成闭环的能力。回环检测之所以能成为一个难点，是因为如果回环检测成功，则可以显著地减小累积误差，帮助车辆更精准、快速地进行规避障碍物导航工作。而错误的检测结果可能使地图变得很糟糕。因此，回环检测在大面积、大场景地图构建上是非常有必要的。

如图 4-19 所示，第一幅图未使用闭环检测纠正位姿（Pose），可以看到行驶一周之后，在应该回到原点的位置，pose 出现较大偏差，导致地图没有正确闭合。而第二幅图使用了闭环检测，从而纠正了 pose 的累积误差，使得建图与实际场景一致，取得了较好的效果。

回环检测主要有三种方法：

1）帧-帧的匹配方法。帧-帧匹配方法存在如下缺点：单帧激光数据的信息量小，匹配时有局限性，容易和其他相似度高的数据发生错误匹配。连续帧的激光数据重复部分多，存在很大的冗余性，匹配效率低，在大尺寸地图中匹配速度缓慢。

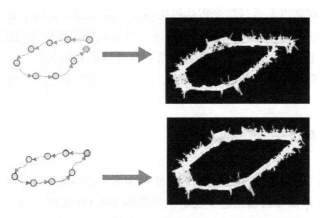

图 4-19 闭环检测

2）帧-图的匹配方法。帧-图的匹配方法可适当地提高匹配效率，但依然无法解决单一激光数据匹配时的局限性问题。

3）图-图的匹配方法。在图-图匹配方法中将多帧激光数据构成局部地图后与子地图匹配，构建局部地图能去除连续帧之间的冗余信息，使图-图匹配时要计算的栅格数比帧-图的少，可以提高匹配效率，由于子地图中包含多帧观测数据，信息量比单帧数据丰富，能够避免闭环误检。

4. 基于里程计、IMU 的激光 SLAM 应用

基于里程计、IMU 的激光 SLAM 技术在应用中包含感知、定位、建图三个过程，如图 4-20 所示。

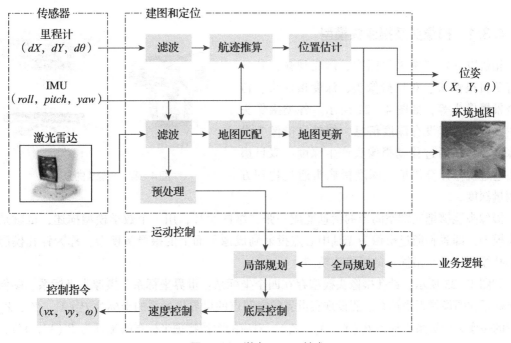

图 4-20 激光 SLAM 技术

1）感知。智能网联汽车通过激光雷达传感器来获取周围环境的信息，感知是实现 SLAM 的必要条件，只有先感知到周围的环境信息，才能可靠地确定定位及构建环境地图。

2）定位。通过里程计、IMU 传感器实时获取自身位置及姿态。

3）建图。根据自身位置及传感器获取的信息，描述出当下所在环境的地图。

4.3 视觉 SLAM

只利用摄像头作为外部感知传感器的 SLAM 称为视觉 SLAM（VSLAM）。视觉 SLAM 技术经过多年发展，其基本流程目前已趋于稳定。经典的 VSLAM 系统一般包含前端视觉里程计、后端非线性优化、回环检测和建图四个主要部分，如图 4-21 所示。前端视觉里程计根据传感器输入的数据，实时地跟踪和估计摄像头的位姿，后端非线性优化则对地图进行局部或全局的优化，并进行回路闭合，消除误差累积，最后系统实时地输出每个时刻车辆的位姿和三维地图。

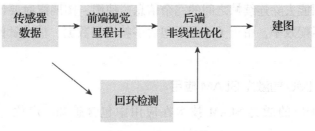

图 4-21 SLAM 结构

4.3.1 摄像头及摄像头模型

相机以一定速率采集图像，形成视频，其分类有单目摄像头、双目摄像头、深度摄像头、鱼眼全景摄像头等，如图 4-22 所示。各类摄像头的主要区别为有没有深度信息，如单目摄像头没有深度，必须通过移动摄像头产生深度；双目摄像头通过视差计算深度；深度摄像头通过物理方法测量深度。

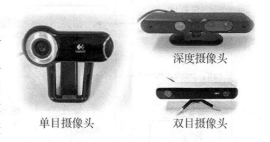

图 4-22 摄像头的分类

摄像头能够把三维空间中的信息变成一张二维的照片，用一个数学模型描述，也就是摄像头模型，即景物通过摄像头光轴中心点投射到成像平面上的摄像头模型，称为针孔模型或者小孔模型，也是最简单的摄像头模型。

如图 4-23 所示，针孔摄像头模型存在四个坐标系：世界坐标系、摄像头坐标系、图像物理坐标系和图像像素坐标系。假设现实世界的空间点的世界坐标系的坐标为 $P_w(X_w, Y_w, Z_w)$，对应的摄像头坐标系坐标为 $P_c(X_c, Y_c, Z_c)$，对应的图像物理坐标系的坐标为 $P'(X', Y')$，对应的图像像素坐标系的坐标为 $p(u, v)$。f 为焦距（物理成像平面到光心 O 的距离）。

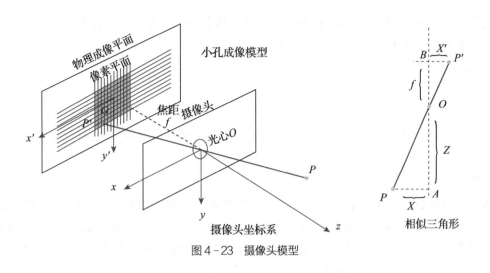

图 4-23 摄像头模型

4.3.2 视觉 SLAM 的分类

视觉 SLAM 方案可按照传感器的不同（单目、双目、RGB-D、与 IMU 的组合等）、前端方法的不同（主要分为直接法和特征点法）、后端优化方案的不同（滤波或者非线性优化）、生成地图形式的不同（稀疏地图、稠密地图等）具有不同的划分。主要包括单目 SLAM、双目 SLAM、RGB-D SLAM、单目/双目+IMU 的 SLAM。

1. 单目 SLAM

只使用一个摄像头采集信息，在完成尺度初始化的情况下（即摄像头初始阶段进行了一段位移并且确定了该段位移的实际大小作为参考），能够完成连续图像间摄像头位姿的计算与建图。优点在于设备简单，成本低。缺点在于：存在尺度漂移现象；图像的深度信息只能通过三角测量计算得到，对环境适应性差；在摄像头位移较小时计算误差较大，建图精度不高。

2. 双目 SLAM

使用双目摄像头采集信息，双目摄像头可以通过立体视觉原理计算得到像素深度，这样就不存在单目 SLAM 中深度未知的情况。优点在于对环境的适应性要高于单目 SLAM，且能够计算得到像素真实深度；缺点在于像素深度计算量较大，一般通过现场可编程门阵列（Field Programmble Gate Array，FPGA）或者图形处理器（Graphics Processing Unit，GPU）加速实现实时计算输出。

3. RGB-D SLAM

RGB-D 摄像头是指能够同时输出 RGB 图像和对应的深度图的摄像头，其测量像素深度不再通过耗时的被动双目匹配计算，而是通过激光散斑增加图像纹理加速计算或者硬件测量（结构光、TOF 等）实现。因此它可以看作是减小了计算量的双目 SLAM，但是 RGB-D 摄像头普遍在室外表现效果不佳，更多用于室内环境。

近年来提出单目/双目+IMU 的 SLAM 方案,其中 IMU 主要起到的作用包括:
1)解决单目 SLAM 的初始化尺度问题。
2)追踪中提供较好的初始位姿。
3)提供重力方向。
4)提供一个时间误差项以供优化。

理论上来说 IMU 提供了冗余的运动信息,通过数据融合可以得到更加精确的运动估计。

4.3.3 视觉 SLAM 的结构流程

视觉 SLAM 以摄像头获取的序列图像数据为基础,依据图像信息结合成像模型恢复环境与摄像头间的关系,随着摄像头运动递增式地确定周围环境图,并输出摄像头在环境图中的位置。依照视觉 SLAM 的一般处理流程,可分为前端处理(视觉里程计,Vision Odometry, VO)、后端(优化)处理及回环检测,如图 4-24 所示。

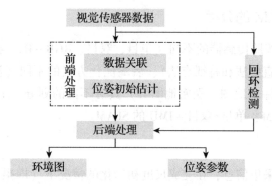

图 4-24 视觉 SLAM(前端处理改为视觉里程计)

前端处理(视觉里程计)负责序列图像数据同环境地标物的数据关联与参数的初始化,目前主流的方式是通过序列图像的特征提取与匹配,实现序列图像上的同名特征点追踪,进而将序列图像上的同名观测与环境地标点进行关联,并初始化系统的状态参数,是地图递增式构建与自主连续定位的必要前提。前端处理算法的适应性直接决定了视觉 SLAM 方法的稳健性。

后端处理负责对观测数据进行环境图结果与定位参数的最优估计,以获取高精度的定位与制图结果。

回环检测是 SLAM 系统中判别当前观测到的环境地标是否已被观测过的处理,是为消除长距离运动后的误差累计而构建回环约束的基础。

以上三部分处理依次完成了视觉 SLAM 中的数据关联、环境图与定位参数估计及回环优化。

4.3.4 视觉里程计

在智能网联汽车系统中,要进行目标探测和定位,这对于自身位姿的估计非常重要。传统的位姿估计方法有 GPS、IMU、轮速传感器和雷达定位系统等里程计技术。近年来,摄像头系统变得更加便宜,分辨率和帧率也更高,计算机的性能有了显著提高,实时的图像处理成为可能。一种新的位姿估计方法因此而产生,即视觉里程计。视觉里程计仅利用单个或多个摄像头所获取的图像流就能估计车辆位姿。图 4-25 所示为用视觉摄像头构成的点云图。

图 4-25 用视觉摄像头构成的点云图

1. 分类

视觉里程计(VO)的目标是根据拍摄的图像估计摄像头的运动,按照实现方式分为特征点法和直接法。其中,特征点法目前占据主流,能够在噪声较大、摄像头运动较快时工作,但形成的地图是稀疏特征点;直接法不需要提特征,能够建立稠密地图,但存在计算量大的缺陷。按照摄像头的数量分为单目视觉里程计和立体视觉里程计,其中单目视觉里程计存在尺度模糊的问题,而立体视觉里程计则很好地结果了这个问题。

2. 特征点法

基于特征点的算法是视觉里程计的主流算法,其工作过程首先是提取图像的特征点和描述子,然后匹配当前图像与先前图像,通过最小化重投影误差,计算摄像头的运动。但这种方法也存在以下缺陷:特征提取很耗时,提取和匹配不一定成功,可能存在误匹配。

3. 直接法

直接法根据像素的亮度信息,估计摄像头的运动,完全可以不用计算关键点和描述子,避免了特征的计算时间,也避免了特征的缺失情况。只要场景中存在明暗变化(可以是渐变、不形成局部的图像梯度),直接法就能工作。根据使用像素的数量,直接法分为稀疏直接(SVO)、半稠密直接(LSD)、稠密直接(DVO)三种。相比于特征点法只能重构稀疏特征点(稀疏地图),直接法还具有恢复稠密或半稠密结构的能力。

针对特征点法存在的一些问题,也存在若干种可行的解决方法:

1) 只计算关键点,不计算描述子,同时使用光流法(Optical Flow)来跟踪特征点的运动。这样就可以回避计算和匹配描述子的时间,但光流本身的计算需要一定的时间。

2) 只计算关键点,不计算描述子,同时使用直接法来计算特征点在下一时刻图像的位置,这同样可以跳过描述子的计算过程,而且直接法的计算更加简单。

3) 既不计算关键点,也不计算描述子,而是根据像素来直接计算摄像头运动。

第一种方法仍然使用特征点,只是把匹配描述子替换成了光流跟踪,估计摄像头运动时仍使用多点透视成像(Perspective-n-Point,PnP)或 ICP 算法。而在后两个方法中,根据图像的像素信息来计算摄像头运动。

使用特征点法估计摄像头运动时,把特征点看作是固定在三维空间的不动点。根据它们在摄像头中的投影位置,通过最小化重投影误差(Reprojection Error)来优化摄像头运动。在这个过程中,需要精确地知道空间点在两个摄像头中投影后的像素位置,这也就是为何要对特征进行匹配或跟踪的理由。而在直接法中,最小化的不再是重投影误差,而是测量误差(Photometric Error,光度测量误差)。

直接法就是为了克服特征点法的上述缺点(虽然它会引入另一些问题)。直接法直接根据像素亮度信息,估计摄像头的运动,可以完全不用计算关键点和描述子。于是,直接法既避免了特征的计算时间,也避免了特征缺失的情况。

从稀疏到稠密重构,都可以用直接法来计算。它们的计算量是逐渐增长的。稀疏方法可以快速地求解摄像头位姿,而稠密方法可以建立完整地图。具体使用哪种方法,需要视智能车的应用环境而定。特别是在低端的计算平台上,稀疏直接法可以做到非常快速的效果,适用于实时性较高且计算资源有限的场合。

4. 基本流程

视觉里程计的作用是计算图像帧与帧间对应的相机姿态的相对位置关系,包括特征提取、特征匹配、运动估计、局部优化,如图 4 - 26 所示。其目的是根据拍摄的图像估计相机的运动,基于相机模型与几何学模型等来计算恢复车体本身的六自由度运动,包括三自由度的旋转和三自由度的平移。

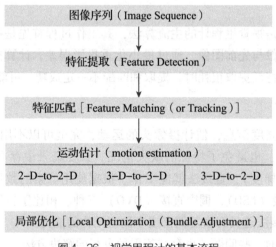

图 4 - 26 视觉里程计的基本流程

5. 特征提取

特征提取的好坏直接影响到视觉 SLAM 算法的表现,在特征提取中包含特征点检测以及特征点提取,其中算法主要有 Harris、FAST、SIFT、SURF、ORB 等,如图 4 - 27 所示。

图 4-27 特征提取

(1) 图像特征

图像特征是指从图像中提取的感兴趣信息，反映该图像在某一方面的特性，同时它也是计算机视觉中许多图像分析算法的起点。因此，如何提取有效的图像特征来完成相似度匹配工作是图像匹配技术的关键。常见的图像特征有很多，人们可将这些特征整体上分为两类，即全局特征和局部特征，如图 4-28 所示。

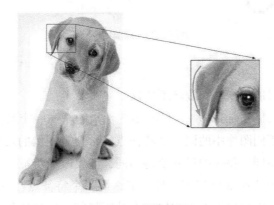

图 4-28 图像特征

全局特征（global features）是反映一幅图像整体特性的一种特征，其特征提取的范围覆盖整幅图像的所有像素点，它能从宏观角度较好地把握图像概括信息和大致结构，例如以直方图的形式统计整幅图像的灰度信息，从而反映图像灰度特征；统计整幅图像颜色信息来表示图像颜色分布情况；统计整幅图像的区域几何矩来表示图像的形状特征等。

全局特征是从宏观上对图像的一种描述，反映了图像的整体属性。这类特征的优点就是描述直观、算法简洁、特征提取效率高。常见的全局特征有颜色特征、凹形状特征和纹理特征等。

但是由于全局特征是对图像整体进行无差别特征提取，对于细节或者显著性特征描述能力不够，所以对于图像匹配精度要求高的场合，如人脸识别系统的应用，当人表情发生变化或者姿势改变的情况下，仅依靠全局特征来完成特征匹配和识别操作是不行的。它会影响整个系统的鲁棒性和稳定性。因此，针对不同的应用环境需要选择更为适合、更稳健的特征，除了全局特征外还要借助局部特征来增强图像的匹配效果。

局部特征（local features）是近来研究的一大热点。相对于全局特征而言，它主要是指从图像局部信息中提取出来的具有不变性的特征，这些特征一般是指在图像中能够稳定出现且具有良好的可区分性的关键点。这样在图像中某物体不完全受到遮挡的情况下，一些局部特征点依然稳定存在，仍可以用来描述整幅图像的特征。

如图4-29所示，人们可以看到左边一列是完整图像，中间一列是一些局部角点，右边一列则是除去角点以外的线段。显然从中间一列图像来看，人们能更容易地把它们想象成左边一列的原始图像，这说明人们可以用这些局部稳定的角点来表示原图像，这样就可以大大降低图像原本所携带的大量信息，减少计算量。另一方面，当物体受到外界干扰发生形变时，人们依然能够从未被遮挡的特征点上还原重要的信息。因此，相对于全局特征是从宏观上把握图像的整体信息而言，局部特征则更注重局部稳定的、显著特征的细节信息。

图4-29 局部特征

(2) 图像特性

图像特性主要是指尺度不变性和旋转不变性。

1) 尺度不变性（Scale Invariance）。尺度不变性指的是同一个特征，在图像不同的尺度空间保持不变。匹配在不同图像中的同一个特征点经常会有图像的尺度问题，不同尺度的图像中特征点的距离变得不同，物体的尺寸变得不同，而仅改变特征点的大小就有可能造成强度不匹配。如果描述子无法保证尺度不变性，那么同一个特征点在放大或者缩小的图像间，就不能很好地匹配。为了保持尺度的不变性，在计算特征点的描述子的时候，通常将图像变换到统一的尺度空间，再加上尺度因子。

2) 旋转不变性（Rotational Invariance）。旋转不变性指的是同一个特征，在成像视角旋转后，特征仍然能够保持不变。和尺度不变性类似，为了保持旋转不变性，在计算特征点描述子的时候，要加上关键点的方向信息。

(3) 关键技术

经过国内外学者多年来对图像匹配技术的研究和总结，可将该过程中的关键技术归纳为四个方面：

1) 特征空间（feature space）。特征空间是指从图像中提取出来用于匹配的有用信息，如图像的灰度值、边缘、轮廓、显著特征（如角点、线交叉点、极值点）、统计特征（如矩不变量、中心矩）等。

2) 搜索空间（search space）。搜索空间是指用来匹配的源图像的图像变换集，因为图像匹配问题是一个参数的最优估计问题，待估计参数组成的空间即搜索空间。

3）相似性度量（similarity metric）。相似性度量用来衡量目标图像和源图像特征之间的相似性程度，直接决定匹配图像之间的相关性。常见的相似性度量准则分两种：相似性函数度量和距离度量。相似性函数度量算法有 AD（Absolute Different）算法、序列相似性检测算法、互相关算法、互信息算法及投影相关算法等。常用的距离度量有马氏距离、欧氏距离、hausdorff 距离等。

4）搜索策略（search strategy）。搜索策略是指采用何种方式在搜索空间中寻找相似性最大的图像匹配位置。搜索算法的优劣直接关系到匹配算法的时间消耗和准确率问题。常见的搜索策略有层次性搜索、序贯性判断、启发式搜索及多尺度搜索等。

（4）Harris 角点

Harris 角点对亮度和对比度的变化不敏感，具有旋转不变性，但不具有尺度不变性。如图 4-30 所示，图中的角通常称作角点（corner points），它们具有以下特征：轮廓之间的交点；对于同一场景，即使视角发生变化，通常具备稳定性质的特征；该点附近区域的像素点无论在梯度方向上还是其梯度幅值上都有着较大变化。

图 4-30 Harris 角点

人眼对角点的识别通常是在一个局部的小区域或小窗口完成的。如果在各个方向上移动这个特征的小窗口，窗口内区域的灰度发生了较大的变化，那么就认为在窗口内遇到了角点。如果这个特定的窗口在图像各个方向上移动时，窗口内图像的灰度没有发生变化，那么窗口内就不存在角点；如果窗口在某一个方向移动时，窗口内图像的灰度发生了较大的变化，而在另一些方向上没有发生变化，那么窗口内的图像可能就是一条直线的线段，如图 4-31 所示。

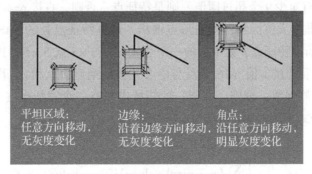

图 4-31 Harris 角点的识别

(5) FAST 特征

FAST (Features from Accelerated Segment Test) 特征点检测原理是在圆周上按顺时针方向从 1 到 16 的顺序对圆周像素点进行编号,如图 4-32 所示。如果在圆周上有 N (N 的常用取值有 9、10、12) 个连续的像素的亮度都比圆心像素的亮度 I_p 加上阈值 t 还要亮,或者比圆心像素的亮度减去阈值还要暗,则圆心像素被称为角点。算法核心是利用周围像素比较的信息可以得到特征点,简单、高效。

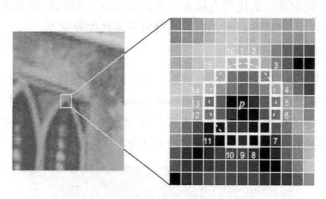

图 4-32 FAST 特征

FAST 特征点检测算法来源于 corner 的定义,基于特征点周围的像素灰度值。检测候选特征点周围一圈的像素值,如果候选区域内的像素点足够多且与候选点灰度值的差值足够大,则认为是一个特征点。

根据算法原理其基本流程为:

1) 一个以像素 p 为中心,半径为 3 的圆上,有 16 个像素点 ($p1$, $p2$, …, $p16$)。

2) 定义一个阈值,用于比较是否周围像素点和候选点的差值是否足够大(阈值选择很重要,也是一个缺陷)。计算 $p1$、$p9$ 与中心 p 的像素差,若它们绝对值都小于阈值,则 p 点不可能是特征点,直接 pass 掉;否则,当作候选点,有待进一步考察。

3) 构建移动窗口,设计半径为 3,大约 16 个像素组成的区域,与中心点像素比较。若 p 是候选点,则计算 $p1$、$p9$、$p5$、$p13$ 与中心 p 的像素差,若它们的绝对值有至少 3 个超过阈值,则当做候选点,再进行下一步考察;否则,直接 pass 掉。

4) 候选像素与构建的周围区域比较。若 p 是候选点,则计算 $p1$ 到 $p16$ 这 16 个点与中心 p 的像素差,若它们有至少 9 个超过阈值,则是特征点;否则,直接 pass 掉。

5) 对图像进行非极大值抑制,得到角点输出。计算特征点处的 FAST 得分值(即 score 值,也即 s 值),判断以特征点 p 为中心的一个邻域(如 3×3 或 5×5)内,计算若有多个特征点,则判断每个特征点的 s 值(16 个点与中心差值的绝对值总和),若 p 是邻域所有特征点中响应值最大的,则保留;否则,抑制。若邻域内只有一个特征点(角点),则保留。得分计算公式如下(公式中用 V 表示得分,t 表示阈值)

$$V = \max \begin{cases} \sum (\text{pixel values} - p)\,\text{if}(\text{value} - p) > t \\ \sum (p - \text{pixel values})\,\text{if}(p - \text{value}) > t \end{cases}$$

① 计算得分函数，其值 V 是特征点与其圆周上 16 个像素点的绝对差值中所有连续 10 个像素中的最小值的最大值，而且该值还要大于阈值 t。

② 在 3×3 的特征点邻域内（而不是图像邻域），比较 V。

③ 剔除掉非极大值的特征点。

（6）SIFT 特征

SIFT（Scale-Invariant Feature Transform，尺度不变特征变换）特征在计算时充分考虑了在图像变换过程中出现的光照、尺度、旋转等变化，鲁棒性好。但随之而来的是计算量增大。SIFT 特征的匹配算法可以分为三个阶段：第一阶段是 SIFT 特征点提取；第二阶段是 SIFT 特征矢量的生成；第三个阶段是 SIFT 特征矢量的匹配，如图 4-33 所示。

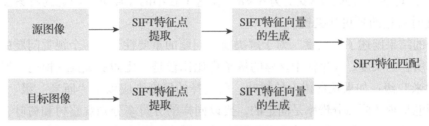

图 4-33 SIFT 特征提取

SIFT 特征的提取，可以通过两个例子展开讲解。

例 1：如图 4-34 所示，左右图片中哪个的角尖锐？

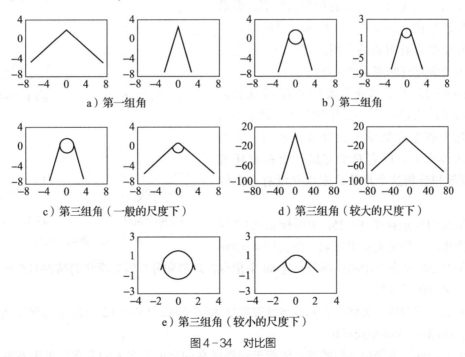

图 4-34 对比图

图 4-34a 中，显然右边的角更尖锐，这是因为同左边的角相比其角度值较小。

图 4-34b 中，也是右边的角更尖锐，这是因为同左边的角相比其曲率值较大。

图 4-34c 中，左边的角一方面具有较小的角度值（因此更尖锐），另一方面又具有较小

的曲率值（因此更圆钝）。右边的角情形刚好相反，一方面因为具有较大的角度值更圆钝，另一方面又因为具有较大的曲率值显得更尖锐。

事实上，本问题对于图4-34a和图4-34b来说是纯粹的数学问题，依据数学上的基本概念（即角度、曲率）便可以做出判断。而图4-34c中两个角之间的比较已经不再是纯粹的数学问题，在数学上没有明确的答案。确切地说，这是一个尺度空间中的视觉问题，其答案取决于问题所在的"尺度"而不是某个数学指标。这里，"尺度"可以被直观地理解为观察窗口的大小。在图4-34c中，人们观察两个角的窗口大小都是12×16。图4-34d中，调整了观察窗口，其大小变成120×160（假设所比较的两个角都具有无限长的边）。在这个较大的尺度下，问题的答案变得非常明朗：左边的角更加尖锐。图4-34e中，观察窗口的大小变更为6×8，在这个较小的尺度下，问题的答案发生了有趣的变化，此时右边的角更加尖锐。

此例子的结果阐述了"尺度"对于解决视觉问题的重要性，即一个视觉问题的答案往往会依赖于其所在的尺度。在生活中这样的例子也比比皆是，比如要观察一棵树，所选择的尺度应该是"米"级；如果观察树上的树叶，所选择的尺度则应该是"厘米"级。一般来说，摄像设备所能呈现的画面分辨率是固定的。要以同样的分辨率分别观察树和树叶，人们需要调整摄像设备的摄像位置。因此，视觉问题中的"尺度"概念也可以被形象地理解为摄像设备与被观察物体之间的距离：较远的距离对应较大的尺度，较近的距离对应较小的尺度。

例2：图4-35中显示的图片哪些是角点？

图4-35a呈现了一片雪花的形状轮廓，要求人们找出该形状上的角点。在很多计算机视觉任务中，角点都有着重要的作用。数学上，角点一般是指大曲率点或曲率无穷大点。

在图4-35b中，雪花形状上所有曲率无穷大的点都被确认为角点，一共有192个，如圆圈所标记。这个答案在数学上无疑是正确的、完美的、令人惊奇的，但它对于完成一个视觉任务（比如理解和分析这个形状）来说并没有多大的意义。

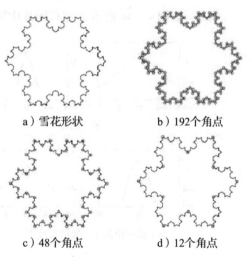

a) 雪花形状　　　　b) 192个角点

c) 48个角点　　　　d) 12个角点

图4-35　角点对比图

如果人们仅选择图4-35c中所标记出的48个点作为角点，感觉上要更好点。作为图4-35b中所标记的192个角点中的一部分，这48个角点在理解和分析雪花形状的结构时要比其余的角点具有更高的重要性。

实际上，按照这一思路，人们不难发现在这48个角点中又有12个角点的重要性还要更高一些，如图4-35d中所标记。

同例1一样，本例中问题的答案依赖于问题所在的尺度：当人们非常靠近雪花形状观察它时（即在较小的尺度下），能够看清楚所有的细节，却不容易感知其整体轮廓，从而倾向于不加区分地选取图4-35b中所标记的192个点作为角点。反过来，当人们从一个很远的距离观察雪花形状时（即在较大的尺度下），虽然轮廓的细节已经模糊不清，但能够一眼看出其整体结构，从而倾向于选取图 4-35d 中所标记的 12 个点作为角点。此外，图 4-35c 中所标记的角点对于理解雪花形状也很有帮助。事实上，如果人们不是保守地将自己固定在某个尺度下来观察物体，便能够获得充足的视觉信息。比如说图 4-35b～图 4-35d 所呈现的三组角点已经很好地向人们展示了雪花形状的三个结构层次。这一效果是其中的任意一组角点都无法实现的。

现实生活中的例子：现实生活中视觉问题的复杂性也往往需要人们做到这一点：当人们去参观某处文化遗迹时，远远地就已经开始观察建筑物的外形，然后在较近距离时开始注意到门窗、台阶、梁柱的建筑风格，最后会凑上前去细看门窗上的图案、石碑上的碑文等。当智能机器（车）也能够自主地做到这一点时，说明它已经具备了更高的人工智能。人们对尺度空间技术的研究也正是朝着这个方向努力。概括地说，"尺度空间"的概念就是在多个尺度下观察目标，然后加以综合的分析和理解。这里用的是图像来解释尺度，当然，对于抽象的信号，理解还是一样的，不过到时候人们看的工具不是人眼或者是摄像机从外表区分了，这时候人们用的工具也可能是时域的分析法，也可能是频率域的傅里叶变换等分析法，它是人们进一步发现感兴趣事物的工具。

尺度不变特征转换即 SIFT（Scale-Invariant Feature Transform）是一种计算机视觉的算法。它用来侦测与描述影像中的局部性特征，它在空间尺度中寻找极值点，并提取出其位置、尺度、旋转不变量，此算法由 David Lowe 在 1999 年所发表，2004 年完善总结。

局部影像特征的描述与侦测可以帮助辨识物体，SIFT 特征是基于物体上的一些局部外观的兴趣点，而与影像的大小和旋转无关。对于光线、噪声、视角改变的容忍度也相当高。基于这些特性，它们是高度显著而且相对容易提取，在母数庞大的特征数据库中，很容易辨识物体而且少有误认。使用 SIFT 特征描述对于部分物体遮蔽的侦测率也相当高，甚至只需要 3 个以上的 SIFT 物体特征就足以计算出位置与方位。在现今的计算机硬件速度下和小型的特征数据库条件下，辨识速度可接近即时运算。SIFT 特征的信息量大，适合在海量数据库中快速、准确地匹配。

SIFT 算法的实质是在不同的尺度空间上查找关键点（特征点），并计算出关键点的方向。SIFT 所查找到的关键点是一些十分突出，不会因光照、仿射变换和噪声等因素而变化的点，如角点、边缘点、暗区的亮点及亮区的暗点等。

(7) SURF 特征

SURF（Speeded Up Robust Features，快速鲁棒特征算法）是一种稳健的图像识别和描述算法。它是 SIFT 的高效变种，也是提取尺度不变特征，算法步骤与 SIFT 算法大致相同，但采用的方法不一样，要比 SIFT 算法更高效。SURF 使用海森（Hessian）矩阵的行列式值作特征点检测，描述子基于 2D 离散小波变换响应并且有效地利用了积分图加速运算。图 4-36 所示为使用 SURF 特征实现图像配准示例。

1) 构建 Hessian 矩阵。构建 Hessian 矩阵的目的是生成图像稳定的边缘点（突变点），跟 Canny、拉普拉斯边缘检测的作用类似，为特征提取做准备。构建 Hessian 矩阵的过程对应着 SIFT 算法中的 DOG 过程。

图 4-36 使用 SURF 特征实现图像配准示例

Hessian 矩阵（Hessian Matrix）是由一个多元函数的二阶偏导数构成的方阵，描述了函数的局部曲率。由德国数学家 Ludwig Otto Hessian 于 19 世纪提出。

通过这种方法可以为图像中每个像素计算出其 H 行列式的决定值，并用这个值来判别图像局部特征点。Hession 矩阵判别式中的 $L(x,y)$ 是原始图像的高斯卷积，由于高斯核服从正态分布，从中心点往外，系数越来越小，为了提高运算速度，SURF 算法使用了盒式滤波器来替代高斯滤波器，因此在 L_{xy} 上乘了一个加权系数，目的是平衡因使用盒式滤波器近似所带来的误差。

SURF 使用 Hessian 矩阵来检测特征点，该矩阵是 x，y 方向的二阶导数矩阵，可测量一个函数的局部曲率，其行列式值代表像素点周围的变化量，特征点需要取行列式值的极值点。SURF 算法用盒式滤波器取代 SIFT 中的高斯滤波器，利用积分图（计算位于滤波器方形的四个角落值）大幅提高运算速度，盒式滤波器和高斯滤波器的工作示意如图 4-37 所示。

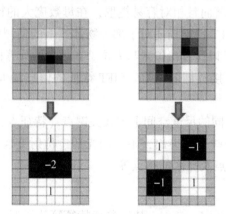

图 4-37 盒式滤波器和高斯滤波器的工作示意

图 4-37 中的上面两幅图是 9×9 高斯滤波器模板分别在图像垂直方向上二阶导数 L_{yy} 和 L_{xy} 对应的值，下边两幅图是使用盒式滤波器对其近似，灰色部分的像素值为 0，黑色为 -2，白色为 1。

盒式滤波器涉及积分图的使用，滤波器对图像的滤波转化成计算图像上不同区域间像素的加减运算问题，这正是积分图的强项，只需要简单积分查找积分图就可以完成。

2）构造尺度空间。同 SIFT 算法一样，SURF 算法的尺度空间由 O 组 S 层组成，不同的是，SIFT 算法下一组图像的长宽均是上一组的一半，同一组不同层图像之间的尺寸一样，但是所使用的尺度空间因子（高斯模糊系数 σ）逐渐增大；而在 SURF 算法中，不同组间图像的尺寸都是一致的，不同的是不同组间使用的盒式滤波器的模板尺寸逐渐增大，同一组不同层图像使用相同尺寸的滤波器，但是滤波器的尺度空间因子逐渐增大，如图 4-38 所示。

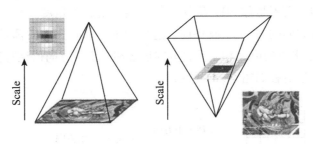

图 4-38 尺度空间

3）特征点定位。SURF 特征点的定位过程和 SIFT 算法一致，将经过 Hessian 矩阵处理的每个像素点（即获得每个像素点 Hessian 矩阵的判别式值）与其图像域（相同大小的图像）和尺度域（相邻的尺度空间）的所有相邻点进行比较，当其大于（或者小于）所有相邻点时，该点就是极值点。如图 4-39 所示，中间的检测点要和其所在图像的 3×3 邻域 8 个像素点，以及其相邻的上下两层 3×3 邻域 18 个像素点，共 26 个像素点进行比较。

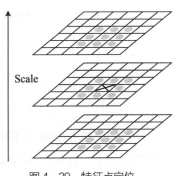

图 4-39 特征点定位

初步定位出特征点后，再经过滤除能量比较弱的关键点以及错误定位的关键点，筛选出最终的稳定的特征点。

4）计算特征点主方向。SIFT 算法特征点的主方向是采用在特征点邻域内统计其梯度直方图，横轴是梯度方向的角度，纵轴是梯度方向对应梯度幅值的累加，取直方图 bin 最大的以及超过最大 80% 的那些方向作为特征点的主方向。

而在 SURF 算法中，采用的是统计特征点圆形邻域内的 Haar 小波特征，即在特征点的圆形邻域内，统计 60°扇形内所有点的水平、垂直 Haar 小波特征总和，然后扇形以 0.2rad 大小的间隔进行旋转并再次统计该区域内的 Haar 小波特征值之后，最后将值最大的那个扇形的方向作为该特征点的主方向，该过程如图 4-40 所示。

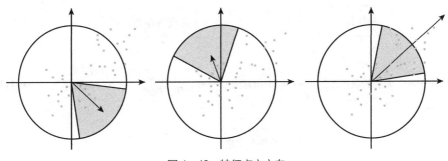

图 4-40 特征点主方向

5)生成特征描述。在 SIFT 算法中,为了保证特征矢量的旋转不变性,先以特征点为中心,在附近邻域内将坐标轴旋转 θ(特征点的主方向)角度,然后提取特征点周围的 4×4 个区域块,统计每小块内的 8 个梯度方向,这样一个关键点就可以产生 128 维的 SIFT 特征矢量。

SURF 算法中,也是提取特征点周围的 4×4 个矩形区域块,但是所取得矩形区域方向是沿着特征点的主方向,而不是像 SIFT 算法一样,经过旋转 θ 角度。每个子区域统计 25 个像素点水平方向和垂直方向的 Haar 小波特征,这里的水平和垂直方向都是相对主方向而言的。该 Haar 小波特征为水平方向值之和、垂直方向值之和、水平方向值绝对值之和以及垂直方向绝对之和四个方向,该过程如图 4-41 所示。

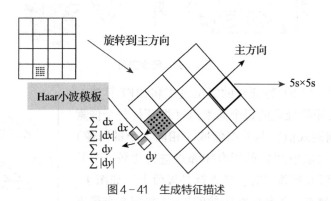

图 4-41 生成特征描述

把这四个值作为每个子块区域的特征矢量,因此一共有 4×4×4=64 维矢量作为 SURF 特征的描述子,比 SIFT 特征的描述子减少了一半。

(8)ORB 特征

ORB(Oriented Fast and Rotated BRIEF)是一种在速度和性能上都表现出色的全新特征检测算法。该算法结合了 FAST 角点检测算法和 BRIEF 描述子(Descriptor,刻画特征的一个数据结构,一个描述子的维数可以是多维的)的特点,并在此基础上进行了改进,其算法分为两部分,分别是特征点提取和特征点描述。

特征提取采用 Fast 特征检测 + 高斯金字塔算法,解决尺度不变性;特征点描述是根据 BRIEF(Binary Robust Independent Elementary Features,二值鲁棒独立元素特征)特征描述算法改进的,采用 Brief 算法 + 灰度质心法,解决旋转不变性。其流程如图 4-42 所示。

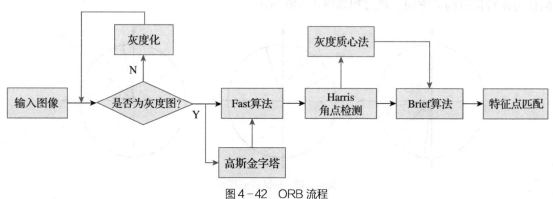

图 4-42 ORB 流程

6. 特征匹配

特征匹配的目的是解决 SLAM 中的数据关联问题,确定当前看到的特征与之前看到的特征之间的对应关系。与激光 SLAM 的前端类似,在进行了特征提取以后,需要进行数据关联,在视觉 SLAM 中常称为特征匹配。特征匹配的方法是先找出特征显著的特征点,然后分别描述两个特征点,最后比较两个描述的相似程度来判断是否为同一个特征,如图 4-43 所示。而在特征描述之前如果能够做到确定特征的方向,则可以实现旋转不变性,如果能确定尺度,则可以实现尺度不变性。

图 4-43 特征匹配

(1) 基本流程

图像匹配(配准)过程较复杂,而且针对不同的应用主要侧重点也不一样,具体实现匹配(配准)的过程也存在着差异,但基本的流程大致是相同的,主要包括特征提取、特征匹配、剔除误匹配、求解模型变换参数几个过程,如图 4-44 所示。

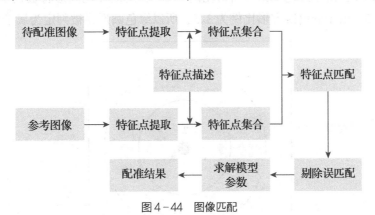

图 4-44 图像匹配

1) 选取特征点。特征点的选取对于配准过程至关重要,决定了算法的稳定性。

2) 特征匹配。对所提取到的特征进行合理的特征描述,完成特征描述子的构建之后,根据所选取的相似度准则计算匹配程度的大小,找到正确的特征点匹配对。

3) 剔除伪匹配对。为了提高配准结果的精度,需要将一对多或者是多对多的伪匹配点删除。

4) 计算模型参数及插值技术。将正确的匹配对代入匹配图像间的空间变换模型中,求解出相关参数，然后通过模型参数对图像进行变换，完成配准过程。

（2）匹配方法

常用的算法有暴力（Brute Force）算法和K最近邻（KNN，K – Nearest Neighbor）分类算法两种。

所谓 BF 算法，即暴力（Brute Force）算法，暴力匹配即两两匹配。该算法不涉及优化，假设从图片 A 中提取了 m 个特征描述符，从 B 图片提取了 n 个特征描述符。对于 A 中 m 个特征描述符的任意一个都需要和 B 中的 n 个特征描述符进行比较。每次比较都会给出一个距离值，然后将得到的距离进行排序，取距离最近的一个作为匹配点。这种方法简单粗暴，其结果也是显而易见的，通过演示案例，人们知道有大量的错误匹配，这就需要使用一些机制来过滤掉错误的匹配。比如人们对匹配点按照距离来排序，并指定一个距离阈值，过滤掉一些匹配距离较远的点。

所谓 KNN 算法，即邻近算法，或者说 K 最近邻（KNN，K – Nearest Neighbor）分类算法，是数据挖掘分类技术中最简单的方法之一。所谓 K 最近邻，就是 K 个最近的邻居的意思，说的是每个样本都可以用其最接近的 K 个邻近值来代表，即由你的邻居来推断出你的类别。

KNN 最邻近分类算法的实现原理是，为了判断未知样本的类别，以所有已知类别的样本作为参照，计算未知样本与所有已知样本的距离，从中选取与未知样本距离最近的 K 个已知样本，根据少数服从多数的投票法则，将未知样本与 K 个最邻近样本中所属类别占比较多的归为一类。

如图 4 - 45 所示，如何判断绿色圆形应该属于哪一类，是属于红色三角形还是属于蓝色四方形？如果 $K = 3$，由于红色三角形所占比例为 2/3，所以绿色圆形将被判定为属于红色三角形，如果 $K = 5$，由于蓝色四方形比例为 3/5，所以绿色圆形将被判定为属于蓝色四方形。

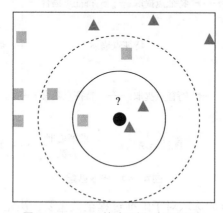

图 4 - 45　KNN 算法示例（见彩插）

由于 KNN 最邻近分类算法在分类决策时只依据最邻近的一个或者几个样本的类别来决定待分类样本所属的类别，而不是靠判别类域的方法来确定所属类别的，因此对于类域的交叉或重叠较多的待分样本集来说，KNN 方法较其他方法更为适合。

KNN 算法的关键：

1）样本的所有特征都要做可比较的量化，若是样本特征中存在非数值的类型，必须采取手段将其量化为数值。例如样本特征中包含颜色，可通过将颜色转换为灰度值来实现距离计算。

2）样本特征要做归一化处理，样本有多个参数，每一个参数都有自己的定义域和取值范围，它们对距离计算的影响不一样，如取值较大的影响力会盖过取值较小的参数。因此样本参数必须做一些处理，最简单的方式就是所有特征的数值都采取归一化处置。

归一化就是通过一系列变换，即利用图像的不变矩寻找一组参数，使其能够消除其他变换函数对图像变换的影响，将待处理的原始图像转换成相应的唯一标准形式，使该标准形式图像对平移、旋转、缩放等仿射变换具有不变特性。

基于矩的图像归一化技术的基本工作原理是，首先利用图像中对仿射变换具有不变性的矩来确定变换函数的参数，然后利用此参数确定的变换函数把原始图像变换为一个标准形式的图像（该图像与仿射变换无关）。一般说来，基于矩的图像归一化过程包括四个步骤，即坐标中心化、x-shearing 归一化、缩放归一化和旋转归一化。图像归一化使得图像可以抵抗几何变换的攻击，它能够找出图像中的那些不变量，从而得知这些图像原本就是一样的或者一个系列的。

3）需要一个距离函数以计算两个样本之间的距离。通常使用的距离函数有欧氏距离、余弦距离、汉明距离、曼哈顿距离等，一般选欧氏距离作为距离度量，但是这只适用于连续变量。如在分类这种非连续变量情况下，汉明距离可以用来作为度量。通常情况下，如果运用一些特殊的算法来计算度量的话，K 近邻分类精度可显著提高，如运用大边缘最近邻法或者近邻成分分析法。

7. 运动估计

运动估计实际上就是计算相机在当前图像和前一帧图像之间的变换矩阵，通过串联这些单步的运动，能够完整地恢复相机和智能汽车的轨迹。在运动估计前需对特征匹配之后的外点进行删除，得到了特征点之间的对应关系。外点的来源主要有两个途径：一是误匹配，产生误匹配的原因包括图像噪声、光照、视角变化以及特征匹配算法本身等；二是场景中的运动目标。这些外点会对运动估计产生重大影响。

4.3.5 后端优化

前端视觉里程计能给出一个短时间内的轨迹和地图，但不可避免地存在误差累积，时间越长，累计的误差越大。要想构建一个尺度、规模更大的优化问题，以考虑长时间内的最优轨迹和地图，就需要进行后端优化。前端检测只有运动方程（没有观测方程），相当于蒙着眼睛在一个未知的地方走路。当睁开眼睛时（同时有运动和观测方程），由于能够不断地观测到外部场景，使得位置估计的不确定性大大变小。

前端只能求出短时间内或者相邻两帧之间的转换关系，并建立局部意义的地图。然而当时间延长或者规模变大之后，将出现累积误差。而后端优化就可以解决这个长时间、大规模建图的问题。后端优化是一个状态估计问题。

相机的当前位姿是由单步的相对运动 T ($k=1$,…,n) 以及 $k=0$ 时刻的初始位姿 C_0 计算得到的。而 T 与实际的相机相对运动之间不可避免地存在一定的误差，因此当前位姿的误差取决于之前的每一次运动估计的误差。误差繁殖定律证明了当前位姿 C 的误差会随着单步的相对运动 T 的串联而增大。这种误差逐渐增大的现象叫做漂移，如图 4-46 所示，描述了漂移的产生过程。

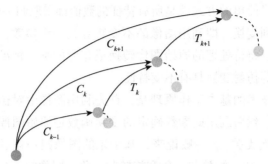

蓝点表示初始位置，红点表示真实位置，黑点表示测量位置
图 4-46 漂移的产生（见彩插）

在视觉 SLAM 中，需要通过图像特征的匹配来将同一个三维点在相机像素平面的坐标匹配起来，构建对极约束方程，或者将三维点坐标和二维点坐标匹配起来构建重投影误差。但是，特征匹配的结果中往往存在一些错误。这一方面是由特征点提取和匹配算法本身的性能不足引起的，另一方面是相机在快速移动过程中图像本身出现模糊和畸变等引起的。同时，相机照片中的像素坐标是一个离散值，像素越低，特征点的投影坐标精度就越低。这些因素将导致通过特征匹配估计的相机坐标存在误差。

1. 算法分类

为了解决位姿估计中的误差积累问题，主流的算法分为基于滤波器算法和基于图优化算法（非线性优化）两类。

2. 基于滤波器算法

常用的滤波器算法有基于扩展卡尔曼滤波器（EKF）算法和基于粒子滤波算法两种。

滤波器法在早期的视觉里程计中占据主导地位，其中最常用的是扩展卡尔曼滤波器（EKF）。EKF 以相机的当前位姿和所有点的三维坐标为状态变量，更新其均值和协方差。对于视觉里程计这种非线性系统，EKF 实际上给出了单次线性近似下的最大后验估计。后来使用无损卡尔曼滤波器（UKF）获得了比 EKF 更精确的估计结果。与采用一阶泰勒展开的 EKF 相比，UKF 接近 3 阶精度。还有很多算法相对 EKF 能够降低计算的复杂度，如稀疏扩展信息滤波器（SEIF）、Atlas 框架、分治法等。但是滤波器方法有很大的局限性，它在一定程度上假设了马尔可夫性，即 k 时刻的状态只与 $k-1$ 时刻相关，而与之前的状态和观测都无关，依然容易造成误差累积。因此，滤波器算法一般用在计算资源受限或待估计量比较简单的场合，而非线性优化是目前的主流方法。

粒子滤波（PF）是贝叶斯（Bayes）滤波的一种非参数实现。与线性高斯 KF 不同，不依赖确定的后验函数，而通过有限数量的值来近似后验，每一个值大致与状态空间的某个区域有关，将 Bayes 中求解积分转换成有限个样本点求和的过程。PF 的核心思想是，利用一系列随机状态采样的加权和来近似积分，求解后验概率密度函数（置信度），当采样粒子数量不断增多达到一定阈值时，加权和就接近于状态变量的后验概率密度函数。在 SLAM 应用中，PF 主要包括两个过程：采样、权值更新。

粒子滤波算法为了得到正确的后验概率估计值，样本空间中粒子权值方差越接近零越好，但是随着算法迭代次数的增多，粒子样本权值存在退化现象。在样本空间中只有少数粒子参与计算，甚至迭代次数达到某一阈值后，可能只有一个粒子样本的权值为非零，其他粒子样本的权值都无效，导致计算量浪费在对联合后验概率几乎不起作用的无效粒子的更新操作上，导致 SLAM 系统的性能降低。为了缓解上述涉及的粒子退化现象，一般采用以下两种方法：在进行粒子采样时选择恰当的重要性概率密度函数，在 SLAM 中通常选用运动变换概率作为采样的概率密度函数。使用该方法的缺点是在进行采样时，没有考虑当前车辆的观测值，在权值更新完成之后引入重采样技术，重采样有多种实现方式，其中最简单的是移除权值较小的粒子样本，对剩余的粒子样本进行归一化处理，因此粒子的权值都相等，为粒子样本空间数的倒数，重采样技术减少了粒子的多样性，减轻了样本权值退化的程度，但并不能从本质上予以解决。

3. 基于非线性优化算法

图优化利用图论意义上的图，将 SLAM 后端最优化问题转换为图的一种表现形式，图是由若干个顶点（Vertex）和连接这些顶点的边（Edge）构成的。在 SLAM 应用中，车辆在任意时刻的位姿构成了图优化的顶点，相邻时刻位姿之间的运动状态转换构成了图优化的边，顶点即需要优化的变量，在构建好图之后，需要调整智能汽车的位姿尽可能地满足图中每条边对应的约束。因此，后端图优化过程可以分成以下两个步骤来实现构造图和优化图：

1) 构造图：智能汽车位姿表示顶点，位姿之间的关系表示边，智能汽车自身携带的传感器信息构造出图，该步骤是传感器数据的堆积。

2) 优化图：即优化智能汽车位姿，保证图中顶点最符合其对应边的约束。

其优化方法如下：

(1) 基于随机梯度下降的图优化方法

目前将机器学习中最常用的随机梯度下降法（Stochastic Gradient Descent，SGD）应用到 SLAM 的后端优化算法中，提出了基于 SGD 的图优化算法，在求解 SLAM 迭代的过程中，遍历位姿图中的每条边，依据边上限制的位姿变换关系，不断地寻找梯度并下降的过程，从而在该方向上寻找最优的参数。

直到某一时刻增量非常小，函数无法再下降，此时 SGD 收敛，目标函数达到了极小值，完成极小值的搜索。通过实验证明，基于 SGD 的图优化算法计算速度快，对 SLAM 系统的初始值具有较高的鲁棒性，并且不易陷入局部最优值，同时对 SLAM 系统给不同的初始值、零值或随机产生值，甚至与最优值相差很多，该算法都会产生很好的收敛效果。

(2) 基于松弛的图优化方法

目前将松弛算法（Relaxation）应用到 SLAM 后端优化算法中，提出了基于松弛的图优化算法。在后端算法的迭代过程中，对位姿图中的每个顶点都做如下操作：其中顶点中包含智能汽车位姿和环境特征信息，利用选取顶点的邻近节点信息和运动变换方程重新计算顶点的最优解并更新。同时假设在智能汽车旋转角度已知的情况下，证明了松弛算法的图优化算法必定收敛于系统最优解。通过实验证明，基于松弛算法的图优化算法既可以解决静态环境特征点下不变的 SLAM 问题，还可以应用于增量式 SLAM 系统，当环境中有特征发生改变，例如增加一个路标点，该算法可以直接将新环境特征更新到原有地图中。但该算法存在一个缺陷，两个顶点之间的约束条件存在较大的误差时，松弛算法可能需要多次迭代才能将两顶点对应边上的误差减少并分配到其他顶点对应的约束条件上，从而增加了算法复杂度，同时环形闭合也需要解决此问题。

后期在松弛算法基础上不断改进，结合多网格方法来替代 SLAM 系统中的偏微分方程，提出一种多层次松弛（MLR）优化算法，提高了在环形闭合情况下顶点的优化效率。

（3）基于流形空间的图优化算法

基于 SGD 和松弛算法的图优化算法是在欧式空间进行运算的，在欧式三维空间中，对于智能汽车来说，旋转矩阵需要九个变量来描述三自由度的旋转，具有一定的冗余性。其次，欧拉角和旋转矢量是紧凑的但具有奇异性。因此需要寻找不带奇异性的三维矢量描述方式，引入四元数会产生额外的自由度，后期进一步提出了在流形空间进行 SLAM 后端图优化的思想，提出一种分层的图优化算法（Hierarchical Graph Optimization，HGO），该算法在图优化算法创建位姿图的过程，依据智能汽车观测值只在粗略描述这一层对地图进行更新，降低了算法的复杂度。在图优化中，常见的有 g2o 库，后期扩展了 g2o 库，提出了基于流形空间的 g2o 通用库，提高了开发效率，在通用库基础上又扩展了状态空间，从而更好地完成智能汽车自身定位和同步创建地图的任务。

4.3.6 回环检测

回环检测又称为闭环检测（Loop Closure Detection），主要解决位置估计随时间漂移的问题。如果有某种手段，让智能汽车知道"回到了原点或者来到了曾经来过的地方"，或者把"原点或者来到了曾经来过的地方"识别出来，人们再把位置估计值"拉"过去，就可以消除漂移了。这就是所谓的回环检测，如图 4-47 所示。

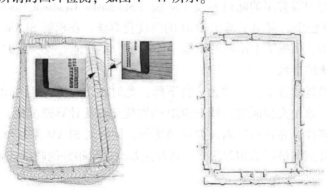

图 4-47　回环检测

图 4-47 中显示了回环的效果，左图未使用回环检测纠正位姿（Pose），可以看到行驶一周之后，在应该回到原点的位置，位姿出现较大偏差，导致地图没有正确闭合。右图中，由于使用了回环检测，纠正了位姿的累积误差，使得建图与实际场景一致，取得了较好的效果。

回环检测实质上是一种检测观测数据相似性的算法。对于视觉 SLAM，多数系统采用目前较为成熟的词袋模型（Bag-of-Words，BoW）。词袋模型把图像中的视觉特征聚类后建立词典，进而寻找每个图中含有哪些"单词"（word）。

视觉 SLAM 计算关键帧和在共视图（Covisibility Graph）中与其相邻的关键帧之间的词袋之间的相似度。词袋作为对该关键帧的描述，将回环检测转变为一个类似于模式识别的问题。当相机再次来到之前到过的场景时，就会因为看到相同的景物，而得到类似的词袋描述，从而检测到回环。

4.3.7 建图

建图主要是根据估计的轨迹建立与任务要求对应的地图，地图的表示主要有栅格地图、直接表征法、拓扑地图以及特征点地图这四种。图 4-48 所示为视觉 SLAM 构建地图以及构建过程。

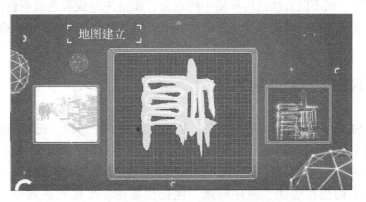

图 4-48 视觉 SLAM 构建地图以及构建过程

4.4 视觉 SLAM 与激光 SLAM 的区别

对于视觉 SLAM 与激光 SLAM 的区别，以下将从成本、应用场景、地图精度、易用性几个方面来进行详细的阐述。

4.4.1 成本区别

从成本上来说，激光雷达普遍价格较高，但目前国内也有低成本的激光雷达解决方案，而 VSLAM 主要是通过摄像头来采集数据信息，跟激光雷达一对比，摄像头的成本显然要低很多。但激光雷达能更高精度地测出障碍点的角度和距离，方便定位导航。

4.4.2 应用场景区别

从应用场景来说，VSLAM 的应用场景要丰富很多。VSLAM 在室内外环境下均能开展工作，但是对光的依赖程度高，在暗处或者一些无纹理区域是无法进行工作的。而激光 SLAM 目前主要被应用在室内，用来进行地图构建和导航工作。

4.4.3 地图精度区别

激光 SLAM 在构建地图的时候，精度较高，思岚科技的 RPLIDAR 系列构建的地图精度可达到 2cm 左右；而 VSLAM，比如常见的，大家也用得非常多的深度摄像头 Kinect，测距范围在 3~12m，地图构建精度约为 3cm。因此，激光 SLAM 构建的地图精度一般来说比 VSLAM 高，且能直接用于定位导航。

4.4.4 易用性区别

激光 SLAM 和基于深度摄像头的视觉 SLAM 均是通过直接获取环境中的点云数据，根据生成的点云数据，测算哪里有障碍物以及障碍物的距离。但是基于单目、双目、鱼眼摄像头的视觉 SLAM 方案，则不能直接获得环境中的点云，而是先形成灰色或彩色图像，再通过不断移动自身的位置来提取、匹配特征点，最后利用三角测距的方法测算出障碍物的距离。

4.5 基于 RGB-D 的 SLAM

RGB-D 的 SLAM 算法可以描述为准备、处理和结束三个阶段，而处理阶段分为前端检测和后端优化两个过程。前端检测是一个求解运动变换的过程，并为后端提供初始的数据，大致上可以分为特征的检测、特征匹配和运动变换估计三个步骤；后端是一个优化求解的过程，一般可以分为构建位姿图、回环检测、优化位姿图、生成轨迹和地图四个步骤，如图 4-49 所示。

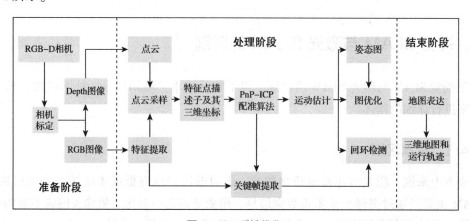

图 4-49 后端优化

4.5.1 准备阶段

准备阶段主要处理软硬件平台的搭建以及传感器的校准和数据采集问题，结合上述软硬件平台框架，将 RGB-D 摄像头的彩色摄像头和深度摄像头进行图像对齐处理，分别对两个摄像头进行标定，构建摄像头模型，确定四个坐标系之间的转换关系，记录标定参数用于下个阶段。

4.5.2 处理阶段

由前端和后端两个部分组成，使用 SURF 算法对图像进行特征点的检测和提取，构建特征描述子，应用 FLANN 方法进行特征匹配，结合阈值法剔除错误的匹配，使用 PnP-ICP 算法对相邻帧之间的运动变换进行求解，构建点边姿态图，设置关键帧提取机制，通过关键帧检测方法和回环检测方法进行回环检测（全局性大回环检测和局部性小回环检测），添加回环约束关系，综合全局约束信息，使用 g2o 优化姿态图，消除轨迹漂移，求解各节点的最优姿态。

1. RGB-D 的 SLAM 前端

前端检测是一个求解运动变换的过程，运动变换的求解实际上是一个循环的过程，在每一次循环中，对当前的图像帧进行特征检测和描述子的提取，创建特征描述器，与上一帧图像进行特征匹配，根据特征匹配结果建立起两帧图像对应点对的二维集合，对于每一组点对，利用其所对应的彩色信息和深度信息计算出相应的三维空间坐标，获取对应点对的三维坐标集合，综合利用二维和三维的点对集合，使用点对配准算法从而估算出相邻两帧图像之间的运动变换。

2. RGB-D 的 SLAM 后端

后端利用前端的处理结果构建出初始的点边位姿图，以摄像头的位姿信息为节点，以相邻位姿的运动转换信息为边构建约束图像，利用回环检测添加回环约束，在全局范围内对位姿图进行优化求解，进而获得优化后各个节点新的位姿信息和运动转换信息，利用全局优化后的运动转换信息将点云进行拼接，最后生成全局一致性轨迹和地图。

4.5.3 结束阶段

将优化后的位姿图作为机器人的最优运行轨迹，运用各帧之间的运动变换关系将每帧图像所对应的点云拼接为全局一致性三维点云地图。

Chapter Five
第 5 章 智能车辆决策控制系统

5.1 智能车辆决策控制系统概述

5.1.1 智能车辆决策控制系统的定义

智能网联汽车决策系统的任务就是根据给定的路网文件、获取的交通环境信息和自身行驶状态,将行为预测、路径规划以及规避障碍物机制三者结合起来,自主产生合理的驾驶决策,实时完成无人驾驶动作规划。狭义上来讲,包含了无人驾驶车的信息融合、轨迹规划以及反馈控制模块;广义上来讲,还紧密依赖上游的路径规划、交通预测模块的计算结果。

5.1.2 智能车辆决策控制系统的关键技术

一个完整的交通系统是由"人-车-路-环境"所组成的回环反馈控制系统,如图 5-1 所示。"人"即驾驶人,是这个系统中唯一一个具有主观能动意识的客体,是整个系统的核心主

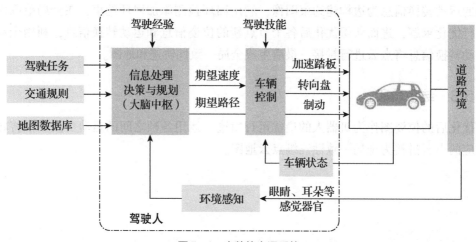

图 5-1 完整的交通系统

导元素，协调和控制着其他各个要素，对交通系统的性能起着决定性的作用。交通环境中的一切信息都需要依靠驾驶人这一个体的主观行为特性去处理。由此可见，对驾驶人驾驶行为的研究是构建驾驶行为决策系统的关键。

在路上正常行驶时，驾驶人首先需要依靠眼睛、耳朵等器官不断收集车道线、交通信号灯、限速标志、周围行人以及路上其他车辆与自身的位置、速度关系等交通环境信息，并将这些多源信息传到大脑，以便进一步得到与行车任务相关的其他有用信息。接着根据大脑记忆区存储的以往驾驶经验和交通规则以及对所接收信息的综合分析，决断出最合理的驾驶行为。然后将决断的结果转化为相应的驾驶动作，通过作用于手、脚等器官来改变行车方向和轨迹。最后车辆行驶状态的变化又会再次反馈给驾驶人，以便其继续做下一次决策和规划。

能像驾驶人一样合理地应付各种交通场景是无人驾驶车辆行为决策系统的设计目标。由于驾驶行为不仅受道路环境的影响，还受本车当前行驶状态、驾驶任务和驾驶人个性特征影响，所以驾驶行为决策过程是一个比较复杂的过程。

智能网联汽车决策系统的开发和集成基于递阶系统的层次性特征，可分为全局路径规划、目标运动预测（基于信息融合的结果）、局部路径规划、跟踪与导航、异常处理五个关键阶段，每个阶段都采用了智能决策技术。

1）所谓路径规划，也有人叫做路由寻径，实际上属于全局路径规划，为智能汽车的自主驾驶提供方向性的引导，确定其依次需要通过的路段和区域序列，输出的结果严格依赖于高精度地图的绘制。路径规划是智能驾驶的智能核心部分，它接收到传感器感知融合信息，通过智能算法学习外界场景信息，从全局的角度规划具体行驶任务，从而实现智能汽车拟人化控制并融入整个交通流。交通流的复杂度影响行为决策，进而影响智能驾驶动作。当探测到当前道路阻塞时，要求重新规划任务，并做分解调整。

2）目标运动预测是对感知所探测到的物体进行行为预测，其环境感知功能的延伸，是在环境感知的基础上，对环境感知检测出的其他交通参与者，如车辆、行人、骑车人等的运动轨迹进行预测，为车辆决策模块进行决策级路径规划提供依据，在智能汽车技术体系中具有重要的桥梁作用。目标运动预测首先要结合物理规律对物体做出预测，还需要结合物体和周边环境，以及积累的历史数据知识，对感知到的物体做出更为宏观的行为预测。

3）局部路径规划是根据局部环境信息、上层决策任务和车身实时位姿信息，在满足一定的运动学约束下，为提升智能汽车安全、高效和舒适性能，规划决断出局部空间和时间内车辆期望的运动轨迹，包括行驶轨迹、速度、方向和状态等，并将规划输出的期望车速以及可行驶轨迹等信息传给底层车辆控制执行系统。轨迹规划层应能对路径规划层产生的各种任务分解并做出合理规划。规划结果的安全性、舒适性是衡量轨迹规划层性能的重要指标。

4）跟踪与导航是一种反馈控制，任务是控制车辆尽可能遵循上游动作规划所输出的轨迹，通过控制转向盘转角以及前进速度实现。

5）异常处理作为预留的智能驾驶系统安全保障机制，一方面是在遇到不平道路及复杂路面易造成车辆机械部件松动、传感部件失效等问题时，通过预警和容错控制维持车辆安全运行；另一方面是在决策过程中某些算法参数设置不合理、推理规则不完备等原因导致智能汽车在行为动作中重复出现某些错误并陷入死循环时，能够建立错误修复机制使智能汽车自主地跳出错误死循环，朝着完成既定任务的方向继续前进，以减少人工干预来解决问题，这是提高车辆智能化水平必备的技术。

异常处理采用降低系统复杂性的原则，在程序正常运行时，如果智能汽车陷入重复错误死循环，就需要进入错误修复状态，利用自适应错误修复算法产生新的动作序列直至智能汽车成功跳出错误死循环，方转入程序正常运行状态。具体的技术方法是，建立专家系统，就智能汽车运行中出现的错误状态的表现与成因进行分析、定义与规则描述，制定判断动作失败的标准；研究自适应错误修复算法，对各错误状态的成因进行分类，并相应地制定调整策略，以产生新的动作序列。

5.2 智能车辆决策控制系统的构成

智能网联汽车行为决策系统（图5-2）的目标是使车辆像熟练的驾驶人一样产生安全、合理的驾驶行为。其设计准则总结为：良好的系统实时性、安全性最高优先级（车辆具备防碰撞、紧急避障、故障检测等功能）、合理的行车效率优先级、结合用户需求的决策能力（用户对全局路径变更、安全和效率优先级变更等）、乘员舒适性（车辆转向稳定性、平顺性等）。

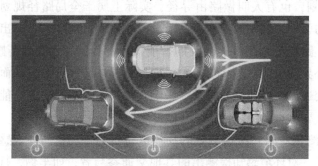

图5-2　行为决策系统

5.2.1　智能车辆决策控制系统的功能架构

驾驶行为决策层依据全局最优行驶路线信息，基于对当前交通场景（如城区、高速、直道、弯道、坡道、桥梁、隧道、十字/丁字路口等）和环境感知信息的理解，首先确定自身的驾驶状态，在交通规则的约束和驾驶经验的指引下，推理决策出合理的驾驶行为，如直行、左转、掉头、右转、超车、停车等，并将该驾驶行为转化为相应的接口指令，向下传递给运动规划层，整个决策过程如图5-3所示。

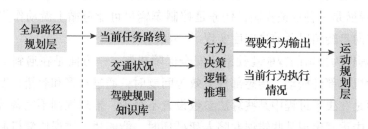

图5-3　行为决策过程

交通场景是驾驶行为决策的一个重要依据，因此对交通场景的理解是进行实时合理驾驶行为决策的前提。不同的交通场景下，所采用的驾驶行为也有差异性。例如，在高速公路上行驶时，仅需要控制好车速和车距就行，不需要关注红绿灯信号；而在城市道路行驶时，则更多需要关注行人、自行车等交通参与者，到路口时还需要减速，看红绿灯信号。

由此可见，不同的驾驶场景对应着不同的驾驶行为决策规则。如图5-4所示，根据不同的道路环境特征，分为乡村环境、城区环境、高速公路环境，在此基础上再依据不同场景下的驾驶任务，乡村环境下分为路上驾驶场景和路口驾驶场景，城区环境分为路上驾驶场景、路口驾驶场景、预路口驾驶场景和区域驾驶场景，高速公路环境分为高速路场景和匝道场景。

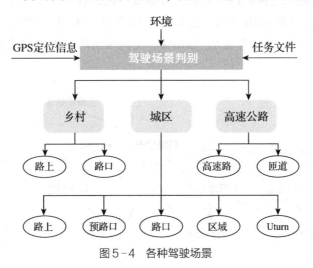

图5-4　各种驾驶场景

5.2.2　智能车辆决策控制系统的决策方法

智能车辆行为决策方法主要有基于规则和基于学习方法两大类，如图5-5所示。

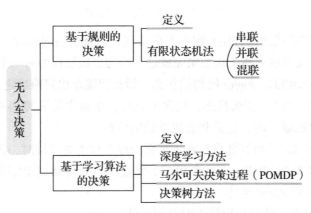

图5-5　行为决策方法分类

基于规则的行为决策，即将智能汽车的行为进行划分，根据行驶规则、知识经验、交通法规等建立行为规则库，根据不同的环境信息划分车辆状态，按照规则逻辑确定车辆行为的方法，其代表方法为有限状态机法。

基于学习算法的行为决策,即通过对环境样本进行自主学习,由数据驱动建立行为规则库,利用不同的学习方法与网络结构,根据不同的环境信息直接进行行为匹配、输出决策行为的方法,其以深度学习的相关方法及决策树等各类机器学习方法为代表。

5.2.3 有限状态机(FSM)

有限状态机(Finite State Machine,FSM)是一种离散输入、输出系统的数学模型。它由有限个"状态"组成,当前状态接收事件产生相应的动作,从而引起状态的转移。状态、事件、转移、动作是有限状态机的四大要素。有限状态机的核心在于状态分解。根据状态分解的连接逻辑,将其分为分层递阶式、反应式、混合式三种体系架构。如图 5-6 所示的"Junior"是斯坦福大学在 2007 年参加 DARPA(美国国防部高级研究计划局)城市挑战赛时的混合式状态机。

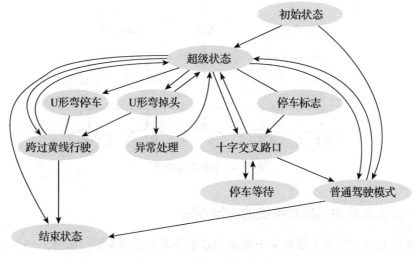

图 5-6 Junior 混合式状态机

Junior 的行为规划系统通过分层有限状态机实现,它将顶层的驾驶行为分成了 13 个超级状态,每个驾驶行为又对应一些子状态来完成这一行为。顶层行为由一个 FSM 进行管理。

1)LOCATE_VEHICLE。Junior 的初始状态,即在智能车出发前确定其在地图中的位置。

2)FORWARD_DRIVE。超级状态,包含了直行、车道保持和障碍物规避,当不是在停车场(即无道路开放区域)时,这是状态机首选的状态。

3)TOP_SIGN_WAIT。当智能汽车在十字路口停车标志处等待时,进入此状态。

4)CROSS_INTERSECTION。在这个状态下智能汽车处理通过十字路口这一场景,智能汽车会等待直到确认能够安全通过。

5)UTURN_DRIVE。即在 U 形掉头时调用的状态。

6)UTURN_STOP。即在 U 形掉头前的停车状态。

7)CROSS_DIVIDER。即跨过黄线行驶。

8)PARKING_NAVIGATE。即停车场内的普通驾驶模式。

9)TRAFFIC_JAM 和 ESCAPE。即处理交通阻塞时的两个状态。

10）BAD_RNDF。如果当前道路和预先做的路网图不同的时候，即进入该状态，在这个状态下，智能汽车会采用混合 A – Star 算法完成车辆的路径规划。

11）MISSION_COMPLETE。当整个自动驾驶（DARPA）结束，智能汽车进入该状态，即整个状态机的结束状态。

在智能汽车正常行驶中，这个状态机几乎总是处在普通驾驶模式（即 FORWARD_DRIVE 和 PARKING_NAVIGATE 这两个状态），系统通过胶着检测器（Stuckness Detectors）来确定是否从普通驾驶状态转移至底层的其他状态，在完成了相应的动作以后行为模块又会回到原来的普通驾驶模式。这样的状态机能够让智能汽车处理以下复杂情况：

遇到当前车道阻塞的时候，车辆会考虑驶入对面车道（即 CROSS_DIVIDER），如果对面车道也被阻塞了，则会启动 U 形转弯（UTURN_STOP/UTURN_DRIVE），此时内部全局路网图（Route Network Definition File，RNDF）也会相应地修改，并执行 Dynamic Programming 以重新生成 RNDF 值函数。

对于十字路口的交通阻塞问题，在等待时间结束以后，会调用混合 A – Star 算法找出最近出口，使车辆离开阻塞区域。

在单向通道阻塞的时候，如果规划失败，也会调用混合 A – Star 算法规划至下一个路点。某些路点在循环多次以后仍然无法到达，那么跳过这个路点（这是为了防止车辆为了抵达规划中某个路点而进入死循环）。如果智能汽车长时间没有取得任何的进展，车辆将调用混合 A – Star 规划出通往附近航点的路径，这个规划是无视交通规则的。

1. 分层递阶式体系结构

分层递阶式体系结构是一个串联系统结构，如图 5 – 7 所示。在该结构中，智能驾驶系统的各模块之间次序分明，上一个模块的输出即下一个模块的输入，因此又称为"感知 – 规划 – 行动"结构。当给定目标和约束条件后，规划决策就根据即时建立的局部环境模型和已有的全局环境模型决定出下一步的行动，进而依次完成整个任务。

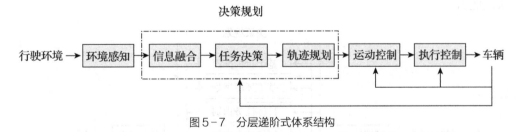

图 5-7　分层递阶式体系结构

由于该结构对任务进行了自上而下的分解，从而使得每个模块的工作范围逐层缩小，对问题的求解精度也就相应地逐层提高，具备良好的规划推理能力，容易实现高层次的智能控制。但是也存在以下缺点：

1）它对全局环境模型的要求比较理想化，全局环境模型的建立是根据地图数据库先验信息和传感器模型的实时构造信息，因此它对传感器提出了很高的要求，与此同时，存在的计算瓶颈问题也不容忽视，从环境感知模块到执行模块，中间存在着延迟，缺乏实时性和灵活性。

2) 分层递阶式体系结构的可靠性不高，一旦其中某个模块出现软件或者硬件上的故障，信息流和控制流的传递通道就受到了影响，整个系统很有可能发生崩溃而处于瘫痪状态。

代表车辆为麻省理工学院的 Talos 智能汽车，其控制过程如图 5-8 所示。

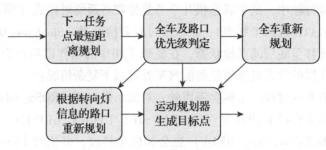

图 5-8　Talos 智能汽车控制过程

行为决策系统总体采用串联结构。该车以越野工况挑战赛为任务目标，根据逻辑层级构建决策系统。系统分为定位与导航、障碍物检测、车道线检测、路标识别、可行驶区域地图构建、路径规划、运动控制等模块，其中导航模块负责制定决策任务。

串联式结构的优点是逻辑明确、规划推理能力强、问题求解精度高。其缺点在于对复杂问题的适应性差，如果子状态故障，将导致整个决策链的瘫痪。串联结构适用于某一工况的具体处理，擅长任务的层级推理与细分解决。

2. 反应式体系结构

反应式体系采用并联结构，如图 5-9 所示，每个控制层可以直接基于传感器的输入进行决策，因而它所产生的动作是传感器数据直接作用的结果，可突出"感知-动作"的特点，易于适应完全陌生的环境。其主要特点是存在着多个并行的控制回路，针对各个局部目标设计对应的基本行为，这些行为通过协调配合后作用于驱动装置，产生有目的的动作，形成不同层次的能力。

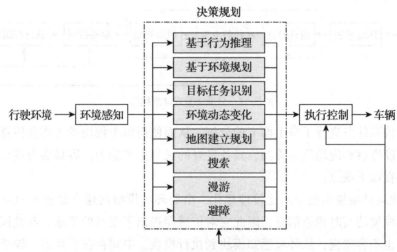

图 5-9　反应式体系结构

反应式体系结构中的许多行为主要设计成一个简单的特殊任务，因此感知、规划和控制三者可紧密地集成在一块，占用的存储空间不大，因而可以产生快速的响应，实时性强。同时，每一层只需负责系统的某一个行为，整个系统可以方便灵活地实现低层次到高层次的过渡，而且如果其中一层的模块出现了预料之外的故障，剩下的层次仍能产生有意义的动作，系统的鲁棒性得到了很大的提高。

但是设计方面也存在一些难点：

1）由于系统执行动作的灵活性，需要特定的协调机制来解决各个控制回路对同一执行机构争夺控制的冲突，以便得到有意义的结果。

2）除此之外，随着任务复杂程度以及各种行为之间交互作用的增加，预测一个体系整体行为的难度会增大，缺乏较高等级的智能。

代表车辆为国防科学技术大学研发的红旗 CA7460 行为决策系统，如图 5-10 所示，其具备典型的并联结构。该系统适用于高速公路工况，其决策系统划分为自由追踪行车道、自由追踪超车道、行车道换入超车道、由超车道换入行车道等模式。红旗 CA7460 对车辆行驶的安全性指标和效率指标进行了衡量，根据交通状况和安全性指标选出满足条件的候选行为，再根据效率指标决策出最优行为。

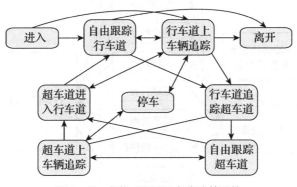

图 5-10　红旗 CA7460 行为决策系统

3. 混合式体系结构

分层递阶式体系结构和反应式体系结构各有优劣，都难以单独满足行驶环境复杂多变时的使用需求，因此越来越多的行业人士开始研究混合式体系结构，将两者的优点进行有效的结合，在全局规划层次上，则生成面向目标定义的分层递阶式行为；在局部规划层次上，生成面向目标搜索的反应式体系的行为分解。中汽恒泰智能网联汽车就采用这种形式的决策系统，如图 5-11 所示。

代表车辆为弗吉尼亚理工大学研发的 Odin 智能汽车，其行为决策系统如图 5-12 所示，该系统引入决策仲裁机制，其决策系统划分为车道保持、超车、汇入交通流、U 形弯、拥堵再规划等模块。每个子决策模块输出的结果均交由决策融合器进行决策仲裁。各模块具备不同优先级，优先级低的模块必须让步于优先级高的模块。

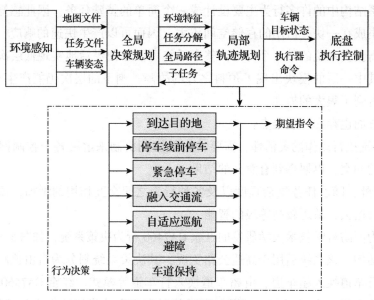

图 5-11 混合式体系结构

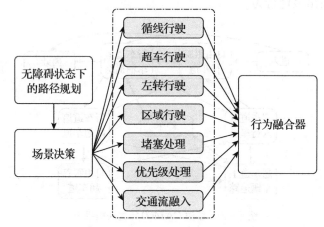

图 5-12 弗吉尼亚理工大学研发的 Odin 智能汽车的行为决策系统

4. 深度学习法

深度学习是机器学习的一种,而机器学习是实现人工智能的必经路径。深度学习的概念源于人工神经网络的研究,含多个隐藏层的多层感知器就是一种深度学习结构。深度学习通过组合低层特征形成更加抽象的高层表示属性类别或特征,以发现数据的分布式特征表示。研究深度学习的动机在于建立模拟人脑进行分析学习的神经网络,它模仿人脑的机制来解释数据,例如图像、声音和文本等。

深度学习是机器学习中一种基于对数据进行表征学习的方法,是一种能够模拟出人脑的神经结构的机器学习方法。深度学习的概念源于人工神经网络(Artificial Neural Network,ANN)的研究,而人工神经网络是从信息处理角度对人脑神经元网络进行抽象,建立某种简单模型,按不同的连接方式组成不同的网络,简称神经网络或类神经网络,如图 5-13 所示。

因此,深度学习又叫做深层神经网络(Deep Neural Networks,DNN)学习。深度学习,能让计算机具有人一样的智慧,其发展前景必定是无限的。

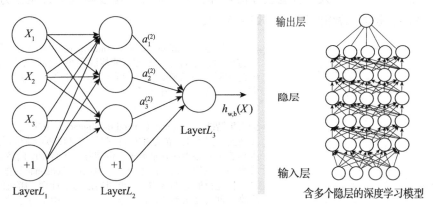

图 5-13 深度学习模型

人工智能是指在机器中模拟人类智能,这些机器被编程为像人类一样思考并模仿他们的行为。该术语也可以应用于任何具有与人类思维相关特征的机器,如图 5-14 所示。人工智能的理想特征是其合理化和采取最有可能实现特定目标的行动的能力。人工智能基于一个原则,即人类智能可以通过机器轻松模仿和执行任务的方式进行定义,从最简单到更复杂的任务。人工智能的目标包括学习、推理和感知。

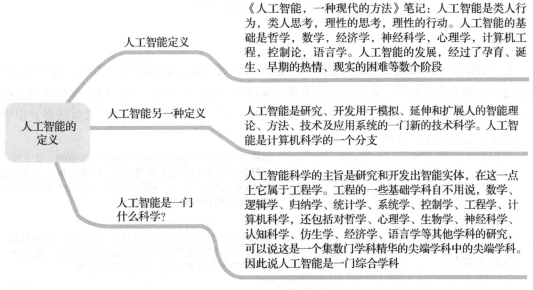

图 5-14 人工智能的定义

(1) 应用领域

人工智能的发展历史和计算机科学联系在一起。除了计算机科学以外,人工智能还涉及信息论、控制论、自动化、仿生学、生物学、心理学、数理逻辑、语言学、医学和哲学等多门学科。其研究的主要内容包括知识表示、自动推理和搜索方法、机器学习和知识获取、知识处理系统、自然语言理解、计算机视觉、智能机器人、自动程序设计等方面。

(2) 分类

人工智能的概念很宽，人工智能也分很多种，可以按照中深度将人工智能分为弱人工智能、强人工智能、超人工智能三大类，如图 5-15 所示。

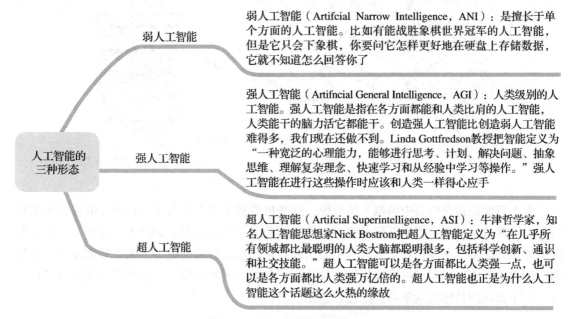

图 5-15 人工智能的三种形态

(3) 关键技术

人工智能技术是研究、开发用于模拟、延伸和扩展人的智能的理论、方法、技术及应用系统的一门新的技术科学。人工智能技术是计算机科学的一个分支，它企图了解智能的实质，并生产出一种新的能以人类智能相似的方式做出反应的智能机器，其主要技术包括模式识别、机器学习、数据挖掘和智能算法。

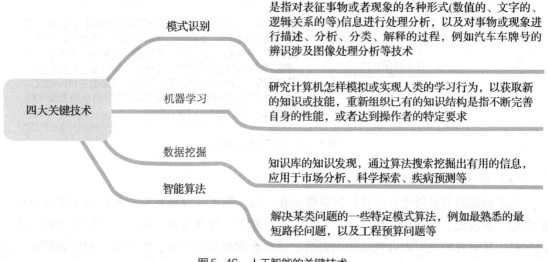

图 5-16 人工智能的关键技术

人工智能究其根本，始终是指机器能够达到人的智能水平，即能够像人一样，可以感知外在的事物，并通过自主的思维过程做出有目的、有意义的响应。因此说人工智能包括了感知、决策和行动三个方面的能力，当然这三项能力的运用都是由机器自主完成的，而不受人类的直接控制。而模式识别技术正是实现人工智能感知能力的重要技术手段。

识别能力是生物的本能。不仅智能生物，例如人具有识别能力，其他高等或低等的生物都具有对环境和外界事物的识别能力。人类只能识别出认识的人，而对初次见面的人，却无法识别出他是谁，必须要先认识他。当第一次见一个人时，感官会采集到有关他的各种信息，外貌、声音、甚至表情动作，并把这些特征与他的名字关联起来。当再次见到他时，就能根据感官采集到的特征，去记忆库中寻找符合这些特征的人的名字，于是就能识别出他是谁了。因此，识别的基础是认知。

人或者生物识别事物依靠的是一种特殊的能力，它能判断一个待识别的事物是什么或者不是什么，这种能力称为"模式识别"。因此，模式识别也可以定义为：识别一个模式，其英文为Pattern Recognition。

Pattern的本意是图案、式样，它代表的不是一个具体的事物，而是事物所包含的信息特点，对应一个抽象的概念。虽然世界上没有完全相同的两片树叶，但仍然可以识别出任意两片树叶是否来自同一种树木。即使两幅花纹的图片不完全一样，仍然能辨别两幅图片是否是同一种花纹。因此，模式（Pattern）在识别过程中所指的是从客观事物中抽象出来，用于识别的最关键的一些特征信息。

识别是Recognition，其中"cognition"的意思是"认知"，就是去获取事物的有关知识；"Recognition"是"再认知"，就是对已经具有知识的事物去判断它是什么。

由于模式是抽象的事物特征，代表的是具有这些特征的一类事物，因此，它需要在"认知"的过程中，从大量属于同一种类的事物中归纳总结出来。认知的过程，就是去获取某种事物的特征的过程，也可以说是将某些特征与一个概念相关联，完成概念抽象的过程。而识别，则是根据某个具体事物的特征来判断它是不是属于某种事物，也可以说是按照特征来将其归类于某一个概念。因此，识别的本质是对概念的归类。

随着计算机技术的快速发展和对智能系统的强劲需求，模式识别技术在第二次世界大战以后得到了越来越广泛的应用。目前，只要需要机器具有感知能力和一定的智能响应能力的地方，就有模式识别的应用。以下是在一些领域比较典型的模式识别应用：

1）信息过滤（Information Filter）。在网络搜索和访问的过程中，需要根据信息的内容来确定是否过滤，这已经不是简单的关键字检索能够实现的，必须根据信息的总体内容、出处和上下文关系来确定是否过滤，模式识别技术可以发挥巨大的作用。最早的信息过滤算法是基于文本的，现在已经发展到基于多媒体信息，包括图像、视频、声音等。

2）生物特征识别（Biometrics）。利用生物特征来识别人的身份，现在已经从科幻影片中的场景变成了现实。目前生物特征识别技术已从比较成熟的指纹识别、说话人识别、虹膜识别发展到了更加复杂的人脸识别、手印识别、步态识别等方法。

3）目标跟踪（Target Tracking）。目标检测与跟踪也是模式识别的典型应用，大的方面可以应用到导弹制导、自动驾驶等军事领域，小的方面可以应用到智能监控、照相机笑脸识别、眼动控制等领域。

4）手势识别（Gesture Recognition）。手势识别是近年来在人机交互领域的重要进展，通过识别人手的姿势和运动来完成对计算机系统的非接触控制，手势的检测可以依据红外检测、运动和姿态传感器、可见光视频和其他传感器实现，Kinect、MYO 和 Leap Motion 都是比较受关注的技术和产品。

5）音乐识别（Music Recognition）。音乐识别有音乐分类和旋律识别。音乐分类是根据音乐的特征将其划入到不同的类别中，例如苹果公司的 Genius 技术。旋律识别（Melody Recognition）是指根据旋律，而不是根据关键字来搜索音乐，是目前音乐检索的最新发展。曾经在 2010 年 9 月短暂推出过音乐的哼唱检索，在许多卡拉 OK 点歌系统和手机应用中，也采用了基于哼唱的音乐检索技术。

6）光学字符识别（Optical Character Recognition）。光学字符识别（OCR）是最早发展的模式识别应用之一，它可以分为联机识别和脱机识别，又可以分为手写识别和印刷体识别。目前联机手写识别（掌上设备的手写输入）、脱机印刷体识别（扫描文件的 OCR、PDF 文件的拷贝）都发展到了一定的实用水平，比较困难的是脱机手写识别。

7）图像识别搜索（Image Searching）。通过图像的内容来进行检索，而不是根据关键字检索，也是模式识别在图像处理方面的典型应用。由于图像本身的质量差异较大，变化的情况也比较多，目前该领域还处于研究阶段。

8）自然语言理解（Natural Language Understanding）。然语言理解（NLU）一直是人工智能领域的研究重点，其研究内容既包括文字的理解，也包括口头对话的理解。目前文字方面进展较大，许多机器翻译系统已经可以投入使用，例如 Google 的在线翻译服务。

9）脑电识别（Electroencephalograph Recognition）。对于脑电信号的识别，是一项非常前沿的研究工作。它不仅可以用于"读脑"，获知人的思维活动，而且可以用于"脑电控制"，帮助残疾人或者特殊人员（例如战斗机的飞行员）控制各种设备完成预定任务。

10）环境识别（Environment Recognition）。环境识别是对周边环境类型和状态的识别技术，在无人驾驶汽车、自主外星探测器等系统中十分重要，Google Glass 等先进的随身环境感知和信息处理设备中，环境识别也是重要的组成部分。

(4) 人工神经网络

所谓的人工神经网络（Artificial Neural Network，即 ANN），就是基于模仿生物大脑的结构和功能而构成的一种信息处理计算机系统。人工神经网络是 20 世纪 80 年代以来人工智能领域兴起的研究热点，它从信息处理角度对人脑神经元网络进行抽象、建立某种简单模型，按不同的连接方式组成不同的网络，如图 5-17 所示，在工程与学术界也常简称神经网络或类神经网络。

1）神经元。神经元即神经细胞，是神经系统最基本的结构和功能单位。人脑神经元网络是大脑与神经

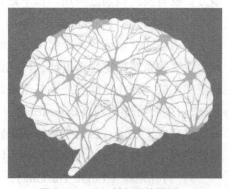

图 5-17 人工神经网络模型

细胞、神经细胞与神经细胞构成了庞大天文数字量级的高度复杂的网络系统。也正是有了这样的复杂巨系统，大脑才能担负起人类认识世界和改造世界的任务。

人大脑平均只有 3 磅左右，只占身体重量比例的 1/30，是由 100 亿个脑细胞和 10 兆个神经交汇丛组成，可以使眼睛辨别 1000 万种细微的颜色，使肌肉（如果全部向同一个方向运动）产生 25 吨的拉力。

一个正常人的大脑记忆容量有约 6 亿本书的知识总量，相当于一部大型计算机储存量的 120 万倍。大脑使你从出生开始每一秒钟可存储 1000 条信息，直到老死为止。全世界的电话线路的运作只相当于约一粒绿豆体积的脑细胞，即使世界上记忆力最好的人，其大脑的使用也没有达到其功能的 1%。

大脑可视作 1000 多亿神经元组成的神经网络。生物神经元的组成包括细胞体、树突、轴突、突触，如图 5-18 所示。树突可以看作输入端，接收从其他细胞传递过来的电信号；轴突可以看作输出端，传递电荷给其他细胞；突触可以看作是 I/O 接口，连接神经元，单个神经元可以和上千个神经元连接；细胞体内有膜电位，从外界传递过来的电流使膜电位发生变化，并且不断累加，当膜电位升高到超过一个阈值时，神经元被激活，产生一个脉冲，传递到下一个神经元。

突触，是一个神经元与另一个神经元之间相联系并进行信息传送的结构，如图 5-19 所示。它由突触前成分、突触间隙和突触后成分组成。突触前成分是一个神经元的轴突末梢。突触间隙是突触前成分与后成分之间的距离空间，间隙一般为 20~30nm。突触后成分可以是细胞体、树突或轴突。突触的存在说明两个神经元的细胞质并不直接连通，两者彼此联系是通过突触这种结构接口的。有时，也把突触看作是神经元之间的连接。

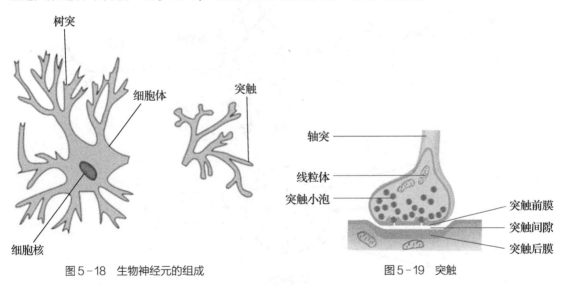

图 5-18 生物神经元的组成　　　　　　图 5-19 突触

神经元的信息传递和处理是一种电化学活动，树突由于电化学作用接受外界的刺激，通过胞体内的活动体现为轴突电位，当轴突电位达到一定的值时，则形成神经脉冲或动作电位，如图 5-20 所示。再通过轴突末梢传递给其他的神经元。人类进行思考，就是一个群体思考，每个神经细胞独立运行，和其他 N 个细胞相连接，进行信号接收和传递，且每次接收都会影响细胞自身状态。

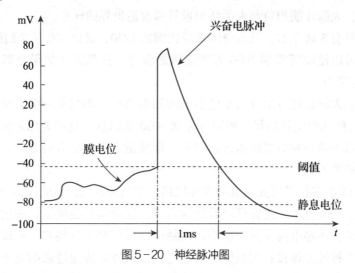

图 5-20　神经脉冲图

2）神经元模型。每个神经元都有输入连接和输出连接，这些连接模拟了大脑中突触的行为。信号从一个神经元传递到另一个神经元，这些连接就在神经元之间传递信息。每一个连接都有权重，这意味着发送到每个连接的值要乘以权重因子。由于有许多值可能会同时进入一个神经元，所以这些输入值会被加权求和，然后该值被传递给激活函数，其作用是计算出是否将一些信号发送到该神经元的输出，如图 5-21 所示，即神经元获得网络输入信号后，信号累计效果整合函数大于某阈值 θ 时，神经元处于激发状态；反之，神经元处于抑制状态。

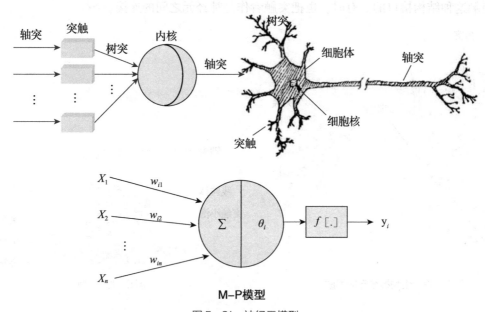

图 5-21　神经元模型

3）分类。同机器学习方法一样，深度机器学习方法也有监督学习与无监督学习之分，不同的学习框架下建立的学习模型很是不同的。例如，卷积神经网络就是一种深度的监督学习下的机器学习模型，而深度置信网就是一种无监督学习下的机器学习模型。

① 监督学习。监督学习是指利用一组已知类别的样本调整分类器的参数，使其达到所要求性能的过程，也称为监督训练或有教师学习。

所谓监督学习，顾名思义其由两个核心概念组成："监督"+"学习"。

学习：与传统意义的学习概念一样，在监督学习中，所谓学习指的就是通过一次次的思考并改正错误，从而获取正确的知识，最终达到学习的目的。

监督：与传统意义的监督概念也一样，在监督学习中，所谓监督指的就是当前的学习过程是受到监督的，当你产生错误时，监督者会告诉你当前发生了错误，并且要求你往正确的方向学习。

监督学习不仅有输入层数据，还有输出层数据；输入层数据的每一个变量对应一个输入层的神经元，称为特征（Feature）；已知的输出层数据（精确结果）称为标签（Label）。监督学习是从标记的训练数据来推断一个功能的机器学习任务。监督学习算法是分析该训练数据，并产生一个推断的功能，如图5-22所示。

图5-22 监督学习

如图5-23所示，给出一个 n 维的矢量 X，经过一个盒子，最终输出一个矢量 Y 的过程。该过程主要学习的就是问号部分的映射规则，映射规则就是指盒子对输入所做的操作。而监督学习的核心就是利用监督的手段来学习得到这个映射规则，从而得到一个无人的智能系统。该系统能够根据给定的输入，输出符合规则的输出。

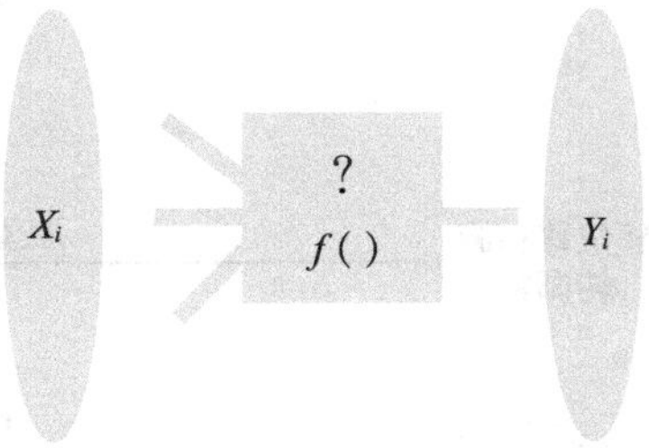

$$X_i = (X_{i1}, X_{i2}, \cdots, X_{in}) \quad Y_i = \begin{cases} 连续的实数值，回归问题 \\ 类别值1, 2, 3\cdots, C，分类问题 \end{cases}$$

图5-23 映射规则

监督学习根据输出层标签的数目（输出层神经元的数目），把监督学习要解决的问题分成两类：回归（Regression）和分类（Classification）。如果输出层只有一个神经元，而且输出值是连续变量，这样的问题就叫作回归，比如估算房子价格，估算一个电子邮件是垃圾邮件的概率等。如果输出层神经元有多个，输出值是不连续的离散值，这样的问题就叫作分类。如手写数字的识别，输出层有10个神经元，即0~9十种可能；再如男性的判别可以有"是"和"非"两种可能。实际应用中，有些问题既可以看成是分类，也可以看成是回归。如垃圾邮件判断，先用回归计算出一封电子邮件是垃圾邮件的概率，然后从概率再转化成"是"与"非"，这样就变成了分类问题。

② 无监督学习。无监督学习是机器学习中的一种训练方式/学习方式，更像是让机器自

学，是没有标签的一种学习，开始无法清楚判断数据集中数据、特征之间的关系，而是要根据聚类或一定的模型得到数据之间的关系，如图5-24所示。

无监督学习常用于数据挖掘，如图5-25所示，训练目标是能对观察值进行分类或者区分等。例如无监督学习在不给任何额外提示的情况下，仅依据所有"汽车"的图片的特征，将"汽车"的图片从大量的各种各样的图片中区分出来。

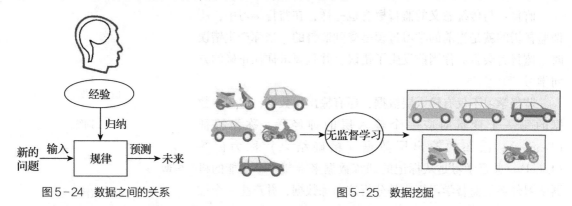

图5-24　数据之间的关系　　　　　　　图5-25　数据挖掘

4）深度学习的应用。深度学习方法因其在建模现实问题上具有极强的灵活性，像NVIDIA（英伟达）研发的无人驾驶车辆系统就采用这种技术，其采用端到端卷积神经网络进行决策处理，使决策系统大幅简化。系统直接输入由相机获得的各帧图像，经由神经网络决策后直接输出车辆目标转向盘转角。结果表明，其神经网络能完整地学习保持车道驾驶的任务，而不需要人工将任务分解为车道检测、语义识别、路径规划和车辆控制等。深度学习方法如图5-26所示。

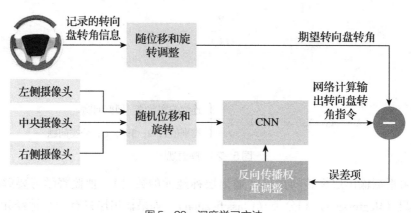

图5-26　深度学习方法

5.3　信息融合

智能网联汽车要实现自主驾驶，需要把感知和定位传感器的信息融合在一起，使决策系统可以把广域定位和短距离定位结合起来，准确地理解车辆的位置和环境。

传感信息融合又称为数据融合，如图5-27所示，也可以称为传感器信息融合或多传感器信息融合，是利用计算机技术将多个传感器的输出信息在一定的准则下进行关联、分析和综合，统一在车辆坐标系下建立具有时间标记的数据关联和融合，以保证场景数据信息的连贯性和适用性。

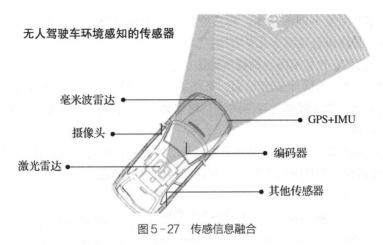

图 5-27　传感信息融合

5.3.1　信息融合的特点

1）可以提供稳定的工作性能，系统中各传感器彼此独立地提供目标信息，任一传感器的失效、受到外界干扰而探测不到某目标时，它并不影响其他传感器的工作性能。

2）可以提高空间分辨力，利用多传感器，可以用几何方法形成一个传感器孔径，以获得比任何单一传感器更高的分辨力。

3）可以获得更准确的目标信息，多传感器提供的不同信息减少了关于目标或事件的假设集合。此外，对同一目标或事件的多次（同一传感器的不同时序上）或多个（同一时刻不同传感器）独立测量进行有效综合，从而可以提高可信度，改进检测性能。

4）获得单个传感器不能获得的目标信息，传感器之间的频率互补性可以扩大空间、时间的覆盖范围，增加测量空间的维数，减少电子对抗措施（隐蔽、欺骗、伪装）和气象、地形干扰而造成的检测盲点。多传感系统固有的冗余度，将改进系统工作的可靠性和容错性。

此外，信息融合技术还能增加决策的正确性和可靠性，降低系统的成本；在一定范围内通过恰当地分配传感器可以同时检测和跟踪更多目标。当然多传感器信息融合系统性能的提高是以增加系统的复杂度为代价的。

5.3.2　信息需求

智能网联汽车如果能够真正自主行驶，那决策系统必须从感知层获得准确的位置、环境和自身状态信息，以及从上游系统获取的路由循径信息，具体包括以下几点：

1）寻径的结果，也就是系统规划的行驶路线。

2）汽车自身状态，例如车头的方向等。

3）历史决策信息。

4）周边障碍物信息。

5) 交通规则、标志信息。

5.3.3 信息来源

每个信息需求都对应不同的来源,而这些信息有来自传感器的,也有来自网络系统的,如图 5-28 所示,具体讲包含以下几个方面:

1) 车辆定位信息,包括 GPS、高精度地图信息。
2) 局部环境信息,为确保安全可靠,系统必须对传感器进行信息融合,一般从算法上对摄像头、激光雷达、毫米波雷达探测的信息数据做好优先级排序和决策,从而保证自动驾驶系统决策的正确性。
3) 地理地图信息和任务信息,包括全局路径、道路高精地图、交通标志信息等。
4) 车辆姿态信息,包括惯性导航、里程计、转向角等信息。

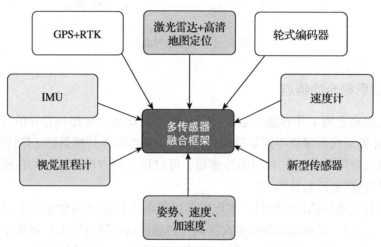

图 5-28 智能网联汽车信息来源

5.3.4 融合方式

传感器数据融合的基本原理与人脑综合处理来自眼、鼻、耳等多器官的信息类似,主要是综合多个传感器获取的数据和信息,把多传感器在空间或时间上冗余或互补信息依据某种准则来进行组合,获得对被测对象的一致性描述。按信息融合处理层次分类,多源信息融合可分为数据层信息融合、特征层信息融合、决策层信息融合等。

1. 数据层信息融合

数据层信息融合也称为像素级融合,属于底层数据融合,如图 5-29 所示;将多个传感器的原始观测数据(Raw Data)直接进行融合,然后从融合数据中提取特征矢量进行判断识别;数据级融合要求多个传感器是同质的(传感器观测的是同一物理量),否则需要进行尺度校准。数据级融合不存在数据丢失的问题,得到的结果也最为准确;但是计算量大,对系统通信带宽要求较高。

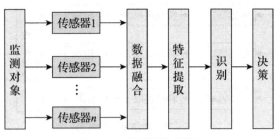

图5-29　数据层信息融合

2. 特征层信息融合

特征层信息融合属于中间层次级融合，先从每个传感器提供的原始观测数据中提取代表性的特征，再把这些特征融合成单一的特征矢量，如图5-30所示。其中，选择合适的特征进行融合是关键，特征信息包括边缘、方向、速度、形状等。特征层信息融合可划分为两大类：目标状态融合、目标特性融合。

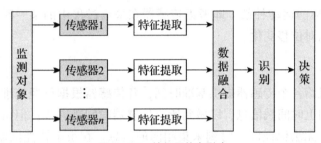

图5-30　特征层信息融合

所谓目标状态融合，主要应用于多传感器的目标跟踪领域，融合系统首先对传感器数据进行预处理以完成数据配准，在数据配准之后，融合处理主要实现参数关联和状态估计。而所谓目标特性融合，就是特征层联合识别，其实质就是模式识别问题；在融合前必须先对特征进行关联处理，再对特征矢量分类成有意义的组合；中汽恒泰的智能网联系统就采用这种形式的融合方式。

在融合的三个层次中，特征层信息融合技术发展较为完善，并且由于在特征层已建立了一整套的行之有效的特征关联技术，可以保证融合信息的一致性。此级别融合对计算量和通信带宽要求相对降低，但由于部分数据的舍弃使其准确性也有所下降。

3. 决策层信息融合

决策层信息融合属于高层次级融合，是对数据高层次级的抽象，输出的是一个联合决策结果，如图5-31所示，在理论上这个联合决策应比任何单传感器决策更精确或更明确；决策层融合在信息处理方面具有很高的灵活性，系统对信息传输带宽要求很低，能有效地融合反映环境或目标各个侧面的不同类型信息，而且可以处理非同步信息；由于环境和目标的时变动态特性、先验知识获取的困难、知识库的巨量特性、面向对象的系统设计要求等，决策层融合理论与技术的发展仍受到一定的限制。

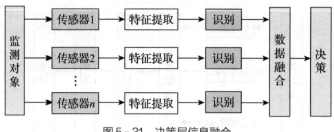

图 5-31 决策层信息融合

5.3.5 融合的条件

1. 运动补偿

1) 自身运动补偿,即考虑传感器在采集过程中的某一时间内,由于车辆自身的运动,采集的对象会在该时间戳内发生相对位移变化。例如以激光雷达为例,采集一圈需要 0.1s,在这 0.1s 内,车身本身会发生一定的位移,如果不考虑车辆本身位移的情况,检测出来的目标位置就会产生较大误差。

2) 来自其他目标的运动补偿,即考虑传感器在采集过程中的某一时间内,运动物体由于自身运动会产生相对位移变化。

2. 时间同步

通过统一的主机给各个传感器提供基准时间,各传感器根据已经校准后的各自时间为各自独立采集的数据加上时间戳信息,以做到所有传感器时间戳同步;但由于各个传感器各自采集周期相互独立,无法保证同一时刻采集相同的信息。在很多智能网联汽车的传感器中,大部分支持 GPS 时间戳的时间同步方法。

3. 空间同步

将不同传感器坐标系的测量值转换到同一个坐标系中;传感器标定是自动驾驶的基本需求,良好的标定是多传感器融合的基础,智能网联汽车上的多个/多种传感器之间的坐标关系是需要确定的。外部参数是决定传感器和外部某个坐标系的转换关系,比如姿态参数。例如摄像头和雷达的融合,需要建立精确的雷达坐标系、三维世界坐标系、摄像头坐标系、图像坐标系和像素坐标系之间的坐标转换关系。

5.3.6 融合的步骤

多源传感器数据信息融合处理过程包括六个步骤,依次为多源传感系统搭建与定标,采集数据并进行数字信号转换,数据预处理,特征提取,融合算法的计算分析,最后是输出稳定的、更为充分的、一致性的目标特征信息。常用的信息融合有各种定位信号的融合、各种环境识别传感器的信号融合、定位和环境识别的融合等。

5.3.7 信标定位、惯性导航和里程计的融合

信标定位系统长期稳定性好,但易受到干扰,定位精度也不高,数据更新频率低;惯性

导航的速度是由积分而来，可连续提供信息，短时间精度高，但存在误差随时间的积累；里程计的速度是直接测量的，其误差不随时间变化。由于这些特点，信标定位、惯性导航与里程计的组合具有比单纯某个系统更高的精度。利用信标定位、里程计的输出数据（速度或里程增量）与惯性导航系统中的陀螺数据进行组合，在实际工程中得到了广泛应用。

5.3.8 激光雷达和摄像头的融合

激光雷达与摄像头融合，相当于是激光雷达和摄像头各自发挥自己的优势，在它们某些做得不够好的地方，利用两个甚至多个传感器的信息进行融合。融合的关键是需要将摄像头和激光雷达进行联合标定，获取两者坐标系的空间转换关系；可以通过标定的方式，把激光雷达投射到图像的坐标系中，建立图像的像素点和激光雷达投影后的点之间做匹配，然后通过某种优化方程来解决匹配问题，如图 5-32 所示。

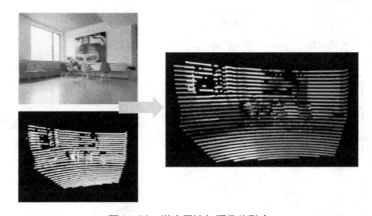

图 5-32 激光雷达与摄像头融合

激光雷达与摄像头性能对比，摄像头的优点是成本低廉，技术相对比较成熟；劣势包括获取准确的三维信息非常难和受环境光限制比较大。激光雷达的优点在于其探测距离较远，能够准确获取物体的三维信息，稳定性相当高，鲁棒性好，主要完成的工作有：第一是路沿检测，也包括车道线检测；第二是障碍物识别，对静态物体和动态物体的识别；第三是定位以及地图的创建。缺点是成本较高，而且产品的最终形态也还未确定。

摄像头可用于进行车道线检测、车牌识别、限速牌和红绿灯的识别，很容易通过深度学习把障碍物进行细致分类。而激光雷达可用于路牙及障碍物检测，它对障碍物只能分一些大类，但对物体运动状态的判断比较准。

障碍物的检测可以使用激光雷达进行物体聚类，但是对于较远物体过于稀疏的激光线束聚类的效果较差，因此利用视觉图像信息进行目标检测，进而获取障碍物的位置，同时视觉还可以给出障碍物类别信息；激光雷达可以得到目标的 3D 数据，通过标定参数，以及摄像头本身的内参，可以把激光雷达的 3D 点投射到图像上，图像上的某些像素就会获得激光雷达的深度信息，然后便可以做基于图像的分割或者深度学习模型；融合过程中，因为两者视场角的不同，可能会造成噪点或者漏点；对于智能网联汽车来说，除了对车辆进行广域定位以外，还需要对周边物体进行跟踪和运动预测。

如果通过摄像头告诉激光雷达前后两帧是同一个物体，那么通过激光雷达就可以知道物体在这前后两帧间隔内的运动速度和运动位移是多少，这样就可以跟踪运动物体并做一些预测。

5.3.9 毫米波雷达与激光雷达的信号融合

毫米波雷达的优点是探测距离比较远，精度非常高，而且不受天气和光线的影响，对运动的金属物体比较敏感；其缺点是对别的物体不太敏感，分辨率也比较低，不太容易得到障碍物的轮廓；适合在高速公路上进行障碍物探测。而激光雷达的测距精度非常高，特别是多线雷达可以识别物体的轮廓，但容易受到阳光雨雾相互干扰的影响。因此两者结合可以取长补短，在各种环境下均可以完成距离和轮廓的探测，如图 5-33 所示。

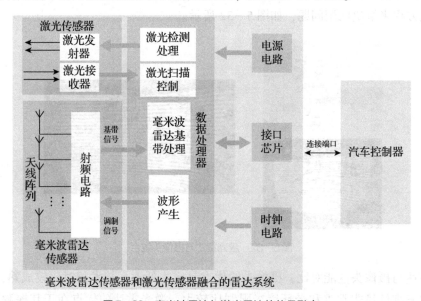

图 5-33 毫米波雷达与激光雷达的信号融合

毫米波雷达是指工作在毫米波波段的雷达，它通过天线向外发射毫米波，然后接收目标反射信号，经计算后获取汽车车身与其他物体的相对距离、速度、角度、运动方向等，再输送给车辆的中央处理单元（ECU）进行智能处理和决策。

激光雷达的工作原理是以激光作为信号源，由激光器发射出的激光束来探测目标的距离、方位、高度、速度、姿态等特征量。由于激光束不断地扫描目标物，可以得到目标物上的全部数据点，经过 3D 成像处理后，还可得到精确的三维立体图像。

二者的性能特点有哪些明显的优劣势对比呢？

首先，在探测精度和分辨率上，激光雷达明显优于毫米波雷达。例如，毫米波雷达和激光雷达同时发现道路前方的"障碍"，前者可能只能看到一个模糊的形状，而后者则可以清楚地区分障碍是路肩还是斜坡，当车辆判断为斜坡后，就可以做出安全前进的决策。

其次，在抗环境干扰上，毫米波雷达则显著优于激光雷达。由于激光雷达使用的是光波段的电磁波，透射与绕射性能不强，在遇到雨雪、大雾天气、雾霾、灰尘等环境，其探测性能将大幅下降。而相比于光学传感器，处于毫米波波段的电磁波则不会受到雨、雾、灰尘等常见环境因素的影响，因此，毫米波具有全天候（除大雨天气外）、全天时的强抗干扰的探测性能。而在抗信源干扰上，与毫米波雷达易受自然界中的电磁波影响不同，自然界中能对激光雷达产生干扰的信源极少。因此，激光雷达的抗信源干扰能力更强一些。

此外，在探测距离上，由于毫米波在大气中衰减弱，因此可以探测感知到更远的距离，中远程毫米波雷达可以达到 250m 的探测距离，而激光雷达最远只能达到 200m。因此，在高速行驶过程中，毫米波雷达可以比激光雷达更早地判断前方障碍物的状况，起到安全提醒或者紧急制动的判断。

另外，在制作工艺和成本上，毫米波雷达则明显优于激光雷达。毫米波波长短，天线口径小，具有体积小、重量轻、易集成等特性，容易安装在汽车上；而激光雷达由于内部构造复杂，对制造工艺要求很高，产品体积较大，安装难度高或者美观性差。同时，在成本上，毫米波雷达的价格可以控制在千元左右，而性能较好的激光雷达仍然要到数万元。

目前，对于激光雷达，除了小型化、美观化的问题外，降低成本成为头等重要的事情。而对于毫米波雷达，提升其测量分辨率和精确度，则成为当务之急。

5.3.10 毫米波雷达与单目摄像头的信号融合

这两种传感器相融合，多数情况下都是以摄像头数据为主，毫米波雷达作为辅助；将毫米波雷达返回的目标点投影到图像上，围绕该点并结合先验知识，生成一个矩形的感兴趣区域，然后只对该区域内进行目标检测。这种融合的优点是可以迅速地排除大量不会有目标的区域，极大地提高识别速度，如图 5-34 所示。

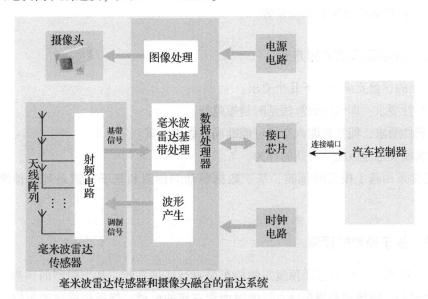

图 5-34　毫米波雷达与单目摄像头的信号融合

目前，实现自动紧急制动的技术主要有三类，分别是基于视觉传感器、毫米波雷达和激光雷达。由于成本限制因素，国内主要使用前两种方式。首先摄像头和毫米波雷达分别针对观测目标收集数据，然后对各传感器的输出数据进行特征提取与模式识别处理，并将目标按类别进行准确关联，最后利用融合算法将同一目标的所有传感器数据进行整合，从而得出关于目标威胁性的一致性结论。

毫米波雷达主要是通过对目标物发送电磁波并接收回波来获得目标物体的距离、速度和角度。单目视觉方案稍复杂，它需要先进行目标识别，然后根据目标在图像中的像素大小来估算目标的距离。将摄像头和雷达进行融合，相互配合共同构成汽车的感知系统，取长补短，实现更稳定、可靠的自动紧急制动功能。

总体来讲，摄像头方案成本低，可以识别不同的物体，在物体高度与宽度测量精度、车道线识别、行人识别准确度等方面有优势，是实现车道偏离预警、交通标志识别等功能不可缺少的传感器，但作用距离和测距精度不如毫米波雷达，并且容易受光照、天气等因素的影响。毫米波雷达受光照和天气因素影响较小，测距精度高，但难以识别车道线、交通标志等元素。另外，毫米波雷达通过多普勒偏移的原理能够实现更高精度的目标速度探测。

5.4 目标运动预测

目标运动预测是环境感知功能的延伸，是在环境感知的基础上，对环境感知检测出的其他交通参与者，如车辆、行人、骑车人等的运动轨迹进行预测，为车辆决策模块进行决策级路径规划提供依据，在智能车辆技术体系中具有重要的桥梁作用，实际上就是预测障碍物在未来一段时间内的运行轨迹和相应位置。

5.4.1 目标要求及预测方式

目标运动的预测要满足以下几个要求：
1）实时性要求，即采用的算法延时越短越好。
2）准确性要求，能让智能汽车尽可能准确地做出决策。
3）预测模块也应该能学习新的行为。

预测通常采用基于模型的预测、基于数据驱动的预测和基于车道系列的预测三种不同方式。

5.4.2 基于模型的预测

如图5-35所示，针对怎样预测左侧的车是直行还是右转，基于模型的预测，智能汽车会提供两个模型，即预测左侧车辆直行的模型和右转的模型，然后根据预测车辆的下一步来更新模型，最终确定车辆下一步的动作。基于模型预测的优点是比较直观，并且结合了现有的物理知识和交通法规还有人类行为学等多方面知识。

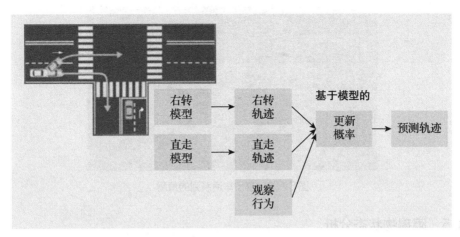

图 5-35 基于模型的预测

5.4.3 基于数据驱动的预测

如图 5-36 所示，数据驱动预测使用机器学习算法，通过观察结果来训练模型，一旦机器模型训练好，就可以在现实中利用此模型去做预测。基于数据驱动的预测优点是训练数据越多，训练模型效果越好。

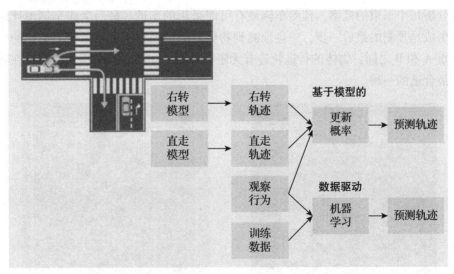

图 5-36 数据驱动预测

5.4.4 基于车道系列的预测

为了建立车道系列，现将车道分为多个部分，每一部分覆盖了一个易于描述车辆运动的区域。如果要预测别的车辆运动状态，只需要预测该车在此区域的转换，而不是在某一区域的具体行为。将车辆的行为划分为一组有限的模式组合，并将这些模式组合描述物车道系列，例如将直行车的路径划分为一个 0-1-3-7 的系列，如图 5-37 所示。

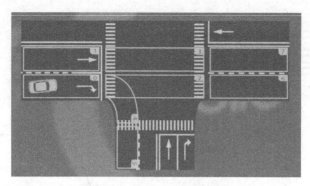

图 5-37 基于车道系列的预测

5.4.5 障碍物状态分析

为了预测物体运动，需要了解障碍物状态，一般情况下，人是通过物体朝向、位置、速度、加速度等来预测物体将做什么。智能汽车也是同样的道理，除了朝向、位置、速度、加速度外，还得考虑该段车道内物体的位置。例如，预测模块会考虑从物体到车道路线段边界的纵向和横向距离、时间间隔状态信息，以便做出更准确的判断，如图 5-38 所示。

5.4.6 车道轨迹生成

通过分析每个车道的概率，预测车辆最有可能采用的车道，最后生成车辆预计运行的轨迹。轨迹生成是预测的最后一步，一旦预测到物体的车道系列，就可以预测物体的轨迹，在任何两个点 A 和 B 之间，物体的行进轨迹有无限种可能，如图 5-39 所示。系统在各种可能之间选择最合适的一种。

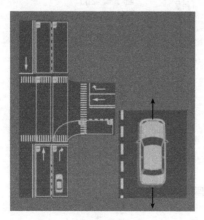

图 5-38 障碍物状态分析

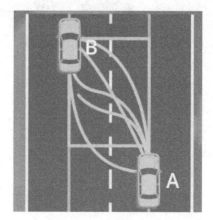

图 5-39 车道轨迹生成

5.5 路径规划

车辆自动驾驶系统从本质上讲是一个智能控制机器，其研究内容大致可分为信息感知、行为决策及操纵控制三个子系统。路径规划是智能汽车导航和控制的基础，主要是让目标对象在规定范围的区域内找到一条从起点到终点的无碰撞安全路径。如图5-40所示。

5.5.1 路径规划的分类

从轨迹决策的角度考虑，路径规划可分为局部路径规划和全局路径规划；从获取障碍物信息是静态或是动态的角度看，全局路径规划属于静态规划（又称为离线规划），局部路径规划属于动态规划（又称为在线规划）；根据所研究环境的信息特点，路径规划

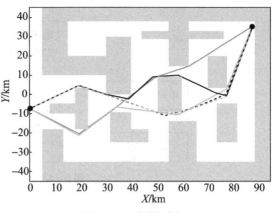

图5-40 路径规划

还可分为离散域范围内的路径规划和连续域范围内的路径规划。

全局路径规划的任务是根据全局地图数据库信息规划出自起始点到目标点的一条无碰撞、可通过的路径。由于全局路径规划所生成的路径只能是从起始点到目标点的粗略路径，并没有考虑路径的方向、宽度、曲率、道路交叉以及路障等细节信息，加之智能汽车在行驶过程中受局部环境和自身状态的不确定性的影响，会遇到各种不可测的情况。因此，在智能车辆的行驶过程中，必须以局部环境信息和自身状态信息为基础，规划出一段无碰撞的理想局部路径，这就是局部路径规划。

5.5.2 全局路径规划

全局路径规划通常也被称为任务规划或者路由规划（Route Planning），有时也泛称路径规划，由导航模块完成，负责相对顶层的路径规划，例如起点到终点的路径选择，如图5-41所示。它是基于先验完全信息，主要依靠掌握所有的道路环境信息，根据起点、目标点、环境地图、路况、驾驶人的意愿等所有信息进行路径规划，起点即车辆在地图中的位置，应尽可能准确，一般可以利用的输入信号有GPS、SLAM阶段使用的车载传感器、惯导等融合确定。

1. 全局路径规划功能架构

全局路径规划的功能架构如图5-42所示，全局路径规划层根据收到的来自用户的驾驶任务，基于地图数据信息和自身定位信息，在已知的路网文件中搜索出到达目的地的全局

图5-41 全局路径规划

最优行驶路线，并将结果向下传递给行为决策层。同时，全局路径规划层还需要根据GPS定位信息，实时检测既定路线行驶情况，判断是否到达目的地；或者当前路线出现阻断时，及时进行路线重新规划，以便继续完成行驶任务。

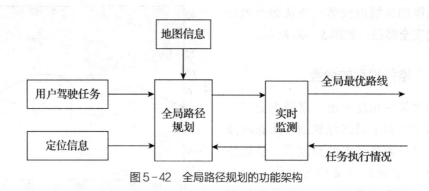

图5-42 全局路径规划的功能架构

2. 重点考虑点

在进行路径规划的时候，首先需要考虑的有以下几个方面：

1）起点与终点的位置获取。

2）障碍物的环境表示。

3）规划方法，基于规则规划出若干结果以供选择。

4）搜索方法，在系统提供的若干结果中选择最优的一种。

3. 步骤和方法

一般的连续域范围内路径规划步骤主要包括环境建模、路径搜索、路径平滑三个环节，如图5-43所示。

1）环境建模。建立一个便于计算机进行路径规划所使用的环境模型，即将实际的物理空间抽象成算法能够处理的抽象空间，实现相互间的映射。

2）路径搜索。在环境模型的基础上应用相应的算法寻找一条行走路径，使预定的性能函数获得最优值。

3）路径平滑。通过相应的算法搜索出的路径并不一定是一条运动体可以行走的可行路径，需要做进一步处理与平滑才能使其成为一条实际可行的路径。

全局路径规划常采用启发式搜索算法，例如 Dijkstra 或者 A – Star 算法，如图 5-43 所示。

4. 全局 Dijkstra 算法

Dijkstra 算法是最短路径算法的经典算法之一，由 E. W. Dijkstra 在 1959 年提出的。如图5-44所示，该算法从初始点开始计算周围多个点与初始点之间的距离，再将新计算距离的点作为计算点计算其周围点与初始点之间的距离，这样计算像波阵面一样在自由空间内传播，直至到达目标点。这样就可以计算得到起始点到终点的最短路径。

Dijkstra 算法是一种经典的广度优先的状态空间搜索算法，即算法会从初始点开始一层一层地搜索整个自由空间直至到达目标点，以思路清晰、搜索准确见长。这样会大大增加计算时间和数据量，具有耗时长、占用空间大的缺点。

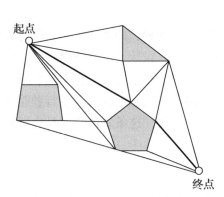

图5-43 全局路径规划计算方法

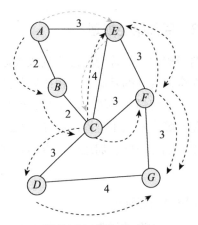

图5-44 Dijkstra算法

5. 全局A-Star算法

A-Star算法是一种静态路网中求解最短路径最有效的直接搜索方法，也是许多其他问题的常用启发式算法。常用的全局A-Star算法如图5-45所示，常用的公式表示为

$$f(n) = g(n) + h(n)$$

式中

$f(n)$ 是从初始点经由点 n 到目标点的代价估计（距离）；

$g(n)$ 是在空间中从初始点到点 n 的实际代价（距离）；

$h(n)$ 是从点 n 到目标点的最佳路径的估计代价（距离）；

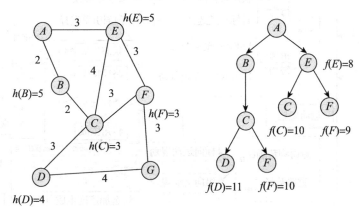

图5-45 A-Star算法

$d(n)$ 表达状态 n 到目标状态的距离，那么 $h(n)$ 的选取大致有如下三种情况：

如果 $h(n) < d(n)$ 到目标状态的实际距离，这种情况下搜索的点数多，搜索范围大，效率低，但能得到最优解。

如果 $h(n) = d(n)$，即距离估计 $h(n)$ 等于最短距离，那么搜索将严格沿着最短路径进行，此时的搜索效率是最高的。

如果 $h(n) > d(n)$，搜索的点数少，搜索范围小，效率高，但不能保证得到最优解。

5.5.3 局部路径规划

局部路径规划，也称为轨迹规划或规避障碍物路径规划，即考虑本车和障碍物之间的几何关系，在全局规划的基础上，由感知传感器（摄像头、雷达、车路协同通信）实时采集车辆周边环境，了解局部环境中的信息，然后确定障碍物分布情况，结合车辆自身状态，寻找出一条避免与障碍物发生碰撞的路径。轨迹不同于路径，轨迹不仅包含了行驶路线，还要包含每个时刻车辆的速度、加速度、方向转向等信息。其次，这条轨迹必须是底层控制可以执行的。

1. 局部路径规划架构

图 5-46 所示为局部路径规划的架构，局部路径规划是自主决策系统和控制执行系统之间的接口，其主要负责将行为指令转化为控制执行系统能接受的轨迹序列。具体说来，路径规划根据上层决策结果、局部动态环境信息和自身位姿信息，在考虑车辆运动学和动力学约束的条件下生成一组轨迹序列，再通过安全性、舒适性和时效性等指标函数的评价，挑选出一条最优的可行驶轨迹，并将其发送给控制执行系统，同时其对于行为的执行情况还会反馈给行为决策层。

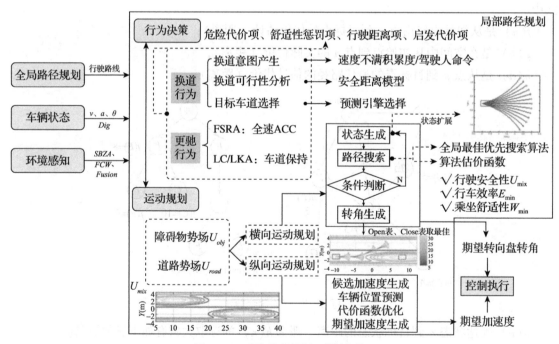

图 5-46 局部路径规划系统的架构

2. 局部路径规划过程

局部路径规划由空间规划和时间规划组成，即考虑周围环境的障碍物信息、本车当前的状态信息、运动学和动力学约束，以及全局规划的参考路径信息，生成一条无碰撞、可行驶、平滑的轨迹。局部路径规划系统首先从感知系统获取道路信息，经过处理后实时生成安全、平缓的行车轨迹，并以车速和转向角的数据形式传输给底盘控制系统，从而使车辆实现车道跟随和规避障碍物的功能，如图5-47所示。

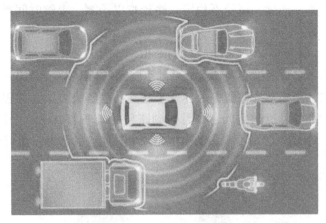

图5-47 局部路径规划

一个合格的规划，必须满足几个条件：首先，必须能够使智能汽车到达目的地；其次，必须符合交规；第三，能够避免碰撞；最后，也需要能保证一定的舒适性。在规划算法的输出是一系列轨迹点连成的轨迹。每一个轨迹点包含位置、速度、加速度等信息。

(1) 空间规划

空间规划只需要由传感器实时采集环境信息，了解环境地图信息，然后确定出所在地图的位置及其局部的障碍物分布情况，从而可以选出从当前结点到某一子目标结点的最优路径，如图5-48所示。首先是问题抽象，根据当前驾驶人信息和道路状况建立平滑的自然坐标系；其次是模型建立，确定合理优化目标函数及约束条件；最后是优化求解，利用二次优化求解带约束二次规划问题。根据通常采用的采样方法，规划计算方法包括快速探索随机树法和概率路标法。

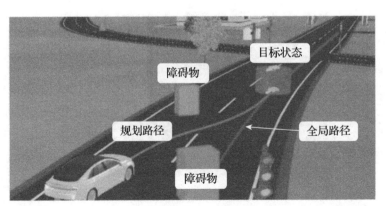

图5-48 空间规划

1) 快速探索随机树法。快速探索随机树（Rapidly Exploring Random Tree，RRT）是常用的基于随机性采样的典型方法，如图5-49所示，它能快速、有效地搜索高维空间，通过状态空间的随机采样点搜索导向空白区域，从而寻找到一条从起始点到目标点的规划路径。

RRT 通过对状态空间中的采样点进行碰撞检测，避免了对空间的建模，能够有效地解决高维空间和复杂约束的路径规划问题。但由于随机选择中间状态或控制量，该类方法生成的路径通常存在不平滑、曲率不连续、路径不稳定、路径难以预测、求解时间难以确定等缺点，在智能网联汽车中应用较少。

2）概率路标法。概率路标法（Probabilistic Road Maps，PRM）是一种基于图搜索的方法，如图 5-50 所示，它将连续空间转换成离散空间，再利用 A-star 等搜索算法在路线图上寻找路径。这种方法能用相对少的随机采样点来找到一个解决方案，对多数问题而言，相对少的样本足以覆盖大部分可行的空间，并且找到路径的概率为 100%。显然，当采样点太少或者分布不合理时，PRM 算法是不完备的，但是随着采用点的增加，也可以达到完备。

图 5-49　随机性采样规划

图 5-50　概率路标法

(2) 速度规划

速度规划如图 5-51 所示，也是一种轨迹规划，是规划智能网联汽车执行运动时的速度及加速度，关注的指标为最短运行时间或最小能量损耗。它是在局部路径规划的基础上加入时间序列信息，对智能网联汽车执行任务时的速度与加速度进行规划，目的是满足运动曲线光滑或是运动速度可控等要求。

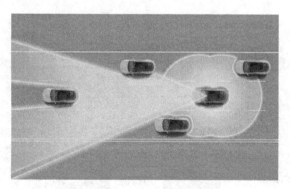

图 5-51　速度规划

3. 局部应用举例

以图 5-52 所示的场景为例，其中红色汽车是智能网联汽车，蓝色汽车是障碍车，蓝色带尖头的曲线代表蓝色汽车的预测轨迹。面对这样一个前方即将有车辆并入的场景，有些驾驶人会按照图中浅红色的轨迹，选择绕开蓝色的障碍车；另外有一些驾驶人会沿着右图中深红色较短的轨迹做一个减速，给蓝色障碍汽车让路。既然对于同一个场景，人类驾驶人会有多种处理方法，那么计算机规划算法的第一步就是采样足够多的轨迹，提供尽可能多的选择。

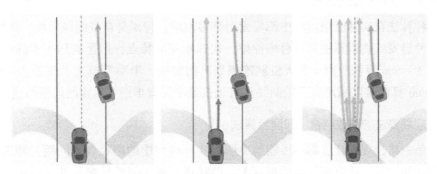

图 5-52　局部应用举例（见彩插）

规划算法的第二步是计算每一条轨迹的代价，代价主要考虑轨迹的可行性、安全性等因素。有了轨迹的代价以后，系统就会执行一个循环检测的过程。在检测过程中，系统每次会先挑选出代价相对最低的轨迹，对其进行物理限制检测和碰撞检测。如果挑出来的轨迹不能同时通过这两个检测，就将其筛除，然后考察下一条代价最低的轨迹，如图 5-53 所示。

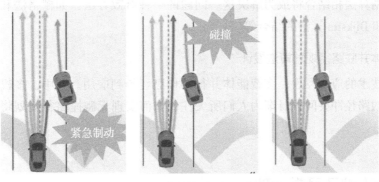

图 5-53　轨迹检测（见彩插）

以图 5-53 中的左图为例，假设首先挑选出代价最低的是深红色较短的轨迹，但系统会发现即便猛踩制动踏板也无法执行这条轨迹。也就是说，这条轨迹超出了汽车的减速度上限，很容易发生交通碰撞，所以它无法通过物理限制检测，故会将其筛除。

假设下一条选出来代价最低的轨迹是右图中深红色较长的轨迹，会发现若沿着这条轨迹前进，红车会和蓝色障碍车发生碰撞。也就是说，这条轨迹轨迹无法通过碰撞检测，于是只能放弃这条轨迹，考虑下一条代价最低的。

这样的过程循环继续下去，假设现在挑选出右图中靠左边的深红色轨迹，它既符合汽车的物理性状，也不会有碰撞风险，那么最终就将这条轨迹作为规划轨迹输出。

5.5.4　路径规划的未来发展

随着科学技术的不断发展，路径规划技术面对的环境将更为复杂多变。这就要求路径规划算法要具有迅速响应复杂环境变化的能力。这不是单个或单方面算法所能解决的问题，因此在未来的路径规划技术中，除了研究发现新的路径规划算法外，还有以下几方面值得关注：

1. 先进路径规划算法的改进

任何一种算法在实际应用过程中都要面对诸多困难，特别是自身的局限性。例如 A – Star 算法作为一种启发式搜索算法具有鲁棒性好、快速响应的特点，但是应用于实际中还是存在弊端，对于 A – Star 算法应用于无人机航迹规划时的弊端，李季等提出了改进 A – Star 算法，解决了 A – Star 算法难以满足直飞限制并且有飞机最小转弯半径等约束的局限性这一问题。

2. 路径规划算法的有效结合（即混合算法）

任何的单一路径规划算法都不可能解决所有实际应用中的路径规划问题，特别是在面对交叉学科的新问题时，研究新算法的难度大，路径规划算法间的优势互补为解决这一问题提供了可能。对于多空间站路径规划问题，金飞虎等把蚁群算法和神经网络方法相结合解决了这一问题，并避免了单纯运用神经网络算法时出现的局部最小问题。

3. 环境建模技术和路径规划算法的结合

面对复杂的二维甚至三维连续动态环境信息时，算法所能做的是有限的，好的建模技术和优秀路径规划算法相结合将成为解决这一问题的一种有效方法，如栅格法和蚁群算法的结合，C 空间法和 Dijkstra 算法的结合等。

4. 多智能体并联路径规划算法设计

随着科学技术的应用发展，多智能体并行协作已经得到应用。其中，多机器人协作和双机械臂协作中的路径冲突问题日渐为人们所关注，如何实现无碰撞路径规划将成为日后研究的热点之一。

5.6 路径跟踪及异常处理

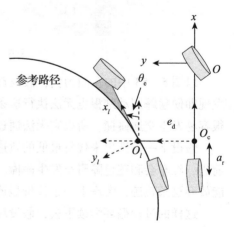

图 5-54 路径跟踪

路径跟踪（Path Tracking），是在平面坐标系下设定一条理想的几何路径，然后要求智能汽车从某一处出发，按照某种控制规律到达该路径上的目标点，并实现其跟踪运动，如图 5 – 54 所示。根据位置与时间的关系，可以分为全局路径跟踪（也称为路径跟踪）、局部路径跟踪（也称为轨迹跟踪）。

5.6.1 全局路径跟踪

对于智能网联汽车来说，全局路径点只要包含空间位置信息和姿态信息即可，不需要与时间相关；而全局路径跟踪是指跟踪空间的某特定曲线，只考虑到每一个离散点的偏差，不考虑时间。跟踪控制时，可以假设智能网联汽车以当前速度匀速前进，以一定的代价规则使行驶路径趋近于参考路径，如图 5 – 55 所示。路径跟踪中的运动控制就是寻找一个有界的控制输入序列,以使智能网联汽车从一个初始位形调整到设定的期望位形。

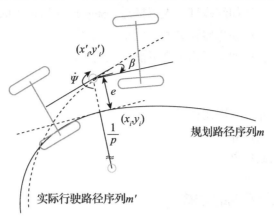

图 5-55　全局路径跟踪

5.6.2　局部路径跟踪

当路径点信息中加入时间约束,就可以被称为轨迹点。当路径规划过程要满足智能网联汽车的纵向和横向动力学约束时,就成为轨迹规划,轨迹规划实质就是一种路径规划。而轨迹跟踪是指跟踪某条与时间相关的曲线,即某时刻必须在某点,相当于跟踪一个前边同驱动结构的车。轨迹跟踪时,参考路径曲线与时间和空间均相关,并要求智能网联汽车在规定的时间内到达某一预设好的参考路径点。

5.6.3　异常处理

作为预留的智能驾驶系统安全保障机制,一方面是在遇到不平道路及复杂路面易造成车辆机械部件松动、传感部件失效等问题时,通过预警和容错控制维持车辆安全运行;另一方面是在决策过程某些算法参数设置不合理、推理规则不完备等原因导致智能网联汽车在行为动作中重复出现某些错误并陷入死循环时,能够建立错误修复机制使智能网联汽车自主地跳出错误死循环,朝着完成既定任务的方向继续前进,以减少人工干预来解决问题。

5.7　Apollo 自动驾驶开放平台

Apollo 自动驾驶开放平台是百度公司开发的一个开放、完整、安全的自动驾驶开源平台,是一套完整的软硬件和服务系统,包括车辆平台、硬件平台、软件平台、云端数据服务四大部分。

平台开放环境感知、路径规划、车辆控制、车载操作系统等功能的代码或能力,并且提供完整的开发测试工具。

5.7.1　Apollo 决策系统的构成

1. 决策系统的输入

1) Routing(路径)信息。

2) 道路结构,比如当前车道、相邻车道、汇入车道、路口等信息。

3) 交通信号和标示,比如红绿灯、人行横道、Stop Sign Keep Clear 等。

4) 障碍物状态信息,比如障碍物类型、大小、速度。

5) 障碍物预测信息,比如障碍物未来可能的运动轨迹。

2. 决策的输出

1) 路径的长度以及左、右限制边界。

2) 路径上的速度限制边界。

3) 时间上的位置限制边界。

5.7.2 Apollo 决策系统的功能

智能网联汽车决策系统的任务就是根据给定的路网文件、获取的交通环境信息和自身行驶状态,将行为预测、路径规划以及规避障碍物机制三者结合起来,自主产生合理的驾驶决策,实时完成无人驾驶动作规划。Apollo 决策系统的主要功能包括制定参考路径、交规决策、路径决策、速度决策,以及决策场景的分类和调度。

注意:不同的系统名词定义不同,需要注意含义。

1. 制定参考路径

制定参考路径是 Apollo 的一个模块的主要功能,可以解决 A 点到 B 点的路由寻径问题,其路径规划的层次要更加深入到智能网联汽车所使用的高精地图的车道(Lane)级别,这里的 Lane 比实际车道更为精细,如图 5-56 所示。参考路径也用于表达换道需求,一般会有两条参考路径,有不同的优先级。后续的交规决策、路径决策和速度决策都是基于参考路径或者参考路径下的 Frenet Frame(一种道路坐标系)完成的。

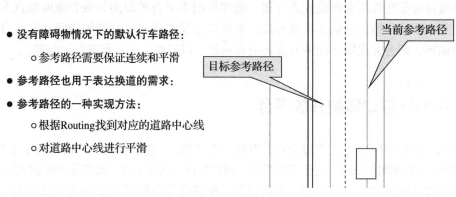

图 5-56 参考路径

2. 交规决策

交规决策指的是车辆基于交通规则对于自身交通行为的约束。有了参考路径后,智能网联汽车就可以沿着参考路径找到交通标志和信号灯,然后根据交通规则决定是否在相应的地方放置虚拟墙,如图 5-57 所示。当车辆遇到虚拟墙的时候,车辆会停下来;当交通限行信号解除时,虚拟墙会消失,车辆可以继续运行。

- 处理红绿灯,Stop Sign,人行横道等交通规则
- 输入信息:
  - 参考路径
  - 高精地图
  - 信号灯状态
- 输出:
  - 虚拟墙

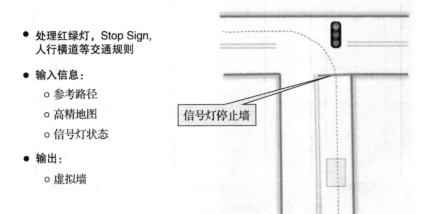

图5-57 交规决策

3. 路径决策

当车辆行驶时,路径决策系统会根据交通标志和信号、虚拟墙和障碍物等判断是否需要换道。当明确要换道后,首先判断是否可以安全换道,如果安全,系统会产生路径的边界,否则产生车道内的路径边界;一般判断条件有两个,一个是当前车道的可行驶宽度是否足够,一个是前方障碍物是否为静止状态且不是由于车流原因静止。如果不需要换道,则确定是否需要借道避让,如果确定需要借道避让,路径决策会产生车道内路径边界,整个路径决策过程如图5-58所示。

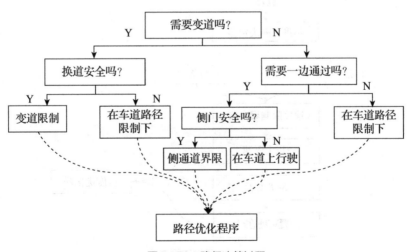

图5-58 路径决策过程

车道内路径边界分以下三种情况,如图5-59所示:

1) 无障碍物,路径边界依据车道边界或者道路边界来生成,并留有缓冲距离(绿色线)。

2) 前方障碍物,路径边界会被截止在第一个障碍物的后方。

3) 左右方障碍物，路径边界会依据车道线和障碍物的边界产生。

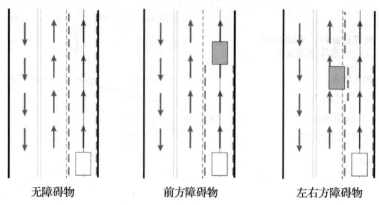

图 5-59　车道内路径边界分类（见彩插）

借道避让路径的边界产生，是在确认可以安全借道之后完成的。是否可以安全借道的决策是根据一系列的交通规则来做出的。在做路径决策时，只考虑静止障碍物，动态障碍物是在速度规划时考虑。

4. 速度决策

有了路径边界后，系统就会调用路径优化器，得到平滑路径，然后就可以在路径上进行速度决策。首先对一整条路径或者部分路径产生一个或者多个速度边界，将多个速度集成；得到速度限制后，利用速度-时间的关系图来得到时间上的位置限制边界，最终把速度边界和位置边界传给速度优化器得到平滑的速度规划，整个速度决策过程如图 5-60 所示。

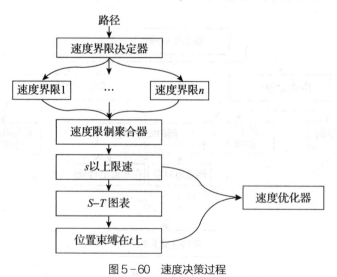

图 5-60　速度决策过程

5. 决策场景分类和调度

场景可以是地图中有一定特征的路段，比如路口，也可以是智能网联汽车想要完成的一系列复杂的动作，比如借道避让，如图 5-61 所示。每个场景都包括交规决策、路径决策、路径优化、速度决策等若干个阶段（Stage），每个 Stage 完成场景的一个步骤。把每个阶段定义为一个或者几个基本的任务（Task），每个 Stage 或者直接调用（使用默认参数），或者修改参数，或者修改输入值，这样的实现可以极大地提高场景之间的代码复用。这就是场景的分类和调度。

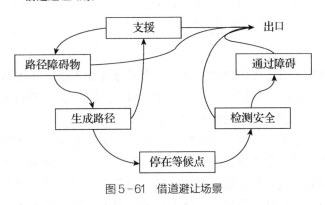

图 5-61 借道避让场景

5.7.3 Apollo 决策规划的过程

Apollo 自动驾驶开放平台是开源的智能网联汽车解决方案，其规划中会按照不同的场景生成一条临时的路径，通过临时路径来规避障碍物或者临时变道。如图 5-62 所示，假设前面有一个缓慢行驶的汽车离得越来越近，基于交通规则，后车可以通过变道实现超车。

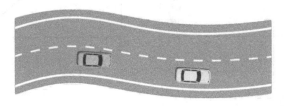

图 5-62 变道超车

1. 生成位置路点

如图 5-63 所示，系统首先会根据当前的情况生成很多个运动路径，这些运动路径都可以躲避开前方这个车辆。

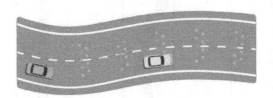

图 5-63 生成位置路点和路径

1) 首先将这里的道路按照前进方向划分为若干个片段。
2) 然后在每个片段上进行随机撒点。

3)将所有的点随机连接起来,生成一系列前进路径。

2. 路线评估因素

路径生成后,Apollo系统会根据评估函数对生成的多条路线进行评估和打分,并选取出最合适的那一条,其中具体的评估因素有安全系数、离道路中心的距离、车辆模型限制(例如转向最大角度等、曲线的平滑度、速度和曲率的变化关系、与障碍物的距离、车辆自身的压力)。而从代价方面主要考虑以下几方面:

(1) 到达目的地代价

考虑到达目的地代价时要考虑两种情况:一个是存在停车指令(比如红灯)的情况,另一个是没有停车指令的情况。如果存在停车指令,相对大的车速,其对应的轨迹代价就越大;如果没有停车指令,那么低速轨迹的代价就会越大。

怎么实现这样的效果呢?针对这两种情况分别设计了参考速度,如图5-64所示。左图蓝线表示没有停车指令时的参考速度。可以看到这种情况下,绿色的加速轨迹会获得一个较小的代价,而红色的减速轨迹会获得一个相对较大的代价。如果存在停车指令,参考速度就会像右图中的蓝色曲线一样呈下降趋势。那么这种情况下,同样的两条轨迹,它们的代价大小关系就会正好相反。

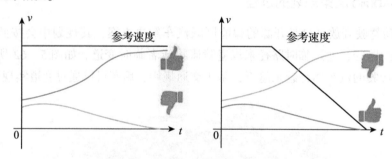

图5-64 到达目的地代价(见彩插)

(2) 横向偏移代价

设计横向偏移代价的目的是让智能网联汽车能尽量沿着道路中心行驶,如图5-65中的右图所示,像左图中汽车靠道路一边行驶、中图中像画龙一样的行驶轨迹,它们的代价都相对较高。

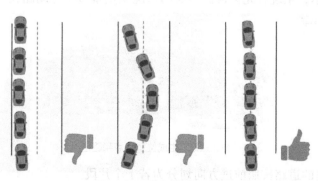

图5-65 横向偏移代价

(3) 碰撞代价

如图 5-66 所示，左图中的两条轨迹反映在右图 $S-T$ 图中，系统可以发现红色的轨迹和蓝色障碍车在 $S-T$ 图中的阴影区域有重叠，说明有碰撞风险，那么其碰撞代价就会相对较高。而绿色的轨迹在 $S-T$ 图中反映出来的碰撞风险较小，那么其碰撞代价就会相对较低。

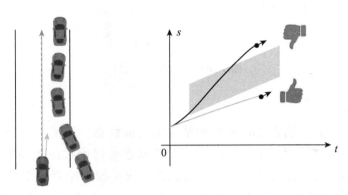

图 5-66 碰撞代价（见彩插）

(4) 纵向加加速度的代价

加加速度是加速度对时间的导数，表示加速度的变化率。系统用加加速度的最大值来表示这个代价。加加速度越大，代价越高，车辆的舒适性越差。

(5) 横向加速度的代价

设计横向加速度代价是为了平稳地换道。如图 5-67 所示，像左图猛打转向盘的轨迹，其横向加速度代价就会相对较大，车辆的舒适性越差。

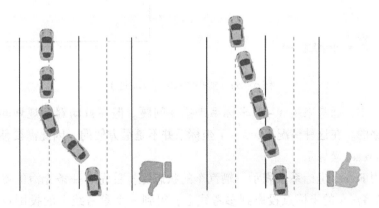

图 5-67 横向加速度的代价

(6) 向心加速度代价

设计向心加速度代价的目的是在转弯或调头的时候能够减速慢行，是为了防止出现安全性和舒适性下降的问题。在弯道处，对于车速慢的轨迹，其向心加速度代价就会相对较低，那么就会更容易被率先挑选出来，如图 5-68 所示。

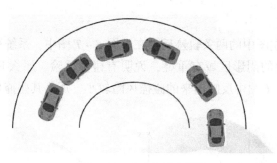

图5-68 向心加速度代价

3. 轨迹的生成

首先系统可以得到车辆在 Frenet 坐标系下的当前状态。为了生成一条轨迹，第一步就是采样一个 t_1 时刻的末状态；第二步就是将末状态和起始状态做多项式拟合，分别形成横向和纵向的多项式轨迹曲线；第三步是二维合成，即若给定一个时刻 t_*，可以计算出在 t_* 时刻的纵向和横向偏移量，再通过参考线，即可还原成一个二维平面中的轨迹点。通过一系列的时间点就可以获得一系列的轨迹点，最终形成一条完整的轨迹，整个过程如图 5-69 所示。

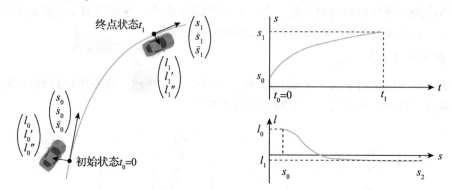

图5-69 轨迹的生成（见彩插）

在二维平面中，通常采用 $X-Y$ 坐标系来描述问题。但在自动驾驶规划问题中，系统的工作是基于道路的。在这种情况下，$X-Y$ 坐标系并不是最方便的，因此需要使用基于车道线横向和纵向的 Frenet 坐标系。

那么如何用 Frenet 坐标系来表示一辆汽车的状态呢？首先有一条光滑的参考线（右图中的红线），可以将汽车的坐标点投影到参考线上，得到一个参考线上的投影点（图中的蓝色点）。从参考线起点到投影点的路径长度就是汽车在 Frenet 坐标系下的纵向偏移量，用 s 表示。而投影点到汽车位置的距离则是汽车在 Frenet 坐标系下的横向偏移量，用 l 表示。由于参考线是足够光滑的，也可通过汽车的朝向、速度、加速度来计算出 Frenet 坐标系下横向和纵向偏移量的一阶导和二阶导。

这里需要注意的是，通常将横向偏移量 l 设计成纵向偏移量 s 的函数。这是因为对于大多数的汽车而言，横向运动是由纵向运动诱发的。

4. 速度规划

获取到最佳的行驶路径后,系统就会根据速度-时间关系图来进行行驶路径的速度规划。图5-70所示为速度-时间关系图,顾名思义就是行驶速度和时间的一条曲线。如果在行驶过程中出现了一个障碍物,根据对障碍物的行为判断,就可以判断出一段时间内的速度变化,在速度-时间关系图上就表现出某个时间段的"障碍物"(图中的黄色部分)方块,如果规划的轨迹和障碍物方块重叠,就会发生碰撞时间,因此可以根据障碍物方块生成多条无障碍速度-时间曲线。

系统获取了多条在当前路径下的速度-时间曲线,然后根据不同的限制(约束和成本函数),再次进行评估,选取出一条最佳速度的速度-时间曲线,如图5-70所示。

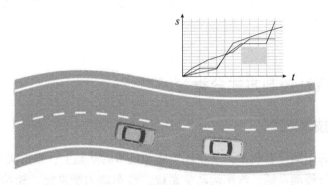

图5-70 速度规划曲线(见彩插)

但前边获取的st曲线是一条折线,但这是不平滑的,对于智能网联汽车来说,曲线越平滑,规划出来的路径越好,因此再次通过二级规划平滑st曲线,如图5-71所示。

最后将系统选出的最合适的路径和最合适的速度-时间曲线,合并起来,得到了系统规划出来的临时轨迹,智能网联汽车将按照这个轨迹躲避前车,继续前行。根据速度-时间关系图可知,在红色部分,后车的速度较快;在蓝色部分,后车的速度较慢。

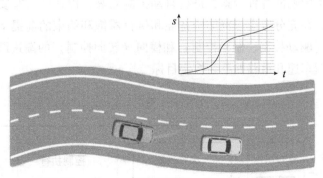

图5-71 平滑后的速度规划曲线(见彩插)

Chapter Six
第 6 章
智能车辆运动控制系统

6.1 控制内容及控制方式分类

6.1.1 控制技术概述

智能网联汽车的车辆控制技术,是在环境感知技术的基础上,根据决策规划出目标轨迹,通过电机或发动机与传动系统、汽车运动学系统、汽车动力学系统、轮胎等模型与不同的控制器算法结合,使车辆纵向和横向控制系统配合,控制车辆能够跟踪目标轨迹准确、稳定地行驶,同时使车辆在行驶过程中能够实现车速调节、车距保持、换道、超车等基本操作。

6.1.2 控制内容

如图 6-1 所示,车辆控制系统是借助于车辆线控设备、基础设施、感知设备来监测周围环境中对车辆会产生影响的各种因素,进行自动控制驾驶,以达到行车安全、高效和增加道路通行能力的目的。在充分考虑车辆结构特性和执行器饱和约束的前提下,将车辆的运动控制问题转化为纵向(驱动控制、制动控制)和横向(转向控制)的渐进跟踪问题,使车辆接近决策规划层的期望车速和道路曲率为控制目标。

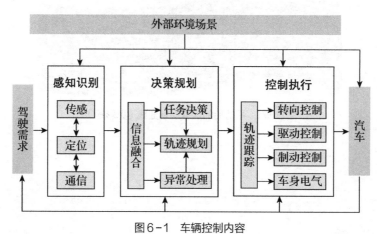

图 6-1 车辆控制内容

1. 车辆纵向控制

车辆纵向控制是在行车速度方向上的控制，即通过控制制动、加速踏板、档位等实现对车速的控制以及本车与前、后车或障碍物距离的自动控制，这类控制问题可归结为对电机驱动、发动机、传动和制动系统的控制。

2. 车辆横向控制

在无人车运动控制中，车身侧向稳定性与控制精度至关重要，相对于纵向控制而言，侧向控制的精度要求也更高。横向运动控制，主要用于对车辆转向盘的控制。系统根据上层运动规划输出的路径、曲率等信息进行跟踪控制，以减少跟踪误差，同时保证车辆行驶的稳定性和舒适性，如图6-2所示。

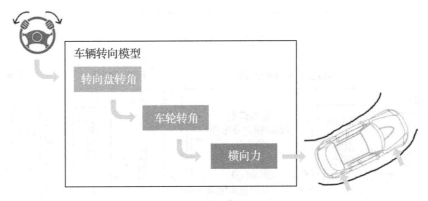

图6-2 横向运动控制

6.1.3 控制方式分类

在智能网联汽车的行驶过程中，车辆的横向运动和纵向运动存在耦合关系，控制方式一般分为以下两种。

1. 独立控制

独立控制就是设计两个独立关系的控制器，将纵向运动和横向运动分开进行控制，如图6-3所示。

2. 综合控制

综合控制就是设计一种基于反步法的鲁棒性自适应控制器，通过协调转向、制动、驱动系统，实现了智能网联汽车的纵横向耦合控制，如图6-4所示。

智能网联汽车运动控制中的纵向控制是指通过对加速踏板和制动踏板的协调控制，实现对期望车速的精确地跟随。横向控制可以实现智能网联汽车的路径跟踪，其目的是在保证车辆操纵稳定性的前提下，不仅使车辆精确地跟踪期望的线路，同时使车辆具有良好的动力性和乘坐舒适性。

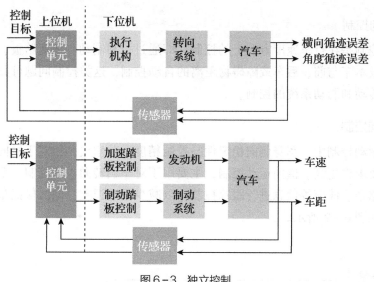

图6-3 独立控制

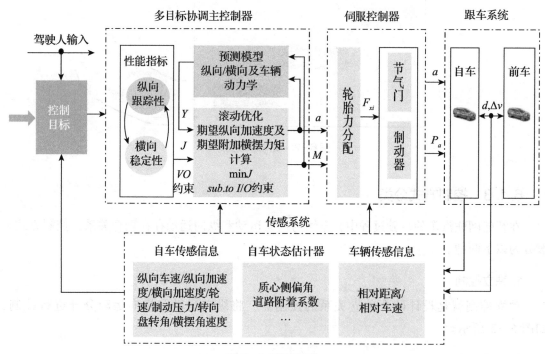

图6-4 综合控制

车辆是一个强耦合的高度非线性系统，其行驶中所需的纵向力和横向力均源于轮胎与地面之间的摩擦力，且满足轮胎动力学中的附着极限椭圆理论。考虑将纵向运动和横向运动单独控制会降低车辆的控制性能，因此提出了纵横向控制，即耦合运动控制。所谓耦合控制，就是一个模块通过接口向另一个模块传递一个控制信号，接收信号的模块根据信号值而进行适当的动作，这种控制被称为耦合控制。

为实现车队中所有车辆的车道保持和车辆间距恒定，一般基于位置预瞄方式，采用非奇异终端滑模控制技术设计纵横向耦合控制器。在此基础上，为解决结构控制的抖振问题，引入饱和函数，设计了反演变结构协调控制器实现车辆的纵横向运动控制。提出的一种智能网联汽车纵横向耦合控制器，由基于非线性模型预测控制方法的横向控制模块和纵向速度控制模块组成，而纵向速度的确定则考虑了道路的几何关系以及横向动力学原理以保证车辆的横向稳定。

6.2 控制技术

智能网联汽车要实现对车辆的运动和车身电器进行自动控制，必须要有相应的线控系统来满足，其中车身电器线控系统用于实现对车辆内外部灯光、车门以及人机交互界面等的控制，车辆运动的线控系统用于实现对车辆底盘的控制，包括线控转向系统、线控驱动系统、线控制动系统。而制动部分包括行车制动、驻车制动与辅助制动，驱动系统包括发动机/电机/混合动力、传动系统等控制。

线控技术最早应用在航空领域，源于飞行控制系统。它将飞行员执行的操作动作转变成弱电信号，再通过弱电信号控制强电执行机构的方式来实现相应的飞行控制，整个控制过程中增加了计算机控制环节。

线控系统的主要作用是减少复杂的机械传动机构，使整体质量更小、油耗更低、制造成本更低、控制更简洁，同时便于增加计算机辅助控制。随着汽车领域不断发展，相应的需求不断提高后也引入了线控技术，该技术在车辆中主要解决了车辆空间利用率的问题，为现在正在飞速发展的制动驾驶提供了坚实的底层控制基础。目前的汽车线控技术包括线控转向系统、线控动力系统、线控制动系统、线控悬架系统、线控增压系统、线控加速踏板（节气门）系统等。

6.2.1 线控转向系统

图6-5所示为常见的线控转向系统，它通过在转向盘到车轮间增加主动控制电机，实现对转向系统的主动控制。在传统的电助力转向车辆中，可以通过对助力电机的主动控制实现主动转向，但是也需要在驾驶人干预时主动控制系统能够及时退出，满足人工控制优先的控制需求。

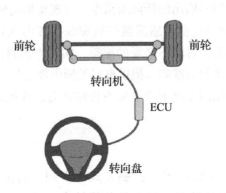

图6-5 常见的线控转向系统

1. 系统构成

线控转向系统最显著的特征是去掉了传统转向系统中从转向盘到转向执行器之间的机械连接，整个系统由路感反馈总成、转向执行总成、控制器以及相关传感器组成，如图6-6所示。转向柱与转向机间的离合器能够在线控转向系统出现故障时自动接合，保证紧急工况下依然可实现对车辆转向的机械操纵。

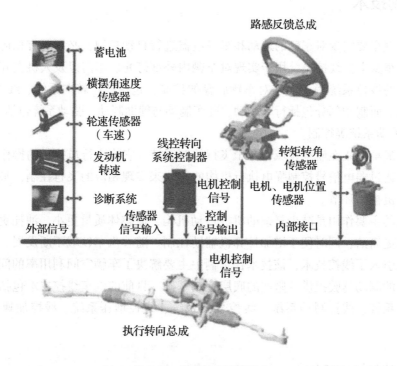

图6-6 线控转向系统构成

1）路感反馈总成主要包括转向盘、路感电机、减速器和转矩转角传感器，其功能是驱动路感电机实现控制器给出的反馈力矩指令，对"驾驶人"施加合适的路感。

2）转向执行总成主要由转向电机、转向器和转向拉杆等部件组成，转向电机一般采用永磁同步直流电机，转向器多为齿轮齿条结构或者循环球式结构。该部分工作原理为驱动转向电机快速、准确地执行控制器给出的转向角指令，实现车辆的转向功能。

3）线控转向控制器的功能包括路感反馈控制和线控转向执行控制。路感反馈控制是根据驾驶意图、车辆状况与路况，过滤不必要的振动，实时输出路感反馈力矩指令。线控转向执行控制主要是依据车辆运动控制准则，提供良好的操纵稳定性，实时输出车轮转向角指令。考虑到可靠性，保证车辆在任何工况下均不失去转向能力，线控转向执行控制的冗余功能至关重要。

2. 布置方式

根据转向电机的数量、布置位置与控制方式的不同，目前线控转向系统的典型布置方式可分为五类：单电机前轮转向、双电机前轮转向、双电机独立前轮转向、后轮线控转向和四轮独立转向。每种布置形式均有自己的优点和缺点，概括起来，其优缺点如图6-7所示。

布置方式	代表产品	优点	缺点
单电机前轮转向	ZF 2001	结构简单，易于布置	单电机故障冗余性欠佳，电机功率较大
双电机前轮转向	Infiniti Q50、精工DPASS	冗余性好，且对单个电机功率要求较小	冗余算法复杂，零部件成本增加
双电机独立前轮转向	斯坦福大学X1、P1	去掉转向器部件，提高了控制自由度和空间利用率	无冗余功能，转向协同控制算法较复杂
后轮线控转向	ZF AKC	控制自由度增加，转向能力增强	零部件数量增加，结构较复杂，控制算法较复杂
四轮独立转向	吉大UFEV	控制自由度最大，转向能力更强	系统结构复杂，可靠性降低，控制算法复杂

图6-7 典型布置方式的优缺点

3. 路感反馈控制

反馈力矩的估算与转向盘转角、车辆横摆角速度、车辆侧向加速度、电机电流成比例，同时考虑了系统阻尼力矩、惯性力矩、轮胎回正力矩和低速时的顶轴力矩的影响。按照模块的功能，可以将路感反馈控制分为上、下两个层次，上层主要负责（估计）计算出路感反馈力矩，下层主要负责准确、快速地执行该反馈力矩，如图6-8所示。

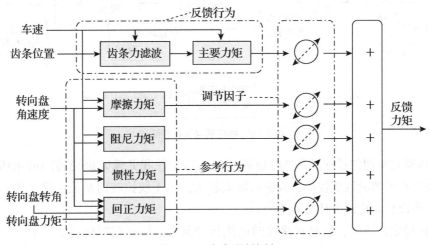

图6-8 路感反馈控制

但路感反馈控制也面临一些挑战，主要包括以下几个方面：
1）复杂路况下路感力矩与人因工程的协调。
2）路感反馈的评价很大程度上依赖于"驾驶人"主观评价，由于路面信息复杂多变、"驾驶人"对相同路面反馈要求不一，所以复杂路况下符合不同驾驶风格的路感反馈控制是一个难题。

3）位移、力矩联合伺服控制的精度。

4）路感反馈力矩的大小直接影响"驾驶人"对路感反馈的评价，一般路感电机的控制以力矩控制为主、转角控制为辅，而在准确的位置输出期望的反馈力矩，当外部干扰变化剧烈、部件老化时确保控制品质也是一个难题。

5）随着自动驾驶的发展，在未来第 5 级全自动驾驶车上，车辆可完全交由控制器操纵，法规可能允许"驾驶人"不需要进行转向操控，路感反馈的功能和性能要求可能需要重新定义。

4. 线控转向执行控制

系统根据当前路况、车辆行驶状态及性能要求，提出控制目标和约束条件，并对难以直接测量的状态或参数进行观测或辨识，综合控制目标和约束条件等信息，计算出期望的车轮转角指令，由转向电机执行。根据模块的功能，可以将线控转向控制执行分为上、下两个层次，如图 6-9 所示，上层主要进行车辆运动状态的控制，包括变传动比控制和车辆稳定性控制，以计算期望的车轮转角；下层主要是准确、快速地实现该车轮转角。

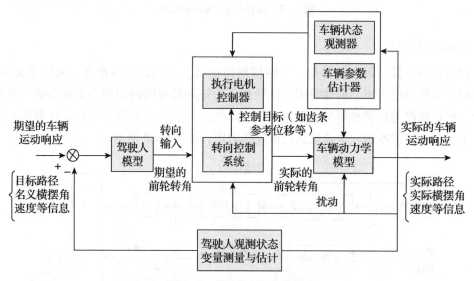

图 6-9 线控转向执行控制

1）变传动比控制的目标是高速时提高转向的稳定性和低速时提高转向的灵活性。一般而言，传动比在低速时取值较小，高速时取值较大。由于线控转向系统去除了传动轴机械结构的限制，所以传动比的设计空间更大。

2）车辆稳定性控制，就是在线控转向执行控制中，由于车辆行驶工况复杂、车辆参数时变、状态动态变化以及"驾驶人"风格各异，对车辆稳定性控制的自适应性和鲁棒性提出了较高甚至极限需求。

5. 双向控制

转向执行器接收控制指令，通过对电机或者液压系统进行跟踪控制，确保车轮转角控制的精确性。由于线控转向系统存在相耦合的车轮转向角控制和"驾驶人"手感力矩控制，为了协调这两类控制，利用了双向控制的思想，即双向控制路感力矩和车轮转角，从而可以实现很好的控制精度，如图 6-10 所示。线控转向系统主要完成两个电机的协同控制，即前轮转向电机的转角需要跟随转向盘的转角而转动，同时转矩传感器采集前轮转向电机的转矩信息反馈给路感电机。

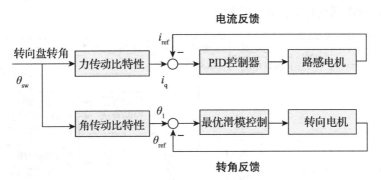

图 6-10 双向控制

前轮转向系统的主要功能是控制前轮执行电机跟随转向盘转角的转动。为了实现前轮电机转角的快速跟随性能，在速度控制的基础上增加位置环对永磁同步电机实现回环控制，从而驱动前轮转角跟随控制，如图 6-11 所示。

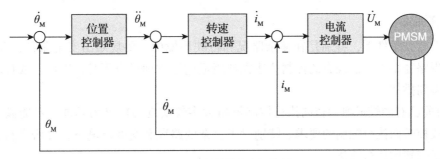

图 6-11 前轮转向电机控制

当转向盘转动时，角度传感器采集转向盘转角信息，根据设定的传动比，计算前轮需要的转角作为设定值，并将实际转向盘转角作为采样值经 PID 控制后传递给速度环作为速度的设定值。

6. 容错控制

在线控转向系统中，由于电子元件失效或者控制系统环境发生变化（例如存在较大的侧向力）时均可能导致线控转向系统失效，一旦发生，后果非常严重。为了提高线控转向系统的安全性，要充分考虑转向执行系统的容错能力，包括被动容错、主动容错等。

线控转向系统被动容错方案主要是指采取额外装置，在系统失效时备份装置可以保证不失去转向能力，典型的有机械转向轴备份和作动器备份。如英菲尼迪 Q50 采用安装了离合器装置的转向轴备份，在线控系统失效时离合器接合可实现人工转向功能，属于典型的被动容错方案。由于被动容错控制需要额外的机械机构或者作动器部件，且额外部件仅在失效时工作，所以结构较为复杂，多为现阶段线控转向系统法规出现前的过渡方案，因此越来越多的线控转向系统采用主动容错方案。

除利用状态观测器实现冗余控制外，电子元器件的主动容错控制方法也越来越多，如设计线控转向系统双电机冗余控制，利用自适应衰减卡尔曼滤波设计故障诊断系统，分别对转矩和转角回环控制进行故障检测，双电机分别采用转角回环控制和转矩（电流）回环控制，整个线控转向容错控制过程如图 6-12 所示。

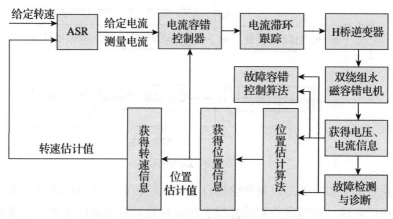

图 6-12　线控转向容错控制

7. 面临挑战

在自动驾驶条件下，特别是在复杂路况和行驶环境中，要规划出安全路径，并且准确、快速地实现路径跟踪，而现有的控制算法在环境适应性方面尚有不足，因此，线控转向系统面临着一系列挑战：

1）目前已有的较成熟的转向执行控制策略大多仅实现转向助力功能，不能满足自动驾驶环境下线控转向执行控制的要求。特别对于复杂的路况和交通环境下，要研发自适应和鲁棒性强的线控转向执行算法。

2）随着自动驾驶进程的进一步发展，线控转向系统需要与其他（感知、制动等）自动驾驶控制系统进行高度融合与协同，复杂度和可靠性是挑战。

3）在自动驾驶由第 2 级发展到第 4 级的过程中，线控转向系统需正确判别紧急状态、准确识别"驾驶人"意图，实现提前预判紧急工况、规划道路动态安全边界、辅助"驾驶人"进行自动紧急转向等驾驶行为，因此，要解决"驾驶人"干预与自动驾驶控制策略间的融合与协同问题。

8. 总结与展望

线控转向是自动驾驶的关键组成部分，随着自动驾驶汽车的智能化程度逐渐提高，线控转向控制策略在环境适应性、驾驶智能化以及可靠性方面遇到新的挑战。为了满足自动驾驶从当前驾驶辅助阶段逐渐发展至完全自动驾驶阶段对转向系统的要求，线控转向控制策略亟待在几方面进行研究：

1）复杂路况、复杂交通环境条件下线控转向系统的自适应性和鲁棒性，驾驶风格各异的人因工程协同性。

2) 极端工况下的失效模式和冗余容错控制策略。
3) 线控转向系统样机的实车装载与实车性能验证,为市场推广与应用奠定基础。
4) 考虑复杂工况,满足良好的操纵稳定性与车辆驾乘人员舒适性感受的线控转向系统的操纵稳定性分析和评价。

6.2.2 线控动力系统

动力系统是较早实现线控的系统,如电子节气门就是一种典型的线控方式,发动机控制系统采集加速踏板位置传感器的信号,然后根据加速踏板角度与节气门开度之间的关系,控制节气门,实现非机械结构连接的动力控制,如图6-13所示。随着电驱动系统的发展,混合动力、插电式混合动力、纯电动汽车得到了广泛应用,也进一步为线控动力系统的发展提供了便利的条件。

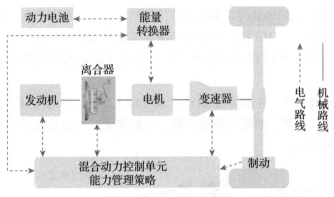

图6-13 线控动力系统

线控动力系统的核心是发动机控制单元、自动变速器控制单元、混合动力控制单元、整车控制器(纯电动汽车),通过加速踏板、档位以及汽车运动状态,判断驾驶人或者自动驾驶系统的操纵或者控制意图,然后通过对自动变速器、发动机(电机或发动机与电机组合)的动力控制,实现主动动力驱动控制。

电子节气门控制系统主要由加速踏板位置传感器、电控单元(ECU)、伺服电动机和节气门执行机构组成。位置传感器安装在加速踏板内部,随时监测加速踏板的位置,当监测到加速踏板高度位置有变化时,传感器将此信息送往ECU,ECU对该信息和其他系统传来的数据信息进行运算处理,计算出一个控制信号,通过线路送到伺服电动机,伺服电动机驱动节气门执行机构。在自适应巡航中,则由ESP中的ECU来控制电机,进而控制进气门开闭幅度,最终控制车速。

6.2.3 线控制动系统

线控制动系统可以主动产生制动压力,并分配至各车轮的制动轮缸,使车辆产生稳定平衡的制动力。典型的线控制动系统核心是液压调节器,如图6-14所示。在智能网联汽车线控技术中,线控制动系统是最关键的也是难度最高的。目前,线控制动主要有线控液压制动(EHB)和电子机械制动(EMB)两类技术模式。

图6-14 制动系统

1. EHB

EHB（Electro-Hydraulic Brake），即线控液压制动，是在传统的液压制动系统基础上发展而来的一种自动控制系统。EHB用一个综合的制动模块来取代传统制动系统中的压力调节器和ABS模块等，可以产生并储存制动系统压力，并可分别对四个轮胎的制动力矩单独进行调节。

与传统的制动系统相比，主要在于制动总泵有很大区别，而制动总泵主要由电控电机、串联式制动主缸、回位弹簧、踏板行程传感器、电控单元、二级齿轮单元、助力装置、输入杆组成，如图6-15所示。

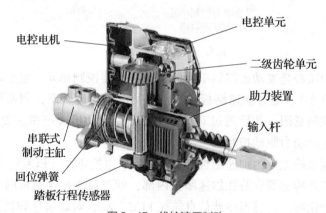

图6-15 线控液压制动

当"驾驶人"踩下制动踏板，输入杆产生位移，踏板行程传感器探测到输入杆的位移，并将该位移信号发送至控制单元，控制单元计算出电控电机应产生的转矩，再由传动装置将该转矩转化为伺服制动力。伺服制动力、输入杆源自踏板的输入力，在制动主缸内共同转化为制动液压力。电机的转动，通过蜗杆涡轮转变转动的方向并减速，再通过齿轮齿条，将电机的转动转矩转变为轴向移动力。在智能网联汽车上，不需要"驾驶人"脚踩制动踏板，控制器根据系统的决策指令直接控制电机产生相应的力矩。

如果车载电源不能满负载运行，那么助力装置则以节能模式工作，以避免给车辆电气系统增加不必要的负荷，同时防止车载电源发生故障。当助力装置发生故障时，ESP会接管并提供制动助力。ESP 和 ABS 不同，ABS 要有踏板输入才能起作用，而 ESP 不用踏板输入也能起作用。

当车载电源失效，即断电模式下，"驾驶人"可以通过无制动助力的纯液压模式对所有车轮施加车轮制动，使车辆安全停止，即和传统制动系统的真空助力器失效相同。

EHB 相比传统的液压制动系统有了显著的进步，其结构紧凑、改善了制动效能、控制方便可靠、制动噪声显著减小、不需要真空装置、提供了更好的踏板感觉，然而局限性是整个系统基本还是离不开制动液。

2. EMB

EMB（Electro Mechanical Brake），意为电子机械制动，和 EHB 的最大区别就在于它不再需要制动液和液压部件，制动力矩完全是通过安装在四个轮胎上的、由电机驱动的执行机构产生，如图 6-16 所示。因此相应地取消了制动主缸、液压管路等，可以大大简化制动系统的结构，便于布置、装配和维修，具有免维护性以及超高的响应速度，更为显著的是随着制动液的取消，对于环境的污染大大降低了，但制动力不足。

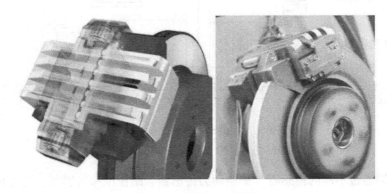

图 6-16 电动机械式制动

如图 6-17 所示，EMB 系统主要由以下三部分组成：

1）传感器。包括转向盘转角传感器、加速踏板位移传感器、侧向加速度传感器等。

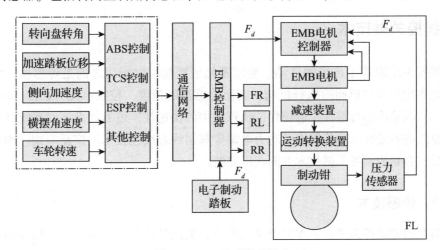

图 6-17 EMB 系统的组成

2)制动控制器(ECU)。接收制动踏板发出的信号,控制制动器制动;接收驻车制动信号;接收车轮转速传感器信号,识别车轮是否抱死、打滑等,控制车轮制动力,实现防抱死和驱动防滑,并兼顾其他系统的控制。

3)执行单元。包括 EMB 电机、EMB 电机控制单元、压力传感器等。

图 6-18 所示为 EMB 系统的工作原理示意图,从中可以看出,系统分为前轴和后轴两套制动回路 A、B,每一套回路都有自己的 EMB 控制器和动力电源。两个 EMB 控制器相对独立工作,同时也通过双向的信号线互相通信,在这种结构下,可以做到当其中某一套制动线路失灵或出现故障时,另外一套线路可以照常工作,从而保证制动的安全性。

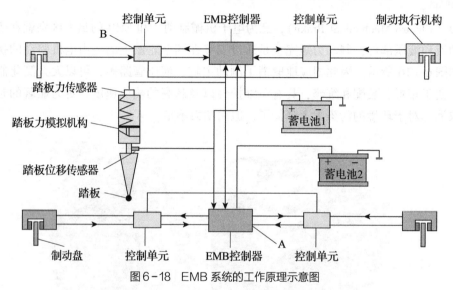

图 6-18 EMB 系统的工作原理示意图

EMB 控制器通过不同的传感器(如制动力传感器、踏板位移传感器、轮速传感器等)获取自己所需的变量参数,识别"驾驶人"的意图,经过处理后发送给每一个车轮,以此来控制制动效果。

6.3 线控关键技术

由于线控系统取消了传统的气动、液压及机械连接,取而代之的是传感器、控制单元(ECU)、电磁电机或电磁阀的执行机构,因而传感器的精度,控制单元(ECU)的可靠性、抗干扰性,控制算法的可靠性、容错性,执行机构的快速性、可靠性及不同系统之间通信的实时性,总线的容错性和仲裁能力及动力电源等都制约着线控技术的广泛应用。因此需要在传感、总线、容错控制等关键技术方面获得突破。

6.3.1 传感技术

传感器是组成线控系统的基本且重要的单元,无论是线控动力系统、线控制动系统,还是线控转向系统或其他系统,都是要配备许多传感器,如图 6-19 所示。电子控制系统的控制效果主要依赖于传感器的信息采集和反馈精度,因而传感器的技术发展直接影响了整个汽车电子控制系统的性能。而如何制造出体积小、成本低、可靠性高而且测量精度高的传感器就成为线控系统的关键技术之一。

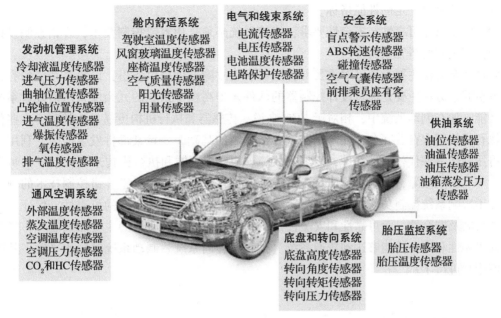

图6-19 系统中应用到的传感器

6.3.2 总线技术

汽车整车控制要想快速、准确地实现自动驾驶,需要各个电子系统快速地进行响应,需要各个模块进行数据共享,而控制ECU如何进行信息通信及各系统如何进行集成,这在很大程度上依赖于总线技术,如图6-20所示。目前存在着多种汽车总线标准,未来会使用一些具有高速实时传输特性的总线标准和协议。

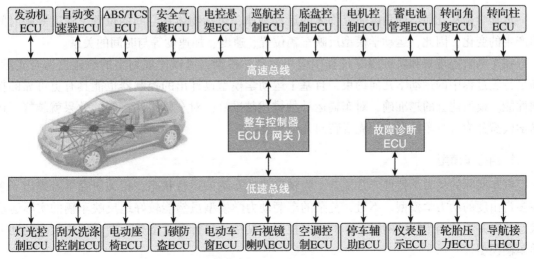

图6-20 总线示意图

6.3.3 容错控制技术

容错控制是指控制系统在传感器、执行器或系统发生故障时，回环系统仍然能够保持稳定，并且能够满足一定的性能指标。

为了满足汽车可靠性与安全性要求，线控系统必须采用容错控制技术，容错控制设计方法有硬件冗余和解析冗余两种。

硬件冗余方法主要是通过对重要部件及易发生故障部件提供备份，以提高系统的容错性能；解析冗余方法主要是通过设计控制器的软件来提高整个系统的冗余度，从而改善系统的容错性能。如在制动系统中，相对于 ECU 来说，传感器和执行机构更易发生故障，一些传感器和执行机构间存在着冗余，冗余是实现容错控制的基础，一旦某部件发生故障，利用冗余关系可用其他部件代替故障部件，以消除故障。相对传感器和执行机构来说，ECU 的可靠性较高，一旦出现故障，后果更为严重，系统不能进行任何操作。基于容错控制技术的制动系统，在不影响系统控制功能的情况下，容错控制技术提高了制动系统的可靠性，保证了车辆的正常行驶及安全性。而可靠性和安全性是制约车辆线控系统应用的主要瓶颈之一。当线控系统的可靠性和安全性能够达到普通系统（如普通转向系统、制动系统等）水平时，其产业化也就指日可待了。

6.4 车辆模型

智能网联汽车建模是系统控制的前提和基础，对于智能网联汽车控制，可以通过对车辆模型进行合理的简化和解耦，建立合适的车辆模型，这对实现智能网联汽车的轨迹（局部路径）跟踪至关重要。所谓车辆模型，即描述车辆运动状态的模型，主要分类有运动学模型、动力学模型、轮胎模型、发动机模型、变速器模型、驱动电机模型等。

6.4.1 运动学模型

运动学是从几何学的角度研究物体的运动规律，包括物体在空间的位置、速度等随时间而产生的变化，因此，运动学模型反映车辆位置、速度、加速度等与时间的关系。

在车辆轨迹规划和轨迹跟踪过程中应用运动学模型，可以使规划出的轨迹更切合实际，满足行驶过程中的运动学几何约束，且基于运动学模型设计出的控制器也能具有更可靠的控制性能。模型建立的越准确，对车辆运动的描述越准确，对车辆跟踪控制的效果就越好。运动学模型分为自行车模型和阿克曼转向几何模型。

1. 自行车模型

汽车实际的动力学特性非常复杂，为精确描述车辆的运行状态，相关研究学者提出了多种多自由度的动力学模型。不过，复杂的车辆动力学模型虽然能较好地反映车辆的实际运动状态，但并不适用于智能网联汽车的横向控制。其中，自行车模型是一个应用比较多的动力学车辆模型。

在自行车模型（Bicycle Model）中，假设车辆姿态处于一个二维的平面坐标系内，车辆的姿态可以由位移（Position）和车身夹角（Heading）完全描述，并且前、后轮由一个刚性（Rigid）轴连接，前轮可转动，后轮只能直行。根据其几何关系，可以得到车辆运动学数学模型，如图6-21所示。图中 x_0 和 y_0 表示车辆质心的位置，v 为质心的纵向速度，r 为车辆的横摆角速度，ψ 为车辆的航向角，β 为车辆的质心侧偏角。

自行车模型是在忽略了空气动力学、车辆悬架系统、转向系统等的基础上，将前、后轮分别用一个等效的前轮和后轮来代替，根据牛顿定律等从而得到的车辆动力学模型。

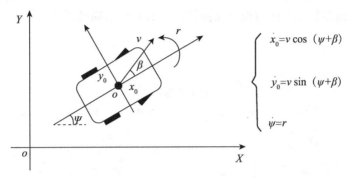

图6-21 自行车模型

自行车模型（Bicycle Model）的建立基于如下假设：
1）不考虑车辆在垂直方向的运动，即假设车辆的运动是一个二维平面上的运动。
2）假设车辆左、右侧轮胎在任意时刻都拥有相同的转向角和转速。
3）假设车辆行驶速度变化缓慢，忽略前、后轴载荷的转移。
4）假设车身和悬架系统都是刚性系统。
5）假设车辆的运动和转向是由前轮驱动的。

在低速情况下，车辆在垂直方向的运动通常可以忽略，即车辆的质心侧偏角 β 为零，车辆的结构就像自行车一样，因此上述模型可以简化二自由度车辆模型，如图6-22所示：

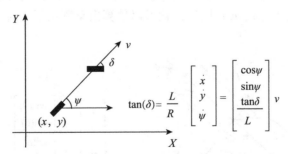

图6-22 简化二自由度车辆模型

以上整个模型的控制量简化为 v 和 δ，即纵向车速和前轮偏角。通常车辆的转向控制量为转向盘角度，因此需要根据转向传动比，将前轮偏角转化为转向盘角度。

上述的自行车车辆模型适用范围非常广，可以解决大部分问题。但当车辆高速行驶时，使用简单的二自由度车辆模型通常无法满足横向控制的精确性和稳定性，这时就需要用到车辆的动力学模型。

自行车模型的一个重要特征是，如果车辆不向前移动，就不能横向位移，称为非完整性约束。自行车模型是一种常见的车辆运动学模型，分为以下三种：

（1）以质心为中心的模型

图 6-23 所示为以质心为中心的自行车运动学模型，将左、右前轮合并为一个点，位于 A 点；将左、右后轮合并为一个点，位于 B 点；点 C 为车辆质心点。根据满足车辆动态姿态限制的转向盘转角和前向速度，通过正弦法则，就可计算出车辆角速度及滑移角 β。在给定了一个时刻的控制输入以后，就可以计算求得某一时间以后车辆的状态信息（坐标、偏航角以及速度），这个模型就可以作为模型预测控制下的基础车辆模型了。

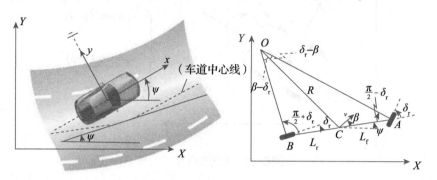

图中，O 为后轮、转向轮平面垂直线的交点，是车辆的瞬时滚动中心；β 为滑移角，是指车辆行进方向和前后两个车轮中心连线所形成的角度；ψ 为航向角，是指车身与 X 轴的夹角，v 为车辆速度。

图 6-23　以质心为中心的自行车运动学模型

（2）以后轴为原点的模型

图 6-24 所示为以后轴为原点的模型，它是指车辆坐标的原点位于后轴的中心位置，坐标轴与车身平行。在分析和计算时，智能网联汽车模型可以简化为二维平面上运动的刚体结构，在任意时刻车辆的状态可以用 $q = (x, y, \theta)$ 来体现。通过计算建立运动学模型，在给定了某个时刻的控制输入（a、ϕ）以后，就可以估算出车辆在下一时刻的状态信息（坐标、偏航角以及速度）。

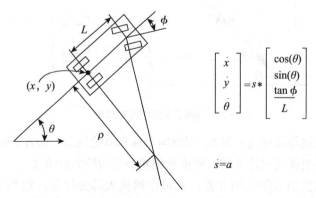

s 表示车辆速度；ϕ 表示转向角，左为正，右为负；L 表示前轮和后轮的距离。如果转向角 ϕ 保持不变，车辆就会在原地转圈，其半径为 ρ。

图 6-24　以后轴为原点的模型

(3) 以前轮驱动的模型

当车辆为前轮驱动时，转向盘的转角与前轮的转角成正比，同时可假设车辆后轮偏角 δ_r 恒为0。此时，通过计算建立如图6-25所示的运动学模型，在给定了某个时刻的控制输入 (V, ϕ) 以后，就可以估算出车辆在下一时刻的状态信息（坐标、偏航角以及速度）。

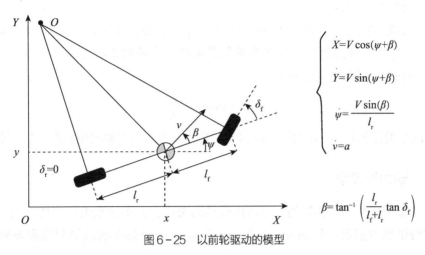

$$\begin{cases} \dot{X} = V\cos(\psi+\beta) \\ \dot{Y} = V\sin(\psi+\beta) \\ \dot{\psi} = \dfrac{V\sin(\beta)}{l_r} \\ \dot{v} = a \end{cases}$$

$$\beta = \tan^{-1}\left(\dfrac{l_r}{l_f+l_r}\tan\delta_f\right)$$

图6-25 以前轮驱动的模型

2. 阿克曼转向几何模型

阿克曼转向几何是一种为了解决交通工具转弯时内、外转向轮路径指向的圆心不同的几何学。阿克曼转向几何原理的基本观点是，汽车在行驶（直线行驶和转弯行驶）过程中，每个车轮的运动轨迹都必须完全符合其自然运动轨迹，从而保证轮胎与地面间处于纯滚动而无滑移状态。

在单车模型中，将转向时左、右前轮偏角假设为同一角度，但实际使用过程中内侧轮胎转角更大。如图6-26所示，δ_o 和 δ_i 分别为外侧前轮偏角和内侧前轮偏角，当车辆右转时，右前轮胎为内侧轮胎，其转角 δ_i 比左前轮胎转角 δ_o 更大。ℓ_w 为轮距，L 为轴距，后轮两轮胎转角始终为0°。当以后轴中心为参考点时，转向半径 R 为图中红线。

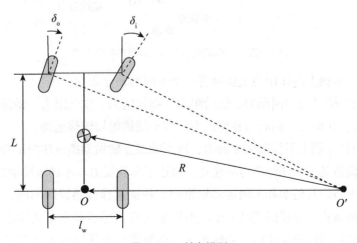

图6-26 单车模型

通过计算，两个前轮的转向角的差异 $\Delta\delta$ 与平均转向角 δ 的平方成正比。依据阿克曼转向几何设计的车辆，沿着弯道转弯时，利用四连杆的相等曲柄使内侧轮的转向角比外侧轮大约 $2°\sim4°$，使四个轮子路径的圆心大致上交会于后轴的延长线上瞬时转向中心，让车辆可以顺畅地转弯。

该转向特性的特点为：

1) 汽车直线行驶时，四个车轮的轴线都互相平行，而且垂直于汽车纵向中心面。

2) 汽车在转向行驶过程中，全部车轮都必须绕一个瞬时中心点作圆周滚动，而且前内轮与前外轮的转角应满足下面关系式

$$\cot\beta - \cot\alpha = \frac{K}{L}$$

式中，β 为汽车前外轮转角；α 为汽车前内轮转角；K 为两个主销的中心距；L 为轴距。

6.4.2 动力学模型

动力学主要研究作用于物体的力与物体运动的关系，而车辆动力学主要是研究车辆轮胎及其相关部件的受力情况，如图 6-27 所示，通常用于分析车辆的平顺性和车辆操纵的稳定性。

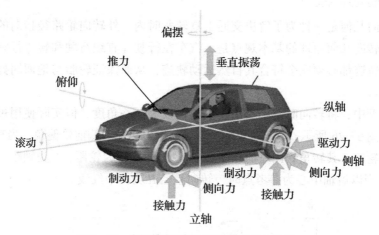

图 6-27 车辆轮胎及其相关部件的受力方向

正常情况下，车辆上的作用力主要沿着三个不同的轴分布：

1) 纵轴上包括驱动力和制动力、滚动阻力、拖拽阻力、空气阻力，做滚摆运动。
2) 横轴上包括转向力、离心力和侧风力，汽车绕横轴做俯仰运动。
3) 立轴上包括车辆上下振荡施加的力，汽车围绕立轴做偏摆或转向运动。

车辆动力学模型基于牛顿经典力学建立，描述了车辆受力与车辆运动学变量之间的关系，其控制精度远高于转向几何学和车辆运动学模型。根据选择传感器的不同，动力学模型又可分为预瞄式和非预瞄式。非预瞄式动力学模型以磁感应传感器获取车辆质心与期望路径的误差信息，该方法对路径曲率变化的鲁棒性不强。预瞄式动力学模型则是模拟了真实的"驾驶

人"操作，通过合适的传感器获取前方预瞄点与期望路径的位置关系，因此对道路曲率变化有良好的鲁棒性。但预瞄距离的选择直接影响着系统的控制性能。

实际控制器设计过程中，为简化设计难度和控制器运算量，通常将复杂的非线性车辆动力学模型，简化为线性二自由度横向动力学模型，并将预瞄距离描述为车速的一次或二次函数关系。然而，当车辆匀速行驶时，预瞄距离为定值，遇到道路曲率大范围变化的工况，该方法不能充分表达预瞄距离、纵向车速和期望路径曲率三者的关系，从而导致路径跟踪精度和车辆稳定性均不理想，且三者之间的关系也很难用精确的数学公式表示，因此根据车速和道路曲率实时选择合理的预瞄距离变得非常关键。图 6-28 所示为基于预瞄距离控制路径跟踪的结构图。

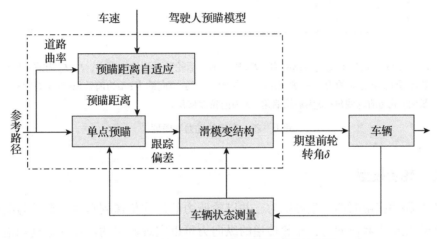

图 6-28　基于预瞄距离控制路径跟踪的结构图

为了获得"驾驶人"预瞄模型的最优预瞄距离，实现无人驾驶车辆高精度稳定地完成路径跟踪，基于单点预瞄模型获得路径跟踪偏差，采用滑模变结构设计路径转向控制器；其次兼顾路径跟踪精度、转向频度和车辆行驶稳定性的粒子群优化（Particle Swarm Optimization, PSO）算法，实现了预瞄距离自适应寻优，并建立了预瞄距离、车速和道路曲率之间的关系图。

车辆动力学在自行车模型假设的前提下，再作如下假设即可简单搭建车辆的动力学模型：

1）只考虑纯侧偏轮胎特性，忽略轮胎力的纵横向耦合关系。

2）用自行车模型来描述车辆的运动，不考虑载荷的左、右转移。

3）忽略横、纵向空气动力学。

如图 6-29 所示，$oxyz$ 为固定于车身的车辆坐标系，OXY 为固定于地面的惯性坐标系。自行车模型的车辆具有两个自由度：绕 z 轴的横摆运动和沿 x 轴的纵向运动。纵向是指沿物体前进方向，横向（或侧向）是指垂直纵向方向。

横向运动：来自横向的风力以及曲线行驶时的离心力等。

纵向运动：受总驱动阻力、加速、减速等的影响。总驱动阻力由滚动阻力、拖拽阻力、空气阻力和坡度阻力等构成。

滑移角：轮胎方向和轮胎速度方向的夹角。滑移角的产生主要是由于车轮所受合力方向并非朝向车轮行进方向，但车轮的偏移角通常较小。

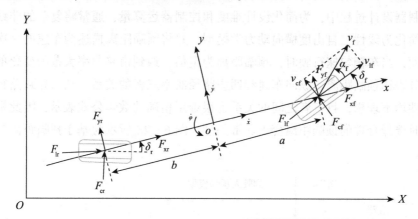

F_{lf}/F_{lr}为前、后轮胎受到的纵向力；F_{cf}/F_{cr}为前、后轮胎受到的侧向力；F_{xf}/F_{xr}为前、后轮胎受到的x方向的力；F_{yf}/F_{yr}为前、后轮胎受到的y方向的力；a为前悬长度；b为后悬长度；δ_f为前轮偏角；δ_r为后轮偏角；α_f为前轮偏移角。

图6-29 车辆的动力学模型

6.4.3 轮胎模型

轮胎在与路面接触时会产生摩擦力，并以轮胎力的形式传递到车身。车轮与路面的相互作用分别产生纵向力和侧向力，车轮传递的纵向力可以实现汽车的制动和驱动功能，车轮传递的侧向力则为汽车提供转向功能。因此，选择准确易用的轮胎模型是进行汽车动力学分析的关键。轮胎模型如图6-30所示。

图6-30 轮胎模型

6.4.4 发动机模型

发动机模型是利用发动机的转矩与其空燃比、排气再循环、气缸负载质量、点火提前角、发动机转速、动力传动负载和节气门开度等之间的非线性关系建立的模型,如图6-31所示。通常采用发动机控制参数图代替参数的函数关系进行建模,并采用二维查表法,基于发动机转速(n)、发动机输出转矩(T)和节气门开度(Throttle Opening)三者之间的关系建立发动机模型,在一定程度上可以模拟发动机的运行特性。

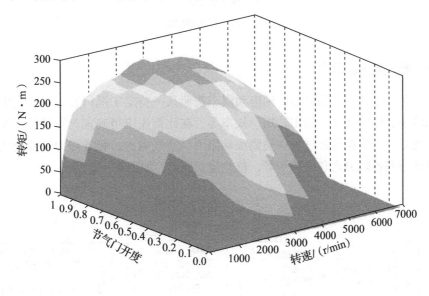

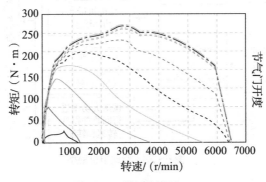

图6-31 发动机模型

6.4.5 变速器模型

由发动机的特性参数可知,当发动机输出较高转速时,输出的转矩有限,且最大功率只出现在一定转速区域内。而此时可能要求车速较小(爬坡),对转矩的要求却很大。为了满足车辆负载和道路条件的需求,必须有一套传动系统,通过改变其传动比,如图6-32所示,以协调发动机转速、转矩与车辆所要求的车速、车矩的偏差,并调节发动机的性能。

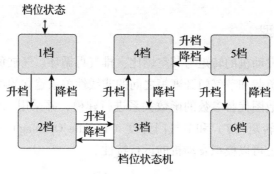

图 6-32 变速器模型

6.4.6 驱动电机模型

驱动电机是纯电动汽车的核心，纯电动汽车按照某一特定工况行驶时要确定电动机的工作状态，如转速、输出功率、输出转矩、效率等，在此首先应当确定汽车满足工况行驶所需的驱动力。纯电动汽车在行驶过程中受到滚动阻力、空气阻力、爬坡阻力和加速阻力等的作用，汽车驱动力和各阻力之和保持平等，依此建立模型，如图 6-33 所示。

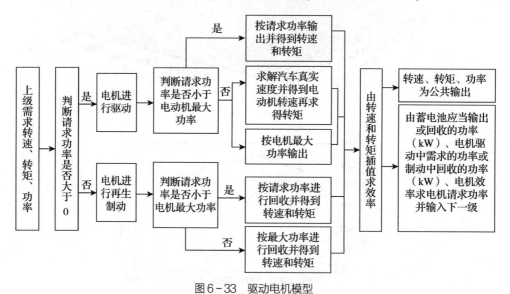

图 6-33 驱动电机模型

6.5 轨迹跟踪

轨迹跟踪是指跟踪某条与时间相关的曲线，即某时刻必须在某点，相当于跟踪一辆前边的车；路径跟踪是指跟踪空间某特定曲线。车辆在轨迹跟踪的过程中，参考路径的曲线与时间和空间均相关，即在规定的时间内，车辆需实现侧向和纵向位置偏差的收敛。因此在轨迹跟踪控制中，要综合考虑车辆的纵向和侧向运动，通常涉及轮胎力的优化分配，需要对轮胎力进行约束，以达到对智能网联汽车自动控制的目的。

6.5.1 控制模式

根据从行驶环境到驾驶动作的映射过程，智能网联汽车控制模式可以分为以下两种：

1. 基于规划——跟踪的间接控制

间接控制是一类基于规划与跟踪的、较为主流的局部规划时的智能网联汽车控制方法。根据当前车辆行为需求，在满足车辆自身运动学和动力学等约束条件下规划出一条空间上可行且时间上可控的无碰撞安全运动轨迹，然后设计适当的控制规律跟踪生成的目标轨迹，从而实现自动驾驶。特别强调的是先规划后追踪的控制理念，如图 6-34 所示。

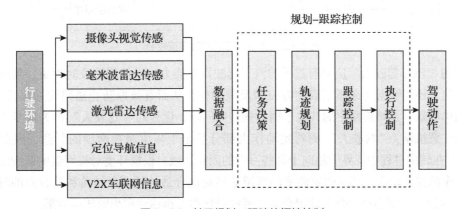

图 6-34 基于规划-跟踪的间接控制

早期的轨迹规划与跟踪技术实际上是机器人研究领域的路径规划方法的某种扩展，20 世纪 80 年代后期被引入智能汽车。这类方法给出的路径由直线和圆弧线两种基本元素构成，由于曲率在线段连接点处不连续，迫使车辆运动到连接点时需要停下来完成转向动作，导致车辆运动过程不连续。要消除这种情况，通常需要通过修改轨迹规划方法来获得平滑的连续曲率轨迹，该轨迹通常被称为回旋曲线。回旋曲线是一种广泛应用于高速公路设计的线形表达方法，用于连接直线路段和圆弧路段的平滑过渡。

2. 基于人工智能的直接控制

直接控制是一类基于人工智能的智能网联汽车自主决策控制方法，也称为端对端控制。采用人工智能等手段，建立了从行驶环境到驾驶动作的直接映射过程，如图 6-35 所示，即在认知的范畴内试图建立一种先进的"驾驶人"模型以完成实际、复杂的驾驶过程，此外控制过程不需要建立被控对象的数学模型，具有较强的机动性和实时性。

在实际过程中，如果控制对象的特性和环境的状态全部已知，即可以进行精确的数学建模，则基于传统控制策略就可以获得满意的控制性能。但实际上汽车行驶环境包括行驶道路、周边交通和气象条件等诸多因素，具有高度的不确定、不可重复、不可预测和不可穷尽等特征，同时车辆本身的非线性、不确定性也很严重，很难建立精确的数学模型，以便进行控制律的设计，因此传统控制策略已无法完全满足无人驾驶控制的要求，而基于人工智能的直接控制方法出现，弥补了这方面的不足。

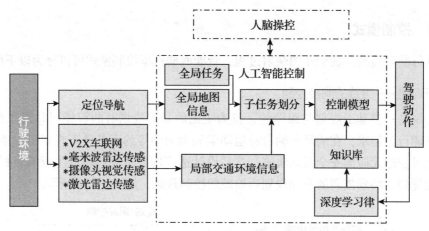

图6-35 基于人工智能的直接控制

优秀的"汽车驾驶人"应具有过硬的汽车驾驶操作能力。不仅能够及时察觉、判断车内外环境的变化,还能够据此选择正确的方位和反应动作,从而有效地防止道路交通事故的发生。具体到简单场景(忽略道路中的其他车辆)的转向问题,优秀的"驾驶人"行为应至少具备正确的视觉注意机制,"驾驶人"的驾驶动作大部分是基于环境对视网膜的刺激,因此优秀的"驾驶人"在转向过程中视界应趋向于某些习惯的固定区域;根据环境对视网膜的刺激而采取的正确、安全的操纵动作,某一固定曲率的弯道必然对应合适的转向盘转角和打方向的时刻,而优秀的"驾驶人"则会通过合适地组合这二者的时序和大小达到理想的转向效果。

已有的基于人工智能的控制方法均需要较多的先验知识,且模型参数难以在线自适应,对环境的适应性差。近年来,利用增强学习来解决以上问题已经成为一大趋势。增强学习的基本原理是基于心理学的"试错法",能够在与环境的交互过程中根据评价性的反馈信号实现序贯决策的优化,从而可以解决某些监督学习难以应用的优化控制问题网。但是,如何去除"试错法"中"同等初始条件的假设"一直是尚未得到解决的问题;同时对于复杂的大系统的求解,其算法收敛速度直接影响控制器的实时性,因此如何利用有限、已知的信息提高学习算法的实时性也是当前的一个研究难点。

基于人工智能决策的控制模型本质上是模拟人脑对外界环境信息和车体本身信息的感知,同时由驾驶经验加上在线学习机制来获得持续、稳定输出的过程。因此,如何建立合适的驾驶过程模型成为认知领域的一大难题。"驾驶人"行为的研究始于20世纪50年代,通用汽车研发人员希望通过研究"驾驶人"的行为,开发合理的辅助控制策略来提高驾驶舒适性,降低交通事故率。通过对"驾驶人"驾驶样本数据的统计分析和系统辨识技术,建立基于某种场景的数学模型。

驾驶行为具有异常复杂的模型,其分类方法也不尽相同,其中有一种分类方法将"驾驶人"模型分为跟车模型、转向模型、安全模型等。跟车模型的研究起步相对较早,研究人员先后提出了线性和非线性动力学模型、线性最优模型、神经网络和模糊逻辑模型等。一般认为"驾驶人"转向模型研究的里程碑为最优预瞄模型,其研究思路基本上是基于车辆动力学和回环操纵稳定性的研究,目的在于替代人类驾驶人从事专业且危险的汽车动力学测试工作,旨在对汽车设计过程进行指导,并没有涉及对智能网联汽车转向控制的直接研究。

6.5.2 控制方法

由于智能网联汽车是一个强耦合、高非线性的系统,导致轨迹跟踪控制面临较大的困难。目前,针对智能网联汽车轨迹跟踪控制问题,涉及控制方法主要有比例 – 积分 – 微分(Proportional Integral Derivative,PID)控制、滑模控制、智能控制和最优控制四种。其中,在智能控制里分为神经网络控制和模糊控制两种;在最优控制里分为线性二次调节器(LQR)控制、模型预测控制、预瞄跟踪控制三种。

1. 智能控制

智能控制是根据实际对象的控制目标,对任务过程进行详细描述,而把数学模型的建立、计算和处理放置在下一层,经常用于控制对象具有严重的不确定性而系统结构参数又具有时变性的场合。同时,与传统控制相比,智能控制具有自适应、自组织、自学习和自协调的能力,这为解决智能网联汽车的轨迹跟踪控制问题提供了新的解决思路,具有重要的理论研究价值和广阔的实际应用前景。

2. 最优控制

最优控制是使控制系统的性能指标实现最优化的一种方法,就是对一个受控的动力学系统或运动过程,从一类允许的控制方案中找出一个最优的控制方案,使系统的运动在由某个初始状态转移到指定的目标状态的同时,其性能指标值为最优。这类问题广泛存在于技术领域或社会问题中。例如,确定一个最优控制方式使车辆由一个轨道转换到另一轨道过程中的燃料消耗最少。最优控制理论是 20 世纪 50 年代中期在空间技术的推动下开始形成和发展起来的。美国学者 R. 贝尔曼 1957 年提出的动态规划和苏联学者 L. S. 庞特里亚金 1958 年提出的极大值原理,两者的创立仅相差一年左右,对最优控制理论的形成和发展都起了重要的作用。线性控制系统在二次型性能指标下的最优控制问题则是 R. E. 卡尔曼在 20 世纪 60 年代初提出和解决的。

从数学上看,确定最优控制问题可以表述为:在运动方程和允许控制范围的约束下,对以控制函数和运动状态为变量的性能指标函数(称为泛函)求取极值(极大值或极小值)。解决最优控制问题的主要方法有古典变分法(对泛函求极值的一种数学方法)、极大值原理和动态规划。最优控制已被应用于综合设计最高速控制系统、最省燃料控制系统、最小能耗控制系统、线性调节器等。

研究最优控制问题有力的数学工具是变分理论,而经典变分理论只能够解决控制无约束的问题,但是工程实践中的问题大多是控制有约束的问题,因此出现了现代变分理论。

3. PID 控制

如图 6 – 36 所示,PID 控制是在控制过程中,按偏差的比例(P)、积分(I)和微分(D)进行控制的一种控制器,也称为 PID 调节器,实行的是一种基于规划 – 跟踪的间接控制,具有原理简单、易于实现、可靠性高的特点。在智能网联汽车控制中,是指使用转向机、制动、加速踏板、档位等将车开到目的地。控制车辆的模块一般称为控制器，PID 是最常见、最基础的控制器之一，涉及车辆的纵向和横向控制。

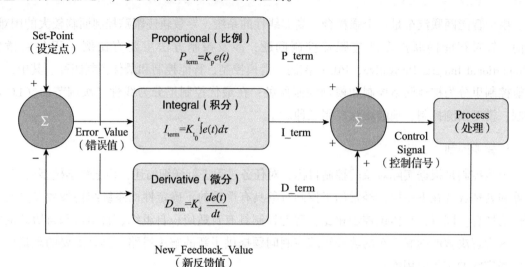

图 6-36 PID 控制方法

车辆控制层作为智能网联汽车系统的最底层，其任务是将规划好的动作实现，因此控制的精准度即控制模块的评价指标。PID 控制系统就可以实现这个功能，其实质就是控制系统内部会存在一个测量系统，控制器通过比较这个信息和预期的状态输出，进一步控制执行器的动作，这一过程实质上也是一种反馈控制。

目前针对智能网联汽车的换道控制问题，多利用模糊自适应 PID 控制器实现换道轨迹的理想跟踪；多利用遗传算法优化的 PID 控制器实现对车辆转向的稳定控制，保证了车辆对预定规定的跟踪。

但在实际控制过程中，由于系统具有非线性和不确定性，PID 控制器控制参数往往整定困难，导致控制效果不佳，所以通常需要采用智能控制方法在线实时对 PID 控制参数进行整定，实现 PID 参数的智能整定。

（1）纵向控制

纵向控制主要为车辆速度控制，通过控制制动踏板、加速踏板、档位等实现对车速的控制，对于自动档车辆来说，控制对象其实就是制动踏板和加速踏板，以实现车辆何时到达何地的控制。

PID 纵向控制的工作原理如图 6-37 所示。它主要由"位移－速度回环 PID 控制器"（最大框内）、"速度－加速度回环 PID 控制器"（中框内）和"速度－加速度－制动/加速踏板开环控制器"（最小框内）构成。

其中，重要的是纵向误差的计算，纵向误差包含速度误差（speed_error）和位置误差（station_error）两个状态变量。

通过纵向误差函数得出位移误差和速度误差后，结合"位移－速度回环 PID 控制器"和"速度－加速度回环 PID 控制器"，求得制动/加速踏板标定表的两个输入量：速度和加速度，利用差值计算出相应的控制命令值，纵向误差控制过程如图 6-38 所示。

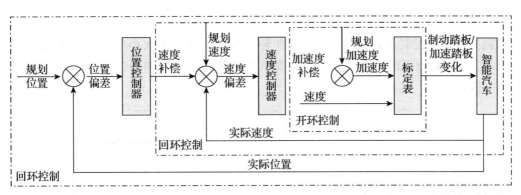

图6-37 PID纵向控制的工作原理

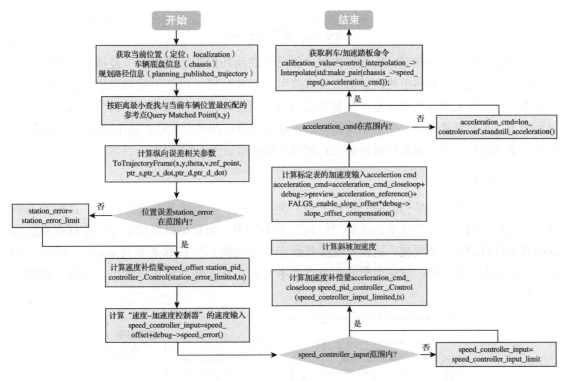

图6-38 纵向误差控制过程

从目前的研究项目看，寻求简单而准确的电机-发动机-传动、制动过程和汽车运动模型，以及对随机扰动有鲁棒性和对汽车本身性能变化有适应性的控制器仍是研究的主要内容。

（2）横向控制

横向控制主要控制车辆航向，通过改变转向盘转矩或角度大小等，使车辆按照想要的航向行驶。PID 控制下的横向控制一般主要由前馈开环控制器和反馈回环控制器构成，如图 6-39 所示。

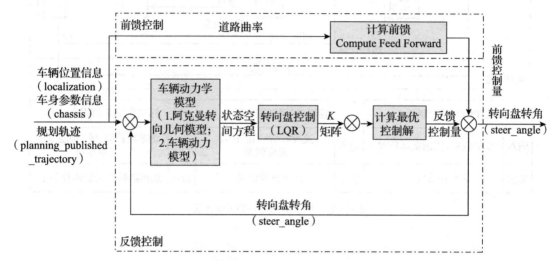

图 6-39　横向控制过程

前馈控制属于开环控制，反馈控制属于负反馈的回环控制。前馈调节是按照干扰作用来进行调节的。前馈控制将干扰测量出来并直接引入调节装置，对于干扰的克服相比于反馈控制更及时。一般定值控制系统是按照测量值与给定值比较得到的偏差进行调节，属于负反馈回环调节。其特点是在被控变量出现偏差后才进行调节；如果干扰已经发生而没有产生偏差，调节器不会进行工作。因此反馈控制方式的调节作用落后于干扰作用。

4. 滑模控制

滑模控制也叫做变结构控制，本质上是一类特殊的、不连续的非线性控制，这种控制策略与其他控制的不同之处在于系统的"结构"并不固定，而是可以在动态过程中根据系统当前的状态有目的地不断变化，迫使系统按照预定"滑动模态"的状态轨迹运动，如图 6-40 所示。它具有响应快速、对应参数变化及扰动不灵敏、不需要系统在线辨识、物理实现简单等优点。

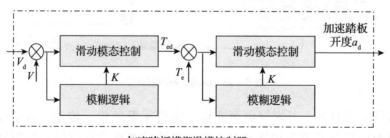

加速踏板模糊滑模控制器

图 6-40　滑模控制

滑模控制（Sliding Mode Control，SMC）在控制过程中，系统的结构会根据当前的系统状态量进行有目的连续变化，并且系统沿着设计好的滑动模态的状态轨迹运动，直至收敛到平衡点。由于滑动模态在设计过程中不受系统参数及外界扰动的影响，所以滑模控制具有较好的鲁棒性，能够快速响应，并且物理实现简单，经常应用在智能网联汽车控制系统中。但是在控制中，系统会沿着状态轨迹在滑动模态区上下高频小幅度运动，因而系统会出现抖振现象。

在实际应用中，为了获得"驾驶人"预瞄模型的最优预瞄距离，实现智能网联汽车高精度稳定地完成路径跟踪，有时采用基于单点预瞄模型获得路径跟踪偏差，采用滑模变结构设计了路径转向控制器；其次设计了兼顾路径跟踪精度、转向频度和车辆行驶稳定性的粒子群优化（Particle Swarm Optimization，PSO）算法，实现了预瞄距离自适应寻优，建立了预瞄距离、车速和道路曲率之间的关系。

（1）实际应用

在智能电动汽车上，采用分层控制策略的纵向控制多采用模糊控制方法，图6-41所示，根据经典理论力学建立表征智能电动汽车纵向行为机理的动力学系统模型，并进一步构建智能电动汽车纵向运动分层控制构架。上层根据车辆的行驶状态信息得出期望加速度滑模控制律，进而利用自适应模糊系统替代滑模切换以改善控制性能；下层通过设计驱动/制动切换策略以提高行驶舒适性，然后基于逆动力学模型实时求解期望控制力矩以跟踪期望加速度。

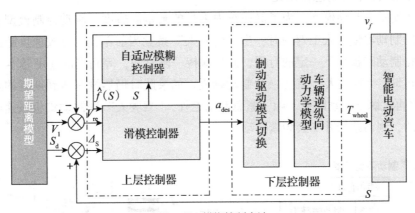

图6-41 模糊控制方法

（2）车辆模型

基于滑模控制的车辆纵向运动控制，一般需要建立车辆纵向动力学模型、驱动模型、制动模型。

图6-42所示为车辆纵向动力学模型示意图，在分析之前，首先对模型做如下假设：忽略发动机和制动系统工作时存在的各种延时影响，用一阶惯性环节描述发动机/制动系统的动态过程；发动机到后轴的转矩传递中无相对滑动；地面与车轮之间无相对滑移。然后基于前轮驱动的车辆车轮运动状态方程中前/后轮转动惯量、车轮半径、规定滚动阻力系数、车轮驱动力矩、前/后轮角速度、整车质量、前/后轮垂直载荷、发动机转速等参数建立车辆纵向运动模型。

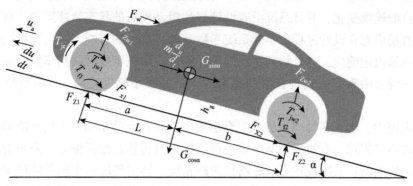

图 6-42 车辆纵向动力学模型示意图

车辆的驱动力由电机提供，为准确描述车辆的动力学特性，考虑到实际中，电机的力矩输出响应具有一定的延迟，可以将其动态响应描述为一阶惯性环节。建立电机驱动模型时，不考虑电机效率的约束，将电机实际输出力矩 T_m 与期望电机力矩 T_{mdes} 之间的关系表达为

$$\tau_m \dot{T}_m + T_m = T_{mdes}$$

式中，τ_m 为电机一阶惯性环节时间常数，根据驱动系统输出模型可得电机转递到车轮的力矩

$$T_d = \eta R T_m$$

式中，η 为传动效率，R 为总传动比。

图 6-43 所示为制动模型，为了保证车内乘员的乘坐舒适度，制动控制模型算法应接近人工驾驶时的制动习惯。人工驾驶时，当"驾驶人"察觉当前车辆的行驶速度超出目标速度之后，就会将制动踏板踩下一定的行程，并且保持一段时间，等到当前速度基本接近"驾驶人"期望速度时，"驾驶人"就会松开制动踏板。如果此时仍然没有达到期望的速度，那么"驾驶人"将再次踩下制动踏板。除了紧急制动之外，"驾驶人"踩制动踏板减速的过程一般是比较平稳的，制动踏板并不会频繁抖动。

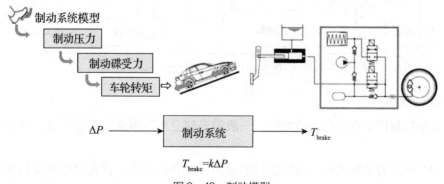

图 6-43 制动模型

在不超过路面最大制动力的情况下，制动力矩可以表示为制动管路中压力的线性函数，其函数中包含制动压力 P（$0 \leq P_l \leq P_{max}$）、比例系数、一阶制动系统惯性环节系数。

制动控制采用模糊分级式的算法，运行效果更加接近真实"驾驶人"的驾驶习惯，从而提升了智能网联汽车行驶的平稳度。控制算法将制动踏板的运动行程分为若干个层级：U_1，

U_2,…,U_N（$N \geq 1$），层级越少，制动踏板越不会频繁动作。在制动时，踏板运动到某一个行程之后就会保持在当前位置，不再动作，直至下一条指令到来。制动控制算法原理如图6-44所示。

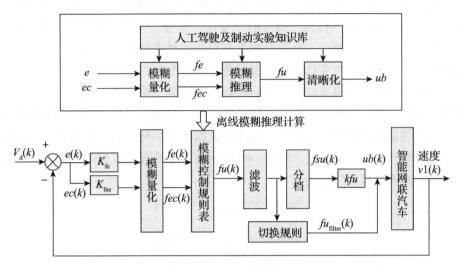

图6-44　制动控制算法原理

（3）切换过程

智能网联汽车决策层计算出的车辆目标速度作为整个纵向控制算法的输入，然后将反馈的实际速度做减法运算，得到速度偏差，将此偏差输入到两个控制器，将得到两个控制量，即加速踏板控制量和制动踏板控制量。此时，切换规则将根据两个控制量的状态，选择由谁来进行控制，两者之间是互斥的逻辑，未被选中的控制器将回归到运动的"零位"，如图6-45所示。

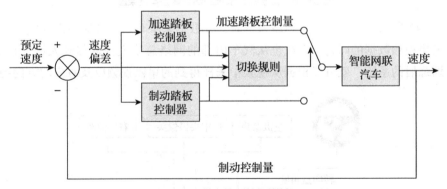

图6-45　纵向控制的切换过程

加速踏板控制器与制动踏板控制器之间及时、平稳地切换是减少速度偏差和确保智能网联汽车行驶稳定性的关键因素，具体切换控制策略如下：当电机转矩控制力矩和制动力矩均为正时，切换到加速踏板控制；当电机转矩控制力矩和制动力矩均为负，并且速度偏差的绝对值大于设定的阈值时，切换到制动控制，否则切换到零控制。这样可充分利用加速踏板开度为零时提供的负输出力矩，避免电机执行器和制动执行器之间的频繁切换。

5. 人工神经网络控制

人工神经网络（Artificial Neural Networks，ANN）控制是通过研究和利用人脑的某些结构机理以及人的知识和经验，实现对系统的控制。利用神经网络可以把控制问题看成模式识别问题，被识别的模式映射成"行为"信号的"变化"信号。它是一种不依靠定量模型的智能控制方法，有较强的自适应能力、自学习能力和对非线性系统的映射能力，也就是常说的端到端卷积神经网络控制，在视觉传感器应用方面有较大作为。

利用端到端卷积神经网络（CNN）系统控制车辆行驶，是智能网联汽车中的一项基本技术，在实施过程中仅利用智能网联汽车上装载的摄像头获取路况的图像数据来训练深层神经网络模型，之后将摄像头采集到的实时路况图像数据输入训练好的深度模型，并输出控制参数来决定智能网联汽车的驾驶策略。图6-46所示为基于视觉系统的端到端基本框架图，即前端输入图像，后端直接输出行为。

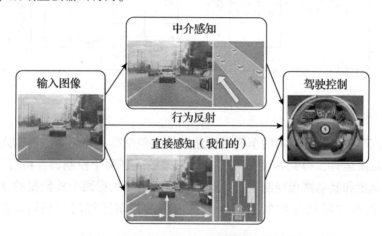

图6-46 基于视觉系统的端到端基本框架图

如图6-47所示，在训练神经网络系统时，在数据采集车风窗玻璃后面固定三个摄像头，在摄像头采集视频数据的同时，系统也从汽车内部的网络总线上获取驾驶人操控转向盘的偏转角度。训练后的系统，就可以根据从视频中采样得到的单帧视频以及对应的方向控制命令，

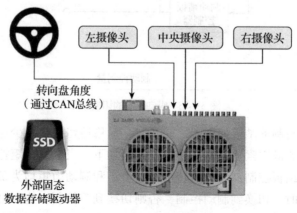

图6-47 神经网络系统训练

决定输出的车辆的车轮转向角。在运行过程中,系统将控制指令输送给转向控制系统,从而控制车辆运动。

6. 模糊控制

模糊控制（Fuzzy Control, FC）属于智能控制的范畴,控制方法基于模糊集理论等基础理论和思想,对人类的思维推理行为进行模拟。该方法首先对模糊控制规则进行制定,规则集成了人类的知识和经验,融合了人类的推理和判断;由于传感器测得的当前信号为精确量,需要将其转换为模糊量,随后以该模糊量作为模糊控制器的输入,运用模糊推理方法进行推理决策,最后获得输出量的模糊值,再将该模糊值进行解模糊化,最后施加到执行器上控制执行器动作,如图6-48所示。

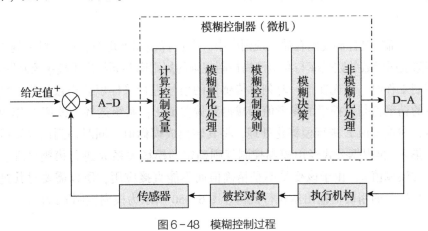

图6-48 模糊控制过程

整个模糊控制系统最重要的部分为模糊控制器。模糊控制器所选用的结构、制定的模糊控制规则、采用的合成推理方法等因素对模糊控制系统性能的优劣起到了决定性的作用。模糊控制器由五个部分构成,分别为输入量模糊化接口、数据库、规则库、推理机和输出解模糊接口,如图6-49所示。

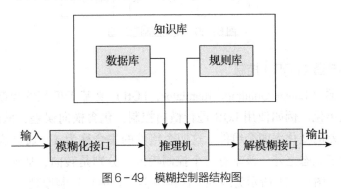

图6-49 模糊控制器结构图

(1) 模糊化接口

作为模糊控制器的输入量,该变量必须为模糊量。模糊化接口就是将采样所得的精确输入值经模糊化处理后才能用于模糊控制器后续的运算。

(2) 推理机

推理机的作用是根据模糊的输入量，在知识库的支持下进行模糊推理和合成，最终获得模糊的输出量，即控制量。

(3) 解模糊接口

解模糊接口的作用是完成对输出量的解模糊，最终输出一个精确量，该精确量可以用来驱动执行机构。

(4) 数据库

数据库主要包含用于表征全部的输入变量和输出变量模糊子集，称为隶属函数。在求解模糊关系时，推理机从数据库获取数据支持。

(5) 规则库

制定好的全部模糊控制规则存储于规则库中。在进行模糊推理时，推理机从规则库获取规则支持。存储隶属函数的数据库与存储模糊控制规则的规则库共同组成了模糊控制器的知识库。

模糊控制工作时，首先在每一时刻对传感器的信号进行采样以获得被控量的精确值，然后将被控量的精确值与被控量的参考值相减得到偏差值 E；系统选择偏差值 E 作为模糊控制器的输入量，对偏差值 E 进行模糊化处理，将其转换成模糊值，同时得到以隶属函数作为表征的模糊子集 e，再根据公式经由模糊控制规则确定的模糊关系 R 进行模糊推理，最终可以得到被控量的模糊值 u，由于该变量不是精确值而不能直接应用，所以需要对其进行解模糊化；最后将被控量的精确值输出给执行机构。图 6-50 所示为模糊控制原理图。

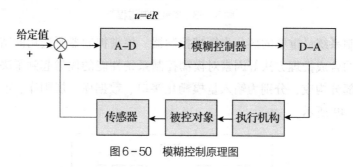

图 6-50 模糊控制原理图

7. 线性二次调节器（LQR）控制

线性二次调节器（Linear Quadratic Regulator，LQR）是基于模型的控制器，它使用车辆的状态来使误差最小化。例如使用 LQR 进行横向控制，包含横向误差、横向误差的变化率、朝向误差和朝向误差的变化率四个组件。这四个组件的集合称为 X，通过这个集合 X 可以捕获车辆的状态。除了状态之外，该车有三个控制输入，分别是转向、加速和制动，这个控制输入集合被称为 U。图 6-51 所示为线性二次调节器（LQR）控制原理。

8. 模型预测控制（MPC）

模型预测控制（Model Predictive Control，MPC）是根据系统的当前状态和未来输入，通过预测模型预测系统未来输出，建立系统状态和输入的约束条件，在线滚动求解优化问题，

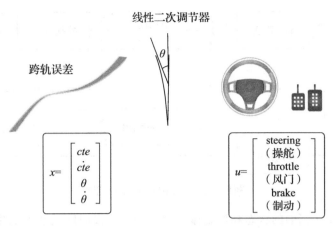

图6-51 线性二次调节器（LQR）控制原理

获得系统最优控制输入，实现对系统的控制。它主要包括预测模型建立、滚动优化求解和控制输入反馈三个环节，其最大的优势在于能够在不同的工况下对系统的状态量和控制量实现灵活约束。

(1) 控制实质

模型预测控制，又可称为滚动时域控制（MHC）和后退时域控制（RHC），它是一类以模型预测为基础的计算机优化控制方法。而针对轨迹跟踪控制问题，模型预测控制主要是对车辆系统的状态量（如纵向速度、侧向速度、横摆角速度、侧向位移等）和控制输入量（如前轮转角、车轮转矩等）实施有效约束，以保证车辆轨迹跟踪过程中的稳定性、准确性和安全性。如图6-52所示，虚线为模型预测的结果。

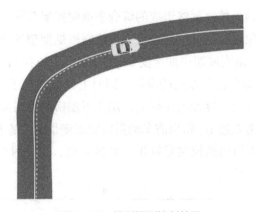

图6-52 模型预测控制效果

(2) 控制架构

模型预测控制系统采用由运动学和动力学组成的两层控制结构。在运动学层面，对比了两种 MPC 目标函数设计方法，最终选用局部模型预测控制方法来进行优化求解；在动力学层面采用分散 MPC 方法控制前轮转角输入，在两层控制结构下，车辆实现对参考路径的跟踪。预测控制算法主要由预测模型、反馈校正、滚动优化、参考轨迹四个部分组成，如图6-53所示。

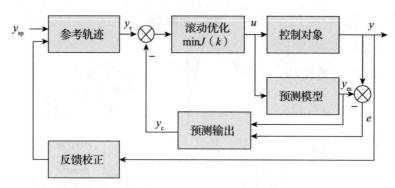

图 6-53 预测控制算法的工作原理

预测模型：基于当前的状态和控制输入预测未来一段时间的状态的模型，在智能网联汽车系统中，通常是指车辆的运动学/动力学模型。

反馈校正：对模型施加了反馈校正的过程，使预测控制具有很强的抗扰动和克服系统不确定性的能力。

滚动优化：滚动地优化控制序列，以得到和参考轨迹最接近的预测序列。

参考轨迹：即设定的轨迹。

(3) 基本原理

模型预测控制基本原理如图 6-54 所示，在每个采样时刻，系统根据当前获得的测量信息，在线求解一个有限时域的开环优化问题，并将得到的控制序列的第一个元素作用于车辆；同时在下一个采样时刻，重复上述过程，再用新的测量值刷新优化问题并重新求解。针对智能网联汽车的横纵向综合控制问题，提出由基于一阶延时环节的纵向模型预测控制策略和基于运动学模型的横向模型预测控制策略组成的综合横纵向控制系统。

纵向控制策略分为上位控制和下位控制：上位控制根据期望速度 v_{ref}、当前车辆速度 v 和加速度 a，基于模型预测控制完成期望加速度 a_{des} 的求解；下位控制包含驱动、制动模式切换逻辑和节气门开度 a_r、制动主缸压力 p_B 的求解。同时上位控制基于一阶延时环节预测车辆速度和加速度的变化，生成纵向速度预测序列 v_p，用于下步横向控制系统。

横向控制策略根据参考轨迹 η_{ref} 和当前车辆横向状态变量 η，基于车辆运动学模型完成车辆前轮转角 δ 的求解，将求解出的控制量输出至被控车辆，下一时刻重复上述求解，直至实现最终控制目标。

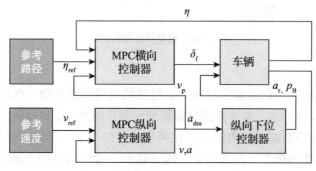

图 6-54 模型预测控制基本原理

(4) 控制策略

模型预测控制（MPC）的最核心思想就是利用三维的空间模型加上时间构成四维时空模型，然后在这个时空模型的基础上求解最优控制器。MPC 控制器是基于一段时间的时空模型，因此得到的控制输出也是系统在未来有限时间步的控制序列。由于理论构建的模型与系统真实模型都有误差，所以更远未来的控制输出对系统控制的价值很低，MPC 仅执行输出序列中第一个控制输出，如图 6-55 所示。

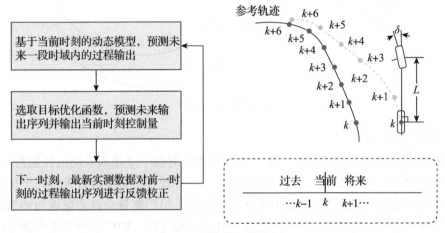

图 6-55 模型预测控制过程

(5) 预测模型

模型以运动学自行车模型作为预测模型，如图 6-56 所示。

X、Y 为车辆当前的坐标，ψ 为车辆当前的偏航角，v 为车辆的速度，β 为滑移角。基于以上信息，通过数学公式计算，在给定一个控制指令的情况下，这个预测模型能够根据运动学的规律计算出 dt 时间以后车辆的状态 (x, y, ψ, v)，这个预测模型（自行车模型）本身是建立在一定的假设前提的，因此计算出来的状态只是理论上车辆的可能状态。

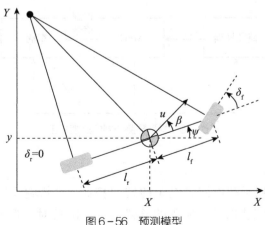

图 6-56 预测模型

(6) 预测过程

以如图 6-57 所示的情况出发进行说明,图示是一条 S 路,图中的虚线为参考线,控制的目标是让车辆尽量沿着参考线行驶。预测控制时,系统选取 10 个 dt,假设 $dt=0.05s$,那么根据预测模型,在已知一组控制输入的前提下,计算出车辆在未来 0.5s 的状态(本质上是一些离散的状态),如图中的红点所示。

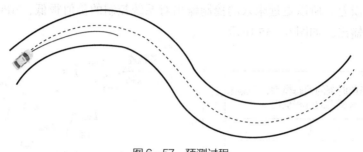

图 6-57 预测过程

(7) 在线滚动优化

MPC 的核心步骤是在有限的时长内(预测时域)对接下来输入系统的控制量进行预测,以使系统靠近预设的目标状态。每次控制周期内,MPC 控制器都会通过求解一个优化问题来计算出一序列的最优控制量组合。这个序列当中的第一组控制量会被实际施加到系统上,直到下一周期再次重复上述过程。因此随着预测时域不断前进,MPC 总会基于车辆最新的状态来进行优化,保证理想的控制效果。

(8) 反馈矫正

MPC 本质上还是一种反馈控制,当通过最优化方法得到一组控制输出以后,车辆执行控制指令,并且继续以一定的频率反馈当前车辆的状态。这个状态会被同时输入路径规划模块以及 MPC 控制模块,路径规划模块会依据新的车辆状态,结合感知模块的信息以及地图信息重新做出规划,如图 6-58 所示。MPC 则根据新的参考路径和车辆当前状态进行新一轮的预测控制。

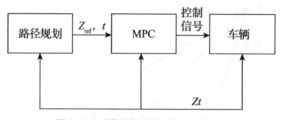

图 6-58 模型预测控制的反馈矫正

9. 预瞄距离控制

预瞄距离控制主要用于智能网联汽车的转向控制。"驾驶人"在操纵车辆转向的过程中,通过视觉预瞄系统获取转向所需的道路信息,随后对获取的道路信息进行加工处理,决策出合适的转向盘转角并将其输入给车辆,最终实现转向行驶。由此分析可知

"驾驶人"模型最为关键的两个部分是道路信息预瞄模型(即选取道路上那些有用的信息)和转向决策模型(选取的道路信息是如何决策出转向盘转角的)。预瞄距离的计算过程如图6-59所示。

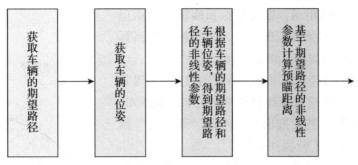

图6-59 预瞄距离的计算过程

(1) 定义

转向控制是智能网联汽车自动控制中的一个重要部分,其基本目标是根据期望路径和预瞄距离,计算出预瞄点位置,并结合车辆当前位姿计算出当前期望的车辆前轮偏角,来控制车辆的转向。"预瞄"机制很好理解,就是在行驶过程中,往前探测,以此来模仿"驾驶人"的真实驾驶效果。实现的方法主要是通过 LQR 算法中的状态矩阵(误差量),计算当前位置与预瞄点的误差,以此提前做出动作。

如图6-60所示,mass 是汽车的重心位置,P_0 是规划路径上与汽车重心最近的点,P_1 是时间 t 之后,路径上与汽车重心最近的点。通常情况下,无预瞄时,则会计算 mass 和 P_0 点之间的误差(包括位置误差、yaw 误差等),构建状态矩阵。造成的直接结果是,在遇到路径航向发生变化时,汽车突然反应,造成横向误差突变,进而可能会引起车辆不稳定。增加预瞄时间后,车辆可以提前探测前方路径的变化,以此作为优化目标,提前调整转角。

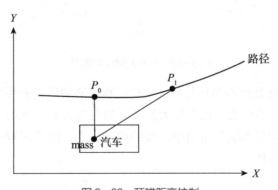

图6-60 预瞄距离控制

现有技术中,对预瞄距离(Preview Distance)的计算普遍采用公式 preview distance = kv,即当前车速 v 乘以一个比例系数 k,并对预瞄距离的最小值和最大值做一定限制。这种方法能根据车速的大小调整预瞄距离的长短,当车速较大时,预瞄距离较长,提高转向控制的稳定性;当车速较低时,预瞄距离较短,提高转向控制的灵活性。

(2) 预瞄距离的方法

用于计算车辆预瞄距离的方法包括：获取车辆的期望路径；获取车辆的位姿；根据期望路径和车辆位姿，得到期望路径的非线性参数；以及基于期望路径的非线性参数，计算预瞄距离；计算车辆的预瞄距离；以及根据预瞄距离和期望路径得到期望路径上的预瞄点的位置，采用横向控制算法，计算出期望的前轮偏角，如图6-61所示。

随着生物科学、神经科学等相关领域的发展，"驾驶人"的转向行为、动作机理等驾驶特性（例如视觉感知、触觉感知、转向决策）被发掘出来，使得"驾驶人"模型的研究成为各界人士广泛关注的焦点。

人类生理、心理学家对人类"驾驶人"在弯道行驶的行为进行了研究。研究发现，在驾驶车辆时"驾驶人"的视觉范围局限在很小的范围内（大约在人类视线水平高度上下1°），"驾驶人"注意的范围主要包括"远"（约在车前方10～20m）、"近"（约在车前方6～8m）两个区域，如图6-62所示。

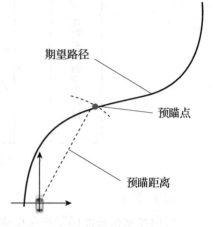

图6-61 预瞄距离的方法

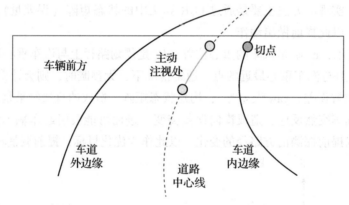

图6-62 预瞄距离控制原理

当"驾驶人"只有远处范围为可见时，试验过程道路的转向曲率可认为已知，整个驾驶过程较为平稳，但会与道路中心线出现较大偏差；当只有近处可见时，"驾驶人"的驾驶振荡较大，轨迹较曲折，但是车辆与道路中心线的偏差较小；两个区域一起可见时，驾驶效果几乎与全部区域可见时一样。

(3) 切点预瞄

研究发现，当"驾驶人"转弯时，会在"切点"附近注视一定的时间（切点为过"驾驶人"目标点到道路内边缘的切线与内边缘重合的点），如图6-63所示。同时，利用"切点"能够在不知道车辆距离切点确切距离的前提下对道路的曲率进行预估，其几何关系为 $\cos\theta = 1 - d/R$，其中 R 为车辆的转弯半径，θ 为车辆纵轴线与过切点的切线的夹角，d 为车辆距离车道内边缘的侧向偏差。

(4) 目标点确定

在转向时,"驾驶人"的目标点并不一定是"切点",也可能是"切点"周围的点。该模型在"切点"附近取道路上的一个"目标点",利用车辆与"目标点"的距离以及车辆航向与车辆-目标点连线的角度差,规划一条最优路径,如图6-64所示的红线。该方法能够降低车辆转向时的侧向加速度,提高了车辆控制的舒适性。

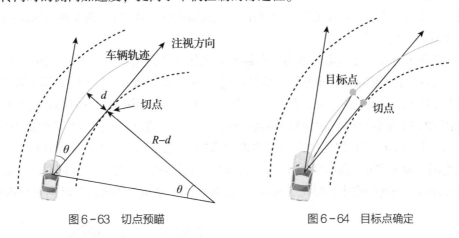

图6-63 切点预瞄　　　　　图6-64 目标点确定

"目标点"距车道边缘的距离与"切点"距车辆的距离有关。"切点"与车辆距离超过30m时,"目标点"在车道中心线上;"切点"与车辆距离小于20m时,"目标点"距离"切点"约为半个车身宽度。该方法能够使车辆行驶轨迹的曲率最小,从而减小转向时的侧向加速度。

经后期研究后,认为"驾驶人"目标点有多种情况,如图6-65所示。在直道上行驶时,目标点为视线消失点,如图6-65a所示;在转向时目标点为道路内边缘上的"切点",如图6-65b所示;在前方出现车辆时,目标点为车辆背部,如图6-65c所示。

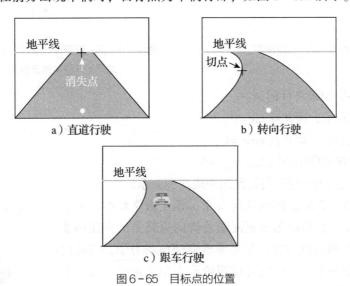

图6-65 目标点的位置

(5) 转向模型的建立

基于目标点,就可以建立一个两层控制的转向模型,如图6-66所示。该模型以两个确定的点作为感知对象,"近点"为距离车辆很近的道路中心线上一点,"远点"为图中所示行车目标点中的某一点。以车辆和远、近两点的连线与车辆纵轴之间的夹角作为输入,建立标准的 PID 控制器,系统的控制目标就是使近角趋近于零。该模型为一个一阶动力学模型,其中"切点""近点"都不是固定在一点不动的,它们都随着车辆的行驶而在不断地沿着车道外边缘及车道中心线滑动。

图6-67所示为远、近两角与道路、车辆参数之间的几何关系示意图,从图中可以知道,至少有四种视觉信息能够被用作视觉输入信息:θ_{near}、θ_{far}、θ点 near、θ点 far。其中近点为距离车辆前方不远处车道中线上的一点,其与车辆中心的连线与车辆纵轴的方向的夹角即预瞄近角 θ_{near},该角度决定了车辆距离车道中线的偏离程度;远点在弯道行驶时,为车道内侧边缘上的 θ 点 near 切点,其与车辆中心的连线为车道内侧边缘的切线,该切线与车辆纵轴的夹角即远角 θ_{far},该角度用于预测前方道路曲率,并对转向盘转向角进行提前补偿。与此同时,人类"驾驶人"也能感知两个角度的变化,即 θ 点 near、θ 点 far,用于衡量"驾驶人"转向时是否稳定。

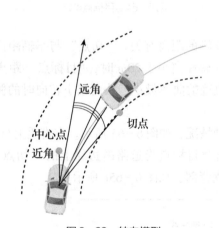

图6-66 转向模型

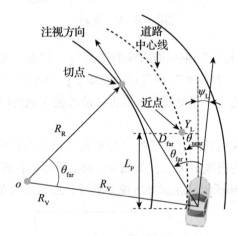

图6-67 远、近两角与道路、车辆参数之间的几何关系示意图

"驾驶人"转向的最终目标为:

1)远点变化稳定,即 θ 点 far = 0。
2)近点变化稳定,即 θ 点 near = 0。
3)车辆行驶在道路中心线上,$\theta_{near} = 0$。

与此同时,θ_{far} 的大小应该与道路曲率成比例关系。

通过远、近角与道路之间的几何关系,建立数学模型。由于车辆是一个惯性体,其横摆角加速度随着转向盘转角的变化而变化。从"驾驶人"的角度出发,如果考虑横摆角动力学,其转向控制过程将变得更加平缓。可以将横摆角动力学关系看作为一个二阶阻尼—弹簧结构,如图6-68所示。

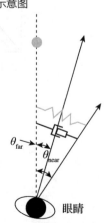

图6-68 横摆角动力学模型

该结构输入为上述的视觉信息 θ_{near}、θ 点 near、θ 点 far，输出为横摆角、横摆角速度，作用在 θ_{near} 上的为一个弹簧阻尼系统。当发现 θ_{near} 很大时（即车辆偏离车道线很远），"驾驶人"会给出一个大的转向盘转角，引起的变化是汽车横摆角速度变大，此时该系统中起主要作用的是"弹簧"，目的是使汽车快速改变姿态，当汽车横摆角速度达到一定的速度，且近角变为一定角度时（车辆偏离中心线的距离变小），"驾驶人"开始回转转向盘，此时汽车横摆角速度变小，直至稳定，此时系统起主要作用的是阻尼系统，目的是使汽车平稳地达到稳定。同时，作用在 θ_{far} 上的是一个阻尼系统。当远角 θ 点 far 不发生改变时，即 θ 点 far $=0$，系统不发生作用。

（6）模型分类

当"驾驶人"提前输入未来前方道路信息时，其所获得的道路信息是一种超前的信息，而这一超前视觉行为恰好弥补了"驾驶人"执行动作的时间延时。研究者们基于这种思想所建立的"驾驶人"模型被称为预瞄"驾驶人"模型，即 PTM 模型，如图 6-69 所示。基于不同的"驾驶人"视觉预瞄机理，将"驾驶人"模型划分为单点预瞄"驾驶人"模型、两点预瞄"驾驶人"模型、多点预瞄"驾驶人"模型三大类。

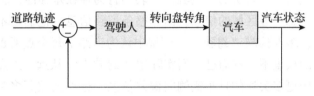

图 6-69 预瞄"驾驶人"模型

1）单点预瞄"驾驶人"模型。这是第一个具有前视预瞄特性的"驾驶人"模型，其假设"驾驶人"的视觉集中于车辆前方固定距离的某一点，称为单点预瞄"驾驶人"模型，此模型虽然对"驾驶人"视觉机理进行了简化，但在一定程度上揭示了"驾驶人"视觉行为的基本机理，具有深远、重大意义。其假定车辆以当前的运动状态（车速 v、航向角 $\psi(t)$）行驶，预估车辆在固定的预瞄时间 T_p 后的侧向位移偏差为 Δ_{yp}，为了使车辆在预期的轨迹上行驶，则需要通过控制算法控制 Δ_{yp}，逐渐减小到 0。

2）两点预瞄"驾驶人"模型。现实中"驾驶人"在转向操纵的过程中并非只是关注道路前方某一固定点的信息来指引转向，而是综合考虑道路前方远近两个区域的信息来指引转向，如图 6-70 所示，"驾驶人"的视觉会在远近两个区域之间进行切换。因此提出了两点预瞄"驾驶人"转向模型。此模型包含两层控制：前馈预期控制以及反馈补偿控制。远点视觉偏差角度乘以比例增益换算成前馈预期控制力矩，近点视觉偏差角度乘以比例增益换算成反馈补偿控制力矩。

3）多点预瞄"驾驶人"模型如图 6-71 所示，是基于多点预瞄视觉机理的"驾驶人"模型，通过将连续的道路状态进行离散化，得到许多离散的点，即所

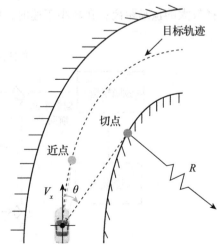

图 6-70 两点预瞄"驾驶人"模型

谓的多点状态。与此同时将车辆的动力学模型进行离散化，得到车辆的离散化状态。离散的道路状态与离散的车辆状态进行结合形成整体系统的状态，最后通过线性二次型调节器（LQR）实现目标状态的最优控制。

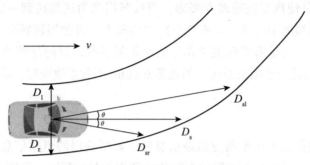

图6-71 多点预瞄"驾驶人"模型

多点预瞄"驾驶人"模型，其获取的是整条道路上离散点的信息，更加充分地利用了道路信息，因此能够获得更好的控制效果，但是由于多点预瞄"驾驶人"模型是基于数学意义上最优求解所建立的模型，与真实的"驾驶人"转向行为存在差异性，现实中"驾驶人"更多关注的是道路上某些感兴趣区域的信息，而非整条道路信息，他们也不可能时刻关注所有点的道路信息。另外，多点预瞄"驾驶人"模型中认为道路上每个点所提供的道路信息属性是一样的，只是信息的权重不一样而已，而实际中"驾驶人"从远、近点区域所获取的信息是不一样的，近点区域更多关注的是车辆侧向偏差信息，远点区域更多关注的是航向偏差信息。因此，多点预瞄"驾驶人"模型不能够很好地再现"驾驶人"的转向特性。

(7) 控制结构

采用基于自适应滚动预瞄纵向解耦控制方法，控制结构如图6-72所示，智能网联汽车的轨迹跟踪控制包括侧向控制和纵向控制，其中车辆的纵向控制可通过调节车速来实现。

在选择预瞄距离的同时也需考虑道路的曲率和车辆的速度，道路曲率从高精度地图上获得，预瞄距离和道路曲率成反比例关系，随着曲率的增大而适当减小。在较大车速时，应选择较大的预瞄距离；在较小车速时，应选择较小的预瞄距离。

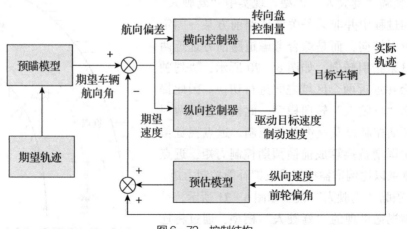

图6-72 控制结构

高职高专智能网联汽车技术专业校企合作创新教材

智能网联汽车技术与应用
习题集

主　编　李晶华　弋国鹏
副主编　曾　鑫　李　勇　高吕和
参　编　周定武　王　会　胡海玲
　　　　魏建平　刘凤良

机械工业出版社

目 录

第 1 章 智能网联汽车发展概述 ·· 1

第 2 章 环境感知技术 ··· 4

第 3 章 车辆定位系统 ··· 7

第 4 章 SLAM 建图 ·· 9

第 5 章 智能车辆决策控制系统 ··· 12

第 6 章 智能车辆运动控制系统 ··· 15

第1章
智能网联汽车发展概述

一、选择题

1. (　　) 是指自动驾驶系统根据环境信息执行转向和加减速操作,其他驾驶操作都由人完成。
   A. 辅助驾驶 (DA)　　　　　　　　B. 部分自动驾驶 (PA)
   C. 有条件自动驾驶 (CA)　　　　　D. 高度自动驾驶 (HA)

2. 辅助驾驶阶段的主要特点是 (　　)。
   A. 驾驶人和系统共同控制车辆运行,但驾驶人要负责监视车辆,当智能控制失效时,由驾驶人来做出应对
   B. 驾驶人和系统共同控制,驾驶人负责监视车辆,当智能控制失效时,由驾驶人来做出应对
   C. 车辆的运行由系统控制,同时系统负责监视车辆,当智能控制失效时,系统会请求驾驶人,由驾驶人做出应对

3. 有条件自动驾驶阶段的主要特点是 (　　)。
   A. 驾驶人和系统共同控制车辆运行,但驾驶人要负责监视车辆,当智能控制失效时,由驾驶人来做出应对
   B. 驾驶人和系统共同控制,驾驶人负责监视车辆,当智能控制失效时,由驾驶人来做出应对
   C. 车辆的运行由系统控制,同时系统负责监视车辆,当智能控制失效时,系统会请求驾驶人,由驾驶人做出应对

4. 环境感知主要包括 (　　)。
   A. 车辆本身状态感知,包括行驶速度、行驶方向、行驶状态、车辆位置等
   B. 道路感知,包括道路类型检测、道路标线识别、道路状况判断、是否偏离行驶轨迹等
   C. 行人感知,主要判断车辆行驶前方是否有行人,包括白天行人识别、夜晚行人识别、被障碍物遮挡的行人识别等
   D. 以上都是

5. 所谓 V2X,英文为 Vehicle to Everything,中文为 (　　)。
   A. 车辆对外界的信息交换　　　B. 车辆之间的信息交换　　　C. 车辆安全

6. 即时定位与地图构建,英文缩写 (　　)。
   A. SLAM　　　　　　B. SALM　　　　　　C. SLMA

7. 车联网的功能有 (　　)。
   A. 信息服务及管理　　B. 减少交通事故　　C. 实现节能减排　　D. 以上三项都是

8. 车联网关键技术分布在"（　　）"三个层面。
   A. 端–管–云　　　B. 端–管–车　　　C. 网–管–车

9. 依据人驾驶车辆过程的不同阶段可以将驾驶人行为特性分为三个部分：（　　）行为特性、决策行为特性和操作行为特性。
   A. 认知　　　　　B. 感知　　　　　C. 驾驶

10. 在"管"层面，关键技术主要包括（　　）。
    A. 车辆和路侧设备的智能化、网联化进程加快，关键技术包括汽车电子、车载操作系统技术等
    B. 4G/5G 车载蜂窝通信技术、LTE-V2X 和 802.11p 直连无线通信技术等
    C. 实现连接管理、能力开放、数据管理、多业务支持的车联网平台技术是核心

11. 环境感知技术就是（　　）。
    A. 接收环境感知层的信息并进行融合，对道路、车辆、行人、交通标志和交通信号等进行识别、决策分析和判断车辆驾驶模式和将要执行的操作，并向控制及执行层输送指令
    B. 将复杂、未知的现实世界描述转变成有限的语义推理
    C. 对车辆进行操作和协调，为联网汽车提供道路交通信息、安全信息、娱乐信息、救援信息、商务办公、在线消费等，以保护汽车安全、舒适驾驶

12. 在"云"层面，关键技术主要包括（　　）。
    A. 车辆和路侧设备的智能化、网联化进程加快，关键技术包括汽车电子、车载操作系统技术等
    B. 4G/5G 车载蜂窝通信技术、LTE-V2X 和 802.11p 直连无线通信技术等
    C. 实现连接管理、能力开放、数据管理、多业务支持的车联网平台技术是核心

13. 以下属于高精度地图的作用的有（　　）。
    A. 导航地图智能达到米级精度，而高精度地图可以达到厘米级精度
    B. 可以帮助传感器缩小检测范围
    C. 帮助车辆识别车道的精确中心线
    D. 以上三项都是

14. 无线定位技术领域分为（　　）和短距离无线定位。
    A. 广域定位　　　B. 局域定位　　　C. 长距离

15. 短距离定位主要包括（　　）、RFID、UWB、蓝牙、超声波等。
    A. WLAN　　　　　B. Wi–Fi　　　　　C. LIN

16. 高精度地图的精度能够达到（　　），数据维度不仅增加了车道属性的相关数据，还有高架物体、防护栏、路边地标等大量目标数据，能够明确区分车道线类型、路边地标等细节。
    A. 毫米级别　　　B. 厘米级别　　　C. 米级别

17. 以下不属于智能网联汽车行驶路径识别对象的是（　　）。
    A. 道路交通标线　　B. 行车道边缘线　　C. 人行横道线　　D. 交通信号灯

18. 智能网联汽车的通信定位和地图技术，包括数台智能网联汽车之间信息共享与协同控制所必需的（　　），移动自组织网络技术，以及高精度定位技术，高精度地图及局部场景构建技术。

    A. 通信保障技术　　B. 控制执行技术　　C. 车辆控制技术　　D. PID 控制技术

19. 高精度地图帮助各种传感器更好地完成对环境的感知，为智能网联汽车提供更完备、丰富的周边环境信息和更精确的定位，也可以视为一种特殊形式的传感器，可视为智能网联汽车先验知识积累形成的（　　），对于实现自动驾驶具有重要的作用，是自动驾驶技术落地的关键驱动力。

    A. 短期记忆　　　B. 长期记忆　　　C. 实时计算　　　D. 离线计算

20. 以下不属于智能网联汽车中车辆/设施关键技术的是（　　）。

    A. 环境感知技术　　B. 智能决策技术　　C. 信息安全技术　　D. 控制执行技术

二、判断题

1. 有条件自动驾驶（CA）是指自动驾驶系统完成所有驾驶操作，特定环境下系统会向驾驶人提出相应请求，驾驶人可以对系统请求不进行响应。（　　）
2. 高精度地图是指绝对精度和相对精度均在毫米级的高分辨率、高丰度要素的导航地图，也称为三维高精度地图。（　　）
3. 智能网联汽车的英文缩写是 CIV，是指车联网与智能车的有机联合。（　　）
4. 高精度地图的制作只需要 GPS 便可完成。（　　）
5. 高精度电子地图的信息量与质量直接决定了自动驾驶系统的安全性、可靠性以及效率。（　　）
6. 与传统电子地图不同，高精度电子地图的主要服务对象是自动驾驶系统。（　　）
7. 智能网联汽车是车联网与智能汽车的交集。（　　）
8. 高精度地图就是精度更高、数据维度更多的电子地图，精度要精确到厘米级别。（　　）
9. 车联网是以车内网、车际网和车载移动互联网为基础，按照约定的体系架构通信协议和数据交互标准，在车－X（X 包括车、路、行人及互联网等）之间进行通信和信息交换的信息物理系统。（　　）
10. 车联网可为交通管理机构提供服务，提高车辆与交通相关信息的数量和质量，更高效地管理运输系统，为城市交通规划提供支持。（　　）

第 2 章 环境感知技术

一、选择题

1. 雷达主要由（　　）、（　　）、接收机、信号处理机和终端设备等组成。
   A. 天线、发射机　　　　　　　　　　B. 发射机、数据转换机
   C. 天线、数据转换机

2. 雷达按照定位方法分类，可分为（　　）。
   A. 有源雷达和无源雷达　　　　　　　B. 地面雷达和舰载雷达
   C. 脉冲雷达和连续波雷达

3. 无源雷达是使用统一的发射机和接收机，外加具有相位控制能力的相控阵天线而成，天线本身（　　）产生雷达波。
   A. 不能　　　　　　　B. 能

4. 地面雷达的作用是（　　）。
   A. 控制和制导武器，实施空中警戒、侦察，保障准确航行和飞行安全
   B. 对来袭目标进行监视、跟踪和识别
   C. 探测云雾笼罩着的目标和雪下隐藏的物体

5. 雷达按照工作频段进行分类，可分为（　　）。
   A. 米波雷达　　　　B. 分米波雷达　　　　C. 毫米波雷达　　　　D. 以上都是

6. 雷达按照用途使用分类，可分为（　　）。
   A. 空中监视雷达　　B. 空间和导航监视雷达　C. 跟踪和制导雷达　　D. 以上都是

7. 脉冲雷达发射的是（　　）。
   A. 周期性的高频脉冲　　B. 连续波信号　　　　C. 宽脉冲信号

8. 下列关于米波雷达的描述正确的是（　　）。
   A. 是工作在毫米波波段探测的雷达。通常毫米波是指 30～300GHz 频域、波长为 1～10mm 的电磁波
   B. 长波雷达，它带有自己的发射机，主要用于长距离探测
   C. 工作波长为 10cm～1m、频率为 300～3000MHz 的雷达

9. 毫米波雷达的优点是频带宽、隐蔽性好、抗干扰能力强、（　　）。
   A. 重量轻　　　　　　B. 体积大　　　　　　C. 角分辨力低

10. 超声波雷达主要用于（　　）。
    A. 测距及识别，但识别质量的高低取决于激光束的数量和发射频率
    B. 停车或者倒车时的安全辅助装置
    C. 盲点检测、变道辅助等控制功能

D. 泊车辅助、碰撞预警等控制功能

11. 关于激光雷达说法错误的是（　　）。
    A. 全天候工作，不受白天和黑夜光照条件的限制
    B. 可以获得目标反射的幅度、频率和相位等信息
    C. 不受大气和气象限制
    D. 抗干扰性能好

12. 毫米波雷达从优化到大量生产以及安装校准，都需要对雷达性能进行规范化、标准化的检测及诊断，实现对毫米波雷达的发射机性能、回波接收性能以及抗扰能力的测试。毫米波雷达的测试主要是从两方面进行的：射频信号的性能测试（　　）。
    A. 功能测试　　　　　B. 延时测试　　　　　C. 结构性测试　　　　　D. 随机测试

13. 激光雷达在测量物体距离和表面形状上的精确度一般达到（　　）。
    A. 毫米级　　　　　B. 厘米级　　　　　C. 米级　　　　　D. 以上均不对

14. 一般情况下，激光雷达激光发射器越多，需要处理的数据越（　　）。
    A. 多　　　　　B. 少　　　　　C. 不影响　　　　　D. 以上均不对

15. 激光雷达按照功能划分，可分为（　　）、（　　）、激光跟踪雷达和激光成像雷达。
    A. 气体激光雷达、固体激光雷达　　　　　B. 激光测距雷达、激光测速雷达
    C. 半导体激光雷达、激光测距雷达　　　　　D. 气体激光雷达、激光测速雷达

16. （　　）主要用于规避障碍物，扫描速度快、分辨率强、可靠性高。缺点是只能平面式扫描，不能测量物体高度，有一定的局限性。
    A. 单线激光雷达　　　B. 多线激光雷达　　　C. 半导体激光雷达　　　D. 激光测速雷达

17. 激光雷达结构中主要用来接收返回光强度信息的部件是（　　）。
    A. 激光发射器　　　B. 扫描与光学部件　　　C. 感光部件　　　D. 以上均不对

18. 雷达能够主动探测周边环境，比视觉传感器受外界环境（　　），是智能网联汽车的重要传感器之一。根据电磁波波段，雷达可细分为激光雷达、毫米波雷达和超声波雷达等三类。
    A. 影响更小　　　B. 影响更大　　　C. 影响更广　　　D. 影响更深

19. 毫米波雷达频率越高，检测的分辨率越（　　），探测距离越（　　）。
    A. 高，远　　　B. 高，近　　　C. 低，远　　　D. 低，近

20. 超声波雷达主要用于（　　）目标物的探测。
    A. 短距离　　　B. 中距离　　　C. 长距离　　　D. 以上均不对

21. 为了使激光雷达数据从激光雷达坐标统一转换到车体坐标上，需要对激光雷达进行（　　）参数标定。
    A. 横摆角　　　B. 侧倾角　　　C. 俯仰角　　　D. 以上均是

22. 单线激光雷达获得的是（　　）数据。
    A. 2D　　　B. 3D　　　C. 4D　　　D. 5D

23. 激光雷达比较重要的测评参数不包含（　　）。
    A. 最大测距　　　B. 检测距离　　　C. 最佳分类测距　　　D. 激光的波长

24. 智能网联汽车常用的环境感知传感器有（　　）、激光雷达、毫米波雷达、超声波雷达和红外线传感器等。

　　A. 视觉传感器　　　B. 化学传感器　　　C. 听觉传感器　　　D. 气敏传感器

25. 智能网联汽车推动了车用传感器的快速发展，（　　）目前已经成熟地应用到各量产车上，其技术相对成熟。

　　A. 超声波雷达　　　B. 激光雷达　　　C. 毫米波雷达　　　D. 红外传感器

二、判断题

1. 雷达主要由天线、放大器、接收机、信号处理机和终端设备等组成。（　　）
2. 航空雷达可探测和跟踪海面、空中目标，为武器系统提供目标数据，引导舰载机飞行和着舰，躲避海上障碍物，保障舰艇安全航行和战术机动。（　　）
3. 脉冲雷达：发射的是连续波信号。（　　）
4. 车载单目视觉系统的工作过程总体分图像获取、图像预处理、特征提取、目标识别四个步骤。（　　）
5. 毫米波的波长介于分米波和厘米波之间，因此毫米波雷达兼有厘米波雷达和光电雷达的一些优点。（　　）
6. 毫米波雷达的优点有隐蔽性好、抗干扰能力强、体积小、重量轻、可测距离远。（　　）
7. 激光雷达按激光介质的不同进行分类，有气体激光雷达、固体激光雷达、半导体激光雷达等。（　　）
8. 根据所采用的相机感光技术可分为四类，分别为电荷耦合器件（CCD）技术、互补金属氧化物半导体（CMOS）技术、红外线感光（IR）技术、立体感知（Stereo）技术。（　　）
9. 电荷耦合器件技术可直接将光学信号转换为数字电信号，实现图像的获取、存储、传输、处理和复现。（　　）
10. 红外线感光技术主要分两种：一种是主动式红外感光技术，一种是被动式红外感光技术。（　　）

第3章 车辆定位系统

一、选择题

1. （　　）是智能网联汽车运行的基础，只有高精度的定位才能实现对车辆的精确控制。
   A. 电子地图数据库　　B. 车辆定位系统　　C. 无线通信模块

2. （　　）是车辆导航系统中不可缺少的组成部分，它包含以预定格式存储的数字化导航地图，为系统提供地理特征、道路位置、交通规则以及基础设施等多种信息。
   A. 电子地图数据库　　B. 路径规划模块　　C. 无线通信模块

3. 定位融合系统按信息融合处理层次可分为像素级融合系统、（　　）、决策级融合系统。
   A. 特征级融合系统　　B. 数据融合　　C. 神经网络方法

4. （　　）的作用是提供用户与车载计算机系统之间的交互接口。
   A. 路径引导模块　　B. 人机交互界面　　C. 嵌入式操作系统

5. 无线通信技术是利用（　　）信号在自由空间中辐射和传播的特性进行信息交换的一种通信方式。
   A. 机械波　　B. 电磁波　　C. 超声波　　D. 以上均不对

6. 基于电子信号的定位技术，有移动通信、GNSS、UWB、（　　）。
   A. LAN　　B. Fi–Wi　　C. Wi–Fi　　D. WLAN

7. （　　）主要由移动台、基站、移动业务交换中心及传输线（有线或无线）四个部分组成。
   A. 移动通信定位系统　　B. 全球卫星定位系统　　C. 超宽带地面无线电定位技术

8. 下列属于超宽带地面无线电定位技术（UWB）特点的是（　　）。
   A. 抗干扰性能强　　B. 传输速率高　　C. 系统容量大　　D. 以上都对

9. 对车载导航系统来讲，（　　）是导航系统的数据基础，车辆的定位、导航、地图显示等功能都必须配合它才能实现。
   A. GPS　　B. 电子地图　　C. 拓扑地图

10. 以下属于路径规划功能的有（　　）。
    A. 最优路径规划　　B. 交通信息的采集、处理和发布
    C. 道路交通状态的预测　　D. 以上三项都是

11. （　　）是一种通过测量信号强度进行定位的短距离、低功耗的测试系统。
    A. 超声波定位系统　　B. 蓝牙定位系统　　C. 红外线定位

12. 载波相位测量可以达到（　　）的精度，是目前高精度定位的主要方法，但测量值容易受到与码相位测量同样的误差源的影响。
    A. 毫米级　　B. 厘米级　　C. 分米级

13. 卫星定位系统的最基本任务是（　　），即定位。

A. 实现定位 　　　　　B. 测定地面参考点到未知点的坐标增量
C. 确定用户在空间的位置

14. GNSS 计算主要涉及三个坐标系，即地心地固坐标系、（　　）和站心坐标系。
A. 物理坐标系　　　　B. 地理坐标系　　　　C. 空间坐标系

15. 用于卫星定位系统的调制波信号主要由（　　）、（　　）和数据码三部分组成。
A. 载波、测距码　　　B. 谐波、位置码　　　C. 音波、载波

16. （　　）是利用半导体器件的压阻效应来测量加速度的，具有体积小、质量小、频带宽、量程大、耐冲击等优点。
A. 压敏式加速度计　　B. 压电式加速度计　　C. 压阻式加速度计

17. 以下属于卫星定位技术特点的有（　　）。
A. 定位精度高　　　　B. 用途广泛　　　　　C. 效率高　　　　　D. 以上三项都是

18. 卫星定位车辆信息服务系统由卫星定位系统、车辆信息服务系统通信网络、车辆信息服务系统中心及（　　）四部分组成。
A. 车辆信息服务系统终端　　　　B. 车辆信息服务系统协议
C. 车辆信息服务系统接口　　　　D. 车辆信息服务系统通信

19. （　　）是全球定位系统的简称，是美国国防部为了军事定时、定位与导航的目的而发展起来的。
A. GPS　　　　　B. CDMA　　　　C. DGPS　　　　D. GLONASS

20. 当 GPS 卫星正常工作时，会不断地用 1 和 0（　　）码元组成的伪随机码（简称伪码）发射导航电文。
A. 二进制　　　　B. 八进制　　　　C. 十进制　　　　D. 十六进制

二、判断题

1. 卫星定位系统由空间部分、地面控制部分、用户设备部分三部分组成。（　　）
2. 射频识别（RFID）系统是利用射频方式进行接触式双向通信、交换数据以达到识别和定位的目的。（　　）
3. 地理坐标系以用户所在位置 P 为坐标原点，三个轴分别指向东向、北向和天向，也称为东北天坐标系（enu 坐标系）。（　　）
4. 全球卫星定位系统的时间系统主要由地面控制中心的时间基准系统来决定。（　　）
5. 卫星定位系统中的定位卫星会向广大用户发送用于导航定位的调制波，其载波处于 M 波段（1～2GHz），标称波长 28cm，其调制波是卫星电文和伪随机噪声码的组合码。（　　）
6. 蓝牙定位系统是通过无线接入点组成的无线局域网络，可以实现复杂环境中的定位、监测和追踪任务。（　　）
7. ZigBee 技术是一种短距离双向无线通信技术。（　　）
8. 智能网联汽车人机交互界面包括档位选择、语音对话、手势控制、驾驶人状态监测等。（　　）
9. 超声波定位系统是一种通过测量信号强度进行定位的短距离、低功耗的测试系统。（　　）
10. 目前在全球定位导航系统中渗透率最高的是欧洲"伽利略"卫星导航定位系统。（　　）

第 4 章

SLAM 建图

一、选择题

1. SLAM 技术根据使用的传感器不同，可以分为激光雷达 SLAM、（   ）和融合类 SLAM。
   A. 视觉 SLAM　　　　B. 直觉 SLAM　　　　C. 嗅觉 SLAM

2. （   ）主要包括由视觉、激光雷达、IMU 等的不同组合构成的 SLAM 系统。
   A. 视觉 SLAM　　　　B. 融合类 SLAM　　　C. 激光雷达 SLAM

3. 按照地图的特性，SLAM 地图可以分为栅格地图、拓扑地图、特征地图、（   ）四类。
   A. 点云地图　　　　　B. 格子地图　　　　　C. 电子地图

4. （   ）是将密集的点云形成地图，能够反映丰富的环境信息。
   A. 栅格地图　　　B. 拓扑地图　　　C. 特征地图　　　D. 点云地图

5. （   ）把周围环境划分成大小相等的正方形栅格结构，每个栅格赋予一个表示的属性值，表示栅格被占据的概率和没被占据概率之间的比例。
   A. 栅格地图　　　B. 拓扑地图　　　C. 特征地图　　　D. 点云地图

6. 激光雷达采集到的物体信息呈现出一系列分散的、具有准确角度和距离信息的点，被称为（   ）。
   A. 拓扑　　　　　B. 点云　　　　　C. 栅格

7. 前端的主要任务是包含特征提取、（   ）、地图更新三个方面。
   A. 数据升级　　　B. 数据关联　　　C. 采集信息

8. 激光雷达点云数据是由一系列（   ）空间中的点组成的，点云数据根据其密集程度可以分为稀疏点云和密集点云。
   A. 三维　　　　　B. 二维　　　　　C. 四维

9. 使用激光雷达进行遥感测距得到的点数量比较少，点与点的间距也比较大，属于（   ）。
   A. 稀疏点云　　　B. 密集点云　　　C. 中等密度点云

10. 点云处理的关键在于点云的配准，是通过点云构建完整场景的基础。目前常用的配准方法有（   ）算法和 NDT 算法。
    A. NTV　　　　B. IEC　　　　C. ICP　　　　D. IPC

11. 回环检测主要有三种方法：帧 – 帧的匹配方法、（   ）、图 – 图的匹配方法。
    A. 帧 – 图的匹配方法　　　　　B. 文 – 图的匹配方法
    C. 文 – 文的匹配方法

12. 只利用摄像头作为外部感知传感器的 SLAM 称为（   ）。
    A. 直觉 SLAM　　　B. 视觉 SLAM　　　C. 激光雷达 SLAM

13. 双目 SLAM 的优点在于（　　）。
    A. 适应性高　　　　　　　　　　　B. 像素深度计算量较大
    C. 设备简单

14. 视觉里程计 V_0 的目标是根据拍摄的图像估计相机的运动，按照实现方式分为特征点法和直接方法。其中，（　　）目前占据主流，能够在噪声较大、相机运动较快时工作。
    A. 特征点法　　　B. 直接方法

15. 特征匹配的目的是解决 SLAM 中的（　　）问题，确定当前看到的特征与之前看到的特征之间的对应关系。
    A. 地图更新　　　B. 数据关联　　　C. 特征提取

16. 机器视觉识别系统是指智能车辆利用 CCD 等成像元件从不同角度全方位拍摄车外环境，根据搜集到的视觉信息，识别近距离内的（　　）等。
    A. 车辆、行人、交通标志　　　　　B. 车辆、行人、障碍物
    C. 障碍物、行人、交通标志　　　　D. 车辆、障碍物、交通标志

17. 图像分割方法中以像素与其周围像素的相似度作为切割标准的方法称为（　　）。
    A. 阈值分割法　　B. 区域分割法　　C. 边缘分割法　　D. 以上均不对

18. 车载单目摄像头采集到的信息是（　　）图像。
    A. 一维　　　　　B. 二维　　　　　C. 三维　　　　　D. 以上均不对

19. 关于视觉 SLAM 与激光 SLAM 的区别，下列说法正确的是（　　）。
    A. 从成本上来说，激光雷达普遍价格较高。
    B. 激光 SLAM 在构建地图的时候，精度较高。
    C. 从应用场景来说，VSLAM 的应用场景要丰富很多。
    D. 以上三项均正确。

20. 常用的后端优化方法主要有基于滤波的方法和（　　）。
    A. 基于线性优化的方法　　　　　　B. 基于斩波的方法
    C. 基于非线性优化的方法

二、判断题

1. 回环检测，又称为开环检测（Loop Closure Detection），主要解决位置估计随时间漂移的问题。（　　）
2. 卡尔曼滤波器的主要作用是位置预测和位置更新。（　　）
3. 在复杂的路况环境下，单一传感器都有其局限性，仅安装单一传感器难以提供路况环境的全面描述，因此设计智能车辆必须配置多种传感器。（　　）
4. 在复杂的路况环境下，仅安装单一传感器就可以提供路况环境的全面描述，因此设计智能车辆不必配置多种传感器。（　　）

5. 智能网联汽车通过激光雷达传感器来获取周围环境的信息,感知是实现 SLAM 的必要条件,只有先感知到周围的环境信息,才能可靠地确定定位及构建环境地图。   (   )
6. 依照视觉 SLAM 的一般处理流程,可分为前端处理、后端(优化)处理及开环检测。
    (   )
7. 前端处理负责对观测数据进行制图结果与定位参数的最优估计,以获取高精度的定位与制图结果。   (   )
8. 全局特征是从宏观上对图像的一种描述,反映了图像的整体属性。这类特征的优点就是描述直观、算法简洁、特征提取效率高。   (   )
9. SIFT 算法特征点的主方向是采用在特征点邻域内统计其梯度直方图,横轴是梯度方向对应梯度幅值的累加,纵轴是梯度方向的角度。   (   )
10. 常用的滤波器算法有基于扩展卡尔曼滤波器(EKF)算法和基于粒子滤波算法两种。
    (   )

第5章 智能车辆决策控制系统

一、选择题

1. 智能网联汽车行为决策系统的目标是（　　）。
   A. 根据局部环境信息、上层决策任务和车身实时位姿信息，在满足一定的运动学约束下，提升智能汽车安全、高效和舒适的性能
   B. 对感知所探测到的物体进行行为预测
   C. 使车辆像熟练的驾驶人一样产生安全、合理的驾驶行为

2. 智能网联车辆行为决策方法主要有基于规则和基于（　　）方法两大类。
   A. 学习　　　　　　B. 实践　　　　　　C. 制度

3. （　　）是机器学习中一种基于对数据进行表征学习的方法，是一种能够模拟出人脑的神经结构的机器学习方法。
   A. 人工智能　　　　B. 深度学习　　　　C. 人工神经网络

4. 下列属于信息融合的特点的是（　　）。
   A. 可以提供稳定的工作性能　　　　　B. 可以提高空间分辨力
   C. 可以获得更准确的目标信息　　　　D. 以上三项都是

5. （　　）主要应用于多传感器的目标跟踪领域，融合系统首先对传感器数据进行预处理以完成数据配准，在数据配准之后，融合处理主要实现参数关联和状态估计。
   A. 目标状态融合　　B. 传感器数据融合　　C. 目标特性融合

6. 按信息融合处理层次分类，多源信息融合可分为（　　）、特征层信息融合、决策层信息融合等。
   A. 局部信息融合　　B. 数据层信息融合　　C. 云平台信息融合

7. 激光雷达的工作原理是以（　　）作为信号源，由激光器发射出的激光束来探测目标的距离、方位、高度、速度、姿态等特征量。
   A. 激光　　　　　　B. 光束　　　　　　C. 超声波

8. 关于激光雷达说法错误的是（　　）。
   A. 全天候工作，不受白天和黑夜光照条件的限制
   B. 可以获得目标反射的幅度、频率和相位等信息
   C. 不受大气和气象限制
   D. 抗干扰性能好

9. 由于智能网联汽车无法像人类驾驶人一样能够准确感知障碍物、可行驶区域和交通标志标线等交通环境信息，因此需要（　　）、惯性导航系统、高精度地图等将智能网联汽车与周边交通环境有机结合，实现超视距感知，降低车载感知传感器计算压力。

A. 全球卫星导航系统 B. 发动机电控系统
C. 底盘电控系统 D. 车载网络控制系统

10. 从获取障碍物信息是静态或是动态的角度看，全局路径规划属于（　　）规划（又称为离线规划），局部路径规划属于（　　）规划。

    A. 静态，动态　　B. 动态，静态

11. （　　）是最短路径算法的经典算法之一。

    A. A – Star 算法　　B. Dijkstra 算法　　C. SLAM 算法

12. 一个合格的规划，必须满足的条件有（　　）。

    A. 必须能够使自动驾驶汽车到达目的地。
    B. 能够避免碰撞。
    C. 能保证一定的舒适性。
    D. 以上三项都是

13. 路径引导是引导驾驶人沿着由路径规划模块计算出的路线行驶的过程。该引导过程可以在旅行前或在途中以实时方式进行，相关指令包括转向、街道名称、行驶距离和路标等。通常，路径引导通过（　　）、显示器来显示指令、完成引导。

    A. 导航器　　B. 计数器　　C. 计算器　　D. 计时器

14. 网联协同决策与控制是指基于车–车、车–路、车–人、车–后台通信，实时获取（　　）、车–车、车–路等各交通参与者之间的协同决策与控制。

    A. 导航等辅助信息 B. 车辆周边交通环境
    C. 车辆决策信息 D. 车辆周边交通环境信息，及车辆决策信息

15. 智能网联汽车应用了各种传感器，如超声波雷达、毫米波雷达、激光雷达、摄像头等，其中（　　）是唯一受气候影响最小的，具有全天候特性，是其他传感器所不具备的。

    A. 摄像头　　B. 超声波雷达　　C. 激光雷达　　D. 毫米波雷达

16. 智能网联汽车的英文缩写是（　　），是指车联网与智能车的有机联合。

    A. ICV　　B. VICS　　C. RFID　　D. ITS

17. 从智能网联汽车的角度来看，（　　）融合交互的应用已经成为其重要特征，成为超越视觉体验，创造全方位驾乘体验的重要因素。

    A. 多通道　　B. 单通道　　C. 双通道　　D. 三通道

18. 智能网联汽车是指车联网与智能车的有机联合，是搭载先进的车载传感器、控制器、执行器等装置，并融合现代通信与网络技术，实现车与（　　）等智能信息交换共享，实现安全、舒适、节能、高效行驶，并最终可替代人来操作的新一代汽车。

    A. 人、车、路、后台 B. 人、车、路、前台
    C. 人、车、物、后台 D. 人、车、物、前台

19. 智能网联汽车常用的环境感知传感器有（　　）、激光雷达、毫米波雷达、超声波雷达和红外线传感器等。

    A. 视觉传感器　　B. 化学传感器　　C. 听觉传感器　　D. 气敏传感器

20. 信息融合技术，即利用计算机技术对按时序获取（　　）的观测信息在一定准则下加以自动分析、综合，以完成需要的决策和估计任务而进行的信息处理过程。
   A. 若干传感器　　　B. 单个传感器　　　C. 特种传感器　　　D. 两个传感器

二、判断题

1. 智能网联汽车决策系统狭义上来讲，包含了无人驾驶车的信息融合、轨迹规划以及反馈控制模块。（　　）
2. 无监督学习常用于信息交换，训练目标是能对观察值进行分类或者区分等。（　　）
3. 智能网联汽车常用的环境感知传感器有视觉传感器、制导雷达、毫米波雷达、超声波雷达和红外线传感器等。（　　）
4. 静态交通信息主要包括城市基础地理信息、城市道路网基础信息及交通管理信息。（　　）
5. 智能网联汽车推动了车用传感器的快速发展，激光雷达目前已经成熟地应用到各量产车上，其技术相对成熟。（　　）
6. 智能网联汽车智能决策规划模块以任务层次分解，可以分为三个模块化结构：宏观路径规划、中央行驶行为决策和微观轨迹规划。（　　）
7. 当车辆行驶时，交规决策系统会根据交通标志和信号、虚拟墙和障碍物等判断是否需要换道。（　　）
8. 智能网联汽车决策系统的任务就是根据给定的路网文件、获取的交通环境信息和自身行驶状态，将行为预测、路径规划以及避障机制三者结合起来，自主产生合理的驾驶决策，实时完成无人驾驶动作规划。（　　）
9. Apollo自动驾驶开放平台是百度公司开发的一个开放、完整、安全的自动驾驶开源平台，是一套完整的软硬件和服务系统，包括车辆平台、硬件平台、软件平台、多媒体交互平台四大部分。（　　）
10. 全局路径规划的任务是根据全局地图数据库信息规划出自起始点到目标点的一条无碰撞、可通过的路径。（　　）

第6章
智能车辆运动控制系统

一、选择题

1. 在智能网联汽车运动控制中，横向运动控制，主要用于对车辆（　　）的控制。
   A. 加速踏板　　　　B. 转向盘　　　　C. 档位

2. 在智能网联汽车的行驶过程中，车辆的横向运动和纵向运动存在耦合关系，控制方式一般分为独立控制和（　　）。
   A. 综合控制　　　　B. 半独立控制　　　C. 联动控制

3. 智能网联汽车运动控制中的纵向控制是指通过对（　　）和（　　）的协调控制，实现对期望车速的精确跟随。
   A. 转向盘，档位　　　B. 加速踏板，转向盘　C. 加速踏板，制动踏板

4. 车辆运动的线控系统用于实现对车辆底盘的控制，包括（　　）、线控驱动系统、线控制动系统。
   A. 线控转向系统　　　B. 线控加速系统　　　C. 线控底盘系统

5. 线控系统的主要作用是减少复杂的（　　），使整体质量更轻、油耗更低、制造成本更低、控制更简洁，同时便于增加计算机辅助控制。
   A. 连杆机构　　　　B. 机械传动机构　　　C. 转向控制机构

6. 线控底盘主要有五大系统，线控转向和（　　）是面向自动驾驶执行端最核心的产品。
   A. 线控制动　　　B. 线控换档　　　C. 线控加速踏板　　　D. 线控悬架

7. 汽车线控技术是将驾驶人的操纵意图和动作，经过特定传感器转变为（　　），再通过电缆直接传输到执行机构。
   A. 电流信号　　　B. 电压信号　　　C. 电信号　　　D. 相位信号

8. 以下不属于线控制动系统优点的是（　　）。
   A. 结构简单，整车质量低
   B. 便于扩展和增加其他电控制功能
   C. 可以使用具有容错功能的车用网络通信协议
   D. 存在控制系统及其电子设备的可靠性问题

9. 智能网联汽车是一个集（　　）、规划决策、多等级辅助驾驶等功能于一体的综合系统，它集中运用了计算机、现代传感、信息融合、通信、人工智能及自动控制等技术，是典型的高新技术综合体。
   A. 环境感知　　　B. 视觉感知　　　C. 听觉感知　　　D. 情感感知

10. （　　）的核心是发动机控制单元、自动变速器控制单元、混合动力控制单元、整车控制器。

A. 线控转向系统　　B. 线控动力系统　　C. 线控制动系统

11. 线控液压制动简称（　　）。
    A. ECB　　　　　B. EMB　　　　　C. EHB

12. 轨迹跟踪是指（　　），即某时刻必须在某点，相当于跟踪一辆前边的车。
    A. 跟踪某条与时间相关的曲线　　　　B. 跟踪空间某特定曲线

13. 预瞄距离控制主要用于智能网联汽车的（　　）。
    A. 转向控制　　　B. 制动控制　　　C. 加速控制

14. （　　）为执行系统的核心功能，目前全球领先的一级供应商依靠成熟的底盘控制技术和规模效应，在线控制动领域占据主导地位，且在底盘控制通信协议及接口不对外开放，形成了一定程度的行业壁垒。
    A. 转向　　　B. 线控系统　　　C. 加速踏板　　　D. 换档

15. 智能网联汽车控制系统主要包括车辆的横向控制（转向）、纵向控制（加速、制动）、（　　）（转向灯、前照灯）以及档位等底层功能，直接决定了车辆的安全性和舒适性。
    A. 执行器　　　B. 底层控制　　　C. 传感器　　　D. 车载系统

16. 根据转向电机的数量、布置位置与控制方式的不同，目前线控转向系统的典型布置方式可分为五类，分别是（　　）、双电机前轮转向、双电机独立前轮转向、后轮线控转向、四轮独立转向。
    A. 单电机后轮转向　　B. 单电机前轮转向　　C. 双电机后轮转向

17. 以下属于双电机前轮转向优点的是（　　）。
    A. 结构简单，易于布置　　　　　　B. 转向能力强
    C. 冗余性好，且对单个电机功率要求较小

18. 根据模块的功能，可以将线控转向控制执行分为上、下两个层次：上层主要是（　　）；下层主要是（　　）。
    A. 进行车辆运动状态的控制；准确、快速地实现该车轮转角
    B. 准确、快速地实现该车轮转角；进行车辆运动状态的控制

19. 前轮转向系统的主要功能是控制前轮执行电机跟随（　　）转角的转动。为了实现前轮电机转角的快速跟随性能，在速度控制的基础上增加位置环对永磁同步电机实现闭环控制，从而驱动前轮转角跟随控制。
    A. 转向盘　　　B. 前轮　　　C. 转向机　　　D. 档位

20. （　　）可以主动产生制动压力，并分配至各车轮制动轮缸，使车辆产生稳定、平衡的制动力。
    A. 线控转向系统　　B. 线控制动系统　　C. 线控驱动系统

二、判断题

1. 线控转向系统最显著的特征是去掉了传统转向系统中从转向盘到转向执行器之间的机械连接，整个系统由路感反馈总成、转向执行总成、控制器以及相关传感器组成。　　（　　）

2. 目前，汽车线控技术主要应用在线控转向系统、线控驱动系统、线控制动系统等。（ ）
3. 电子液压式线控制动系统从结构上可分为整体式和分体式。（ ）
4. 传统的汽车安全技术可以有效避免驾驶人失误引发的交通事故。（ ）
5. 线控制动系统主要由三部分组成，即执行器、制动控制器和计算机控制单元。（ ）
6. 电子控制系统的控制效果主要依赖于传感器的信息采集和反馈精度，因而传感器的技术发展直接影响了整个汽车电子控制系统的性能。（ ）
7. 为了满足汽车可靠性与安全性要求，线控系统必须采用容错控制技术，容错控制设计方法有软件冗余和解析冗余两种。（ ）
8. 目前，针对智能网联汽车轨迹跟踪控制问题，涉及的控制方法主要有 PDI 控制、滑模控制、智能控制和最优控制四种。（ ）
9. 车辆控制层作为智能网联汽车系统的最底层，其任务是将规划好的动作实现，因此控制的精准度即控制模块的评价指标。（ ）
10. 加速踏板控制器与制动控制器之间及时、平稳地切换是减少速度偏差和确保智能网联汽车行驶稳定性的关键因素。（ ）